社区矫正学

主　编　李　辉　周建军

副主编　李　涛　李钰琳

参　编　李林声　刘懿宸　刘敏娴　李衍帛
　　　　耿健福　倪　菡　赵洪金　冷琪雯
　　　　蒯　雅　陈　萍　张　浩　何雨涛
　　　　倪　灏　杨立蓉　石沐悠

北京理工大学出版社
BEIJING INSTITUTE OF TECHNOLOGY PRESS

图书在版编目（CIP）数据

社区矫正学 / 李辉，周建军主编 . -- 北京 ：北京
理工大学出版社，2024.11.
ISBN 978 - 7 - 5763 - 4285 - 7

Ⅰ. D926.7

中国国家版本馆 CIP 数据核字第 2024TK9974 号

责任编辑：王俊洁　　**文案编辑**：王俊洁
责任校对：周瑞红　　**责任印制**：施胜娟

出版发行 / 北京理工大学出版社有限责任公司
社　　址 / 北京市丰台区四合庄路 6 号
邮　　编 / 100070
电　　话 / （010）68914026（教材售后服务热线）
　　　　　　（010）63726648（课件资源服务热线）
网　　址 / http://www.bitpress.com.cn

版 印 次 / 2024 年 11 月第 1 版第 1 次印刷
印　　刷 / 唐山富达印务有限公司
开　　本 / 787 mm × 1092 mm　1/16
印　　张 / 16.25
字　　数 / 334 千字
定　　价 / 88.00 元

社区矫正学丛书编委会

总　序

　　社区矫正是人道主义原则、社会防卫思想及犯罪人治理的事业。党和政府高度重视社区矫正事业，并以时不我待的精神与科学谨慎的态度积极、稳妥地推进社区矫正制度的建构和完善。2013 年 11 月，中国共产党第十八届中央委员会第三次全体会议通过的《中共中央关于全面深化改革若干重大问题的决定》明确提出要"健全社区矫正制度"。2014 年 4 月 21 日，习近平总书记在听取司法部工作汇报时明确指出，社区矫正已在试点的基础上全面推开，新情况新问题会不断出现。要持续跟踪完善社区矫正制度，加快推进立法，理顺工作体制机制，加强矫正机构和队伍建设，切实提高社区矫正工作水平。习近平总书记的重要指示，充分肯定了社区矫正工作取得的成绩，对社区矫正工作的目标、任务、措施等作了全面论述，提出了明确要求，为进一步做好社区矫正工作、完善社区矫正制度指明了方向。根据习近平总书记的重要指示，最高人民法院、最高人民检察院、公安部、司法部（以下简称"两高两部"）2014 年 8 月颁行的《关于全面推进社区矫正工作的意见》正式、全面地推行社区矫正制度。2019 年，《中华人民共和国社区矫正法》颁布；2020 年，《中华人民共和国社区矫正法实施办法》颁行。至此，中国特色的社区矫正制度正式形成。

　　从社区矫正制度的渊源、社会防卫的思想与犯罪人治理的目的出发，社区矫正兼具社区刑罚、刑罚执行的性质。从我国的情况来看，社区矫正还处在非监禁刑罚执行制度的层面，是宽严相济刑事政策在刑罚执行方面的体现，较好地体现了社会主义法治教育人、改造人的优越性。但从动态发展的层面看，社区矫正制度势必包含社区刑罚的内容，具有更为丰富的内涵和更加深远的旨义。其中，作为社区刑罚的社会矫正制度将在社会防卫思想的指引下，进一步依法扩大社会权力的作用，推动犯罪人治理体系和治理能力的现代化。考虑到社会支持的根本作用及其动员、参与方式，尽管西方国家的社区矫正及其帮困扶助工作终归是资产阶级利益的体现，不是为了广大人民群众的根本利益，但其也从社会防卫的需要出发广泛动员社会力量参与犯罪人的治理及其帮困扶助

工作。就此而言，西方主要国家的社区矫正制度也有一定的借鉴意义。

社区矫正学是专门研究社区矫正行为、现象及其规律的学科或科学。尽管社区矫正学的专门研究蓄势待发，犹如春前之草，但积土成山，绝非斯须之作。卢建平的《刑事政策与刑法》（中国人民公安大学出版社），吴宗宪的《社区矫正导论》（中国人民大学出版社），王顺安的《社区矫正研究》（山东人民出版社），翟中东的《中国社区矫正制度的建构与立法问题》（中国人民大学出版社），周建军的《刑事政治导论》（人民出版社），郭建安、郑霞泽主编的《社区矫正通论》（法律出版社），王平编写的《社区矫正制度研究》（中国政法大学出版社）等作品较早奠定了社区矫正思想和制度的基础，对社区矫正学的正式产生具有重要的支撑作用。对此，我谨代表丛书的全部作者致以诚挚的感谢！然而，社区矫正学不是一门自洽、自足的科学。从根本上说，社区矫正学是深嵌于现代社会的，以犯罪人治理为根本的知识体系。随着社会的动态发展与犯罪人处遇的不断改善，社区矫正的理念、目的、方法和要求都将不断调整、变化。唯其如此，方能称之为学科或学问。

在中国特色社会主义进入新时代，中国社会迈入全面建设社会主义现代化国家的历史条件下，国家治理体系与治理能力的现代化建设对社会防卫与犯罪人治理的系统化、精细化提出了更高的要求。从最近的全国政法队伍教育整顿来看，社区矫正的实际执行还存在理念、目的、社会力量参与、社会工作方法应用等方面的不足。为此，我们系统编写了包含《社区矫正学》《社区矫正原理与实务》《社区矫正社会工作》《社区矫正心理工作》《社区矫正个案矫正》《社区矫正文书写作》共6部作品的"社区矫正学丛书"，以满足社会行刑及犯罪人治理工作的需要。总的来说，"社区矫正学丛书"的编写既是深耕细作社会矫正学科体系的斗升之水，也是社会行刑工作的咫尺跬步，社会防卫思想及其犯罪人治理的事业亟待更多、更好的作品。

《社区矫正学丛书》由云南司法警官职业学院牵头，云南师范大学、云南民族大学、云南警官学院等省内外高校的专家学者参与，历经两年完成。编写组克服了立法调整、人员变动的困难，并以迄今最新的社区矫正法律制度体系为基础，完成了《社区矫正学》的写作任务。初稿形成后，又报请云南省司法厅审核，云南省司法厅高度重视本丛书的审稿工作，抽调来自院校、厅局相关业务处理室、州市县司法局的业务骨干，系统全面地进行了审定，并提出了修改意见。在此，我们要一并感谢为本丛书的编写与出版给予关心支持的云南省司法厅及相关高校。向本书的作者们致以崇高的敬意！

编　者

目 录

绪 论

社区矫正学是专门研究社区矫正行为、现象及其规律的学科或科学。在中国特色社会主义进入新时代，中国社会迈入全面建设社会主义现代化国家的历史条件下，国家治理体系与治理能力的现代化建设对社会防卫与犯罪人治理的系统化、精细化提出了更高的要求。管制、缓刑、假释、暂予监外执行的正确执行不仅关系到社会主义司法制度的公正、高效和权威，还是犯罪人能否顺利融入社会、更高水平的平安中国建设能否实现的关键。就此而言，社区矫正学的形成与发展具有深化社区矫正专门研究、推动社区矫正制度建设、增进中国社会民生福祉的重要意义。

社区矫正是犯罪人重返社会的桥梁和港湾，承担着社会防卫、犯罪人矫治的重要责任。从缓刑制度算起，开放行刑的理念具有悠久的历史。早在 14 世纪，英国法院就在延期判决中应用了一种名叫"缓刑（Probation）"的程序，形成了犯罪人通过宣誓获得释放的古老判例。① 而后，又加入了至关重要的矫正复归理念，为社区矫正在英美国家的实施奠定了坚实的理论基础。现代意义上的社区矫正制度缘起于监禁行刑存在交叉感染、重返社会等方面的困难。为此，以社会防卫思想为代表的刑法学、刑事政策学理论在监狱制度批判、改革的运动中逐步形成了既要保障社会安定，又要维护个人权益的犯罪治理总战略。这个犯罪治理的总战略，不仅主张传统刑罚与保安措施的统一化，还提出了对具有"危险性"的人采取"预防性"措施的主张。② 一方面，刑罚与保安措施（即保安处分）的统一奠定了社区矫正制度的双重属性，即广义刑罚（含保安处分）、刑罚执行的性质；另一方面，基于人身危险性提出的犯罪人治理理念及其"预防性"措施具有突出的犯罪人刑罚特质。从"犯罪人刑罚"的特质出发，社区矫正制度进一步形成了犯罪人矫治的根本任务及其刑罚个别化特征。至此，现代意义上的社区矫正制度基本形成。

---

① 郭建安、郑霞泽主编：《社区矫正通论》，法律出版社 2004 年版，第 22 页。
② 卢建平著：《刑事政策与刑法》，中国人民公安大学出版社 2004 年版，第 65 页。

　　社区矫正是综合运用国家、社会、教育、经济、卫生等手段开展社会防卫自救与社区矫正救人的社会卫生福利政策，具有突出的政治行动特征。鉴于人身危险性判断及其矫正的突出困难，没有国家、社会、个人力量的广泛参与，难以形成社会行刑所要求的多元、平衡的社会权力体系，也无法充分调动教育、经济、卫生等方面的手段共同作用于犯罪人治理（矫治）的事业。结合公共问题公共解决的政治本义与犯罪人治理的根本任务，社区矫正既是社会卫生的福利政策，也是社会防卫的政治行动。从政治行动的高度审视资本主义国家的司法系统及其社区矫正制度，英美国家的司法系统与社区矫正制度虽然历史悠久、体系周密，但一开始就存在社会地位、教育程度、财富、族裔等方面的等级差异，具有显而易见的不公平性。根据社会主义制度"最终达到共同富裕"的本质要求，我们的社区矫正制度要坚持中国特色的社会主义法治道路，要坚持公正司法，要让人民群众在每一个社区矫正案件中感受到公平正义，以此为基础切实增强全民参与犯罪人治理的观念和行动。

　　社区矫正学是刑法学批判、监狱学批判的结果，具有突出的理性基础和批判特性。一方面，刑法学批判奠定了社区矫正学的思想基础。作为社区矫正制度的重要基石，社会防卫思想通过古典刑法学派的道义责任批判形成了以"预防犯罪和治理罪犯"为核心的刑事政策，从行为主义转向行为（道义）、行为人（预防）并重的"犯罪人刑法"，提出了对罪犯进行科学监测并设立"犯罪人人格档案"的对策，是传统刑法理论的扬弃，是理论升华的结果。另一方面，以监狱学批判奠定了社区矫正制度的合理内核，具有为实践立法的能力，属于实践理性的范畴。监狱行刑不仅普遍存在交叉感染、重返社会困难的顽疾，还有居高不下的再犯率，因此饱受诟病，一度被称作"机械地对罪犯进行判、关、押的做法"。在监狱制度较发达的美国，仅1950年到1966年间就发生了100多起骚乱。1971年9月，43名囚犯死于阿提卡州立监狱暴乱。① 监狱行刑的问题引起了人们普遍的不满，有人戏谑："如果身体病了，有医院也有药；如果行为病了，仅有监狱没有药。"于是，更多的人投入了对监狱制度批判的行动。1955年，在日内瓦举行的第一届联合国防止犯罪和罪犯待遇大会通过了《囚犯待遇最低限度标准规则》（以下简称《规则》）。《规则》明确提出了全球性监狱制度改革的标准，包括但不限于良好的监狱秩序、不得施加刑罚以外的折磨、以囚犯重返社会为中心目标，等等。在此基础上，各国的监狱改革运动进一步提出了"尽量使狱中生活与狱外的正常自由生活相接近""对在押犯进行文化、技术和社会公德教育""加强罪犯与外部世界尤其与家庭间的各种联系，并为之提供便利"，等等。然而，这场声势浩大的监狱改革运动并没有取得明显的效果。反思监狱制度改革的得失，各国逐步意识到"在与世隔绝、本质上是反

---

① Christensen G E, Clawson E C. Our System of Corrections：Do Jails Play a Role in Improving Offender Outcomes［M］. Washington US Department of Justice, National Institute of Corrections, 2008：3.

社会的监狱大墙之内对罪犯进行'重新社会化治理'，这也是极不现实的。"① 迫于监狱内犯罪人治理的突出问题，各国不得不转向开放行刑、社区矫正，以探寻监狱之外犯罪人治理的突破。通过刑法学批判、监狱学批判的研究，社区矫正不仅获得了刑法学的一般理性，而且体现了监狱行刑抑或刑罚执行实际的应然要求。

在社会迅猛发展的当代中国，知识积累（即学科的本义）的现象非常突出，不断有新的学科范畴冒出。社区矫正学既有客观存在的人身危险性问题及社会防卫思想基础，又有各国社区矫正立法、司法实际的经验，跨及犯罪学、刑罚学、刑事政策学、保安处分制度、刑罚执行、监狱学等学科，逐步形成了以开放行刑制度、犯罪人治理为核心内容的知识底蕴，是一门新兴的刑事法学科。首先，社区矫正学不仅广泛涉及犯罪学、刑事政策学、刑法学（含刑罚学）、社会学、心理学的内容，还提出了相当多的跨学科要求，具有相对独立的知识内核与体系要求。其次，相对于监狱学等相邻学科来说，社区矫正学承载着与监狱（监禁）行刑相对立的开放行刑任务，代表着刑罚执行与犯罪人治理的理性与方向，需要在整合社会防卫思想、刑法学批判、监狱学批判、社会治理目标的基础上形成科学、有效的犯罪人治理学科。因此，社区矫正学具有重要的地位和丰富的内涵，是一门新兴的以开放行刑、犯罪人治理为核心内容的刑事法学科。

党和政府高度重视社区矫正事业，并以时不我待的精神与科学谨慎的态度，积极、稳妥地推进社区矫正制度的建构和完善。2002 年 12 月 26 日，时任司法部部长的张福森同志在全国司法厅局长会议上正式提出："要积极稳妥地开展社区矫正的试点工作。"2002 年 8 月，上海市在徐汇、普陀、闸北区开始了社区矫正的试点。2003 年 1 月，试点工作在上述三个区全面展开。2003 年 7 月 10 日，最高人民法院、最高人民检察院、公安部、司法部（以下简称"两高两部"）共同发布的《关于开展社区矫正试点工作的通知》（司发〔2003〕12 号，以下简称《试点通知》）从"我国政治、经济、社会及文化发展要求"的高度提出了"开展社区矫正试点工作，积极探索刑罚执行制度改革"的要求，并决定在京、津、沪、江、浙、鲁开展社区矫正试点。2005 年 1 月扩大试点，试点范围扩大到涵盖东、中、西部地区的 18 个省（区、市）。2009 年 9 月，"两高两部"发布《关于在全国试行社区矫正工作的意见》（司发〔2009〕169 号）指出："为推动社区矫正工作深入发展，经中央政法委批准，最高人民法院、最高人民检察院、公安部、司法部决定，从 2009 年起在全国试行社区矫正工作。"2013 年 11 月，中国共产党第十八届中央委员会第三次全体会议通过的《中共中央关于全面深化改革若干重大问题的决定》明确提出要"健全社区矫正制度"。2014 年 4 月 21 日，习近平总书记在听

---

① 卢建平著：《刑事政策与刑法》，中国人民公安大学出版社 2004 年版，第 71 页。

取司法部工作汇报时明确指出："要持续跟踪完善社区矫正制度，加快推进立法，理顺工作体制机制，加强矫正机构和队伍建设，切实提高社区矫正工作水平。"根据习近平总书记的重要指示，"两高两部"2014年5月颁行《关于全面推进社区矫正工作的意见》（以下简称《工作意见》）正式、全面地推行社区矫正制度。2019年，《中华人民共和国社区矫正法》（以下简称《社区矫正法》）颁布；2020年，《中华人民共和国社区矫正法实施办法》（以下简称《社区矫正法实施办法》）颁行。至此，中国特色的社区矫正制度正式形成。尽管如此，在习近平新时代中国特色社会主义思想的指引下，党和政府依然以不断进行自我革命的精神开展中国特色社会主义的社区矫正制度的自我发展与自我完善。2021年7月，上海市社区矫正管理局印发《关于印发〈关于开展首席社区矫正官试点工作的实施方案〉的通知》（沪司矫发〔2021〕7号）指出："要通过首席社区矫正官试点，在社区矫正工作队伍中选拔业务标杆，培育领军人物，充分发挥首席社区矫正官的示范引领作用，着力扩大社会影响力、积蓄改革推动力……为推动社区矫正工作队伍革命化、正规化、专业化、职业化建设，推进探索选派监狱戒毒人民警察从事社区矫正工作，探索建立社区矫正官制度积累实践经验。"伴随"刑罚执行官""社区矫正官"等职业性刑罚执行官员的设立，社区矫正的重要性、专门性、职业化将得到进一步体现。

在习近平新时代中国特色社会主义条件下，社区矫正的专门研究就是要立足我国的基本国情，探索中国特色社区矫正制度的发展与完善。结合中国特色社会主义法治国家的原理和要求，既要坚持增进民生福祉、倡导开放行刑、加强犯罪人治理的工作方向，也要充分考虑到中国社会发展的实际情况，要从经济社会发展阶段、社区建设、社会资源、工作力量的实际出发，坚持法治原则、人道主义的要求，把教育改造社区服刑人员作为社区矫正工作的中心任务，切实做好社区服刑人员的监管教育和帮困扶助工作，履行好社区服刑人员的改造工作，将预防和减少重新犯罪的工作落到实处。为此，必须坚持共建共治共享、改革创新的理念，统筹协调、充分发挥各部门的职能作用，广泛动员社会力量参与，创新运用法治思维及其条件，巩固、发展社区矫正制度的社会支撑体系，为社区服刑人员顺利融入社会创造理念先进、切实可行的条件，实现社会防卫、犯罪人治理与人民群众对美好生活目标追求的协同发展。概而言之，社区矫正学的形成和发展是国家治理体系与治理能力的现代化对公正司法、犯罪人治理、开放行刑提出的专门要求，跨及犯罪学、刑罚学、刑事政策学、保安处分制度、刑罚执行、监狱学等学科，具有突出的人道性、综合性、批判性与实践性，是党和国家尊重和保障人权、贯彻宽严相济刑事政策的内在要求，更是完善刑罚执行制度、推进司法体制改革、维护社会和谐稳定、推进平安中国建设的迫切需求，具有丰富的内涵和突出的地位，是新兴的以开放行刑、犯罪人治理为核心内容的刑事法学科。

第一章　社区矫正学的基本范畴

社区矫正（Community Correction，Community – based Correction）是指基于社会防卫需要，依法在社区内对犯罪人执行开放行刑并予以矫治的制裁措施。尽管社区矫正学具有重大的应用前景并获得了普遍的关注，但从巩固学科基础的角度看，相关范畴的专门阐释依然具有重要的意义。

第一节　社会、社区与社区矫正

一、社会与社区范畴

社会（Society）是指以生产关系为基础形成的生活共同体，包括生物、环境等。在古汉语中，"社"原指古代的祭祀场所，一种类似于戏台或祭天之坛的场所，周围种植着大量的桑树。根据"聚社会饮"之类的记载，上古时期的"社会"本指群体交往活动。英文 Society 源于拉丁语 Soius，是指朋友、伙伴或同伴。在深刻剖析资本主义生产方式的过程中，马克思提出："生产关系总和起来就构成所谓社会关系，构成所谓社会，并且是构成一个处于一定历史发展阶段上的社会，具有独特特征的社会。"① 因此，马克思主义认为，社会是"人们交互活动的产物"——在生产关系的基础上形成的各种关系的总和；社会的基本结构包括三个方面，分别是生产力、生产关系和上层建筑；人类的生产、生活、经济、政治、法治、教育等活动，都属于社会活动范畴。

社区（Community）是指共同生活的某个地方，享有共同政府，拥有相类或接近的社会地位与生活模式。20 世纪 30 年代，在费孝通先生的带领下，燕京大学社会学系学生在翻译滕尼斯的《社区与社会》（又名《共同体与社会》）时首创"社区"一词。为

---

① 马克思、恩格斯著：《马克思恩格斯选集》（第 1 卷），人民出版社 1995 年版，第 345 页。

了便于区分"Society"与"Community",费孝通先生将"Community"翻译成"社区",并作出了以下解释:"社区是若干社会群体(家庭、氏族)或社会组织(机关、团体)聚居在某一地域里形成的一个生活上相互关联的大集体。"2000年11月,中共中央办公厅、国务院办公厅转发的《民政部关于在全国推进城市社区建设的意见》(中办发〔2000〕23号)规定:"社区是指聚居在一定地域范围内的人们所组成的社会生活共同体。"因此,社区主要包括三个方面的含义:一是指共同生活的地理区域或空间;二是指社区的共同体本质;三是指人们自愿组织起来并居住在特定地理区域或空间的生活模式和要求,包括工作、购物、娱乐等活动及其宗教、教育、行政管理等设置。以云南保山的新雨社区为例,基于病残吸毒人员收治的需要,保山市隆阳区在特定区域新建了自愿组成并具有相类社会地位、共同生活模式的新雨社区。

二、社会、社区与社区矫正的关系

社会、社区与社区矫正包含三对关系密切但又存在重要区别的范畴。

社会与社区是紧密关联的两个范畴,既有联系,也有区别。

二者的联系主要在于生活共同体内涵的叠加。社会与社区都属于生活共同体的范畴,社会是以生产关系为基础的生活共同体,社区也可以称作享有共同政府、拥有相类或接近的社会地位与生活模式的生活共同体。基于生活共同体范畴的要义,二者必然具有主观上和客观上的共同特征,诸如生活需要、分工合作、文化、环境等方面的共同要求。

二者的区别主要在于生活共同体范围和侧面的不同。亦如"社区是社会中的社区"的常识所表达的,社区是有限范围的社会。在有限范围的社区内,基于共同生活及其便利的需要,所能共享的功能、区域、政府、模式等都是非常有限的。例如,农村社区主要提供各类农副产品,而城市社区更多地提供工业、文化类产品。

社区矫正亦属社会行刑的范畴。社会是社区矫正的目的、平台和支撑。社区矫正以社会防卫为目的,具有突出的社会支撑特征,以社区为代表的社会又是社区矫正的作用平台。因此,社会、社区与社区矫正之间具有相互依赖、支撑、促进的联系。

社会、社区与社区矫正的关系具有重要的启示。第一,社区矫正是全社会的矫治工作。只不过,从社会防卫的目的出发,社区代表全社会履行了社区矫正的职责。第二,社区矫正具有社会支撑性质,社区矫正工作需要获得全社会的关心、帮助和监督。社会为社区矫正提供了系统、全面的支撑作用,包括社会力量的系统参与、专门机构的矫治、社会评估系统的介入、社会监督的作用,等等。

第二节 行刑、矫正与社区矫正

一、行刑与矫正范畴

（一）行刑

行刑（Executing Punishment）是执行刑罚的简称。广义上的行刑包括刑罚的裁量和刑罚的实际执行；狭义上的行刑仅指刑罚的实际执行。古代中国社会具有重刑轻民的传统，行刑观念历史悠久。《国语·周语》（上）就有记载："赋事行刑，必问于遗训而咨于故实。"但是，中国传统意义上的行刑更侧重于重刑的执行。

行刑和量刑的区分是相对的。广义上的行刑包括刑罚的裁量和刑罚的实际执行。例如，有观点认为："行刑制度属于刑罚的具体运用制度中的一个组成部分。行刑制度的主要种类是：缓刑、减刑和假释。"[①] 其中，缓刑兼有刑罚裁量、执行的含义，既是重要的量刑制度，也是重要的行刑制度。

现代意义上的行刑范畴具有三个方面的特征：

1. 行刑属于国家行政特征

行刑属于国家行政的一部分，务必要有法律依据。

2. 行刑属于国家与受刑人之间的法律关系

在国家与受刑人的法律关系中，既要充分体现刑罚权力的公共职能和要求，也要适当尊重受刑人的地位和作用。

3. 行刑具有突出的教育改造目的

刑罚的规定和裁量较好地体现了刑罚的报应属性，刑罚的执行要从犯罪预防的角度培养、强化受刑人融入社会的能力。

（二）矫正

矫正原本是指纠正、改正的意思。但在社会学或刑事司法领域，矫正（Corrections）是指依法对判有罪者进行惩戒、改造的活动。我国刑事司法领域的矫正范畴受欧美国家的矫正制度影响较大。人们普遍认为，"Corrections"是指那些与犯罪人员调查、宣告、监管、限制、羁押、监督、教育有关的机构、设施与活动，而后才有"Community Corrections"（社区矫正）的称谓。

---

① 王仲兴、杨鸿主编：《刑法学》，中山大学出版社 2015 年版，第 154 页。

1. 惩罚、改造是矫正的目的特征

矫正制度具有本质层面的二重属性，兼具惩罚、改造的功能，不可偏废。惩罚是刑罚执行工作必然具有的特征，矫正制度的历史表明，监狱是最早的矫正机构，监狱矫正具有显而易见的惩罚性质。但监狱矫正长期存在改造效果欠佳的问题。在各国不断改善惩教手段的过程中，先后出现过债务人监狱、苦役、矫正所、庇护所、司法暂缓、具结保证、感化院、流放、缓刑、假释等矫正制度。

2. 教育、改造是矫正的本质特征

出于人权保障、社会防卫等方面的需要，现代意义上的矫正制度具有突出的教育、改造目的，明确提出了将犯罪人员改造为正常的社会成员，并重新融入社会的要求。因此，矫正制度也称为"充满了最好意图的制度"。譬如，新西兰政府的"惩教署"（Department of Corrections）明确规定，他们的职责就是："确保监狱里的犯人和社区里的罪犯都能服刑；提供治疗方案、教育、职业培训和支持，使之康复，并减少他们再次犯罪的可能性。"[①] 然而，在矫正制度改进、立法的过程中，国内相关人士充分注意到了矫正教育、改造的要求，但对矫正惩罚有所忽视。

二、开放行刑与行刑社会化范畴

（一）开放行刑

开放行刑是指非监禁执行刑罚的方式。针对监狱封闭管理、监禁行刑不利于受刑人再社会化等方面的问题，出现了监禁替代（Alternatives to Incarceration，简称ATI）的思想。监禁替代的思想率先转化为开放监狱行刑权力、引进社会行刑资源、降低行刑封闭程度，促进受刑人接触社会的行动。

开放行刑包括行刑开放与处遇开放两个方面的内容。行刑开放是指打破监狱等传统行刑机构对行刑权力的垄断，主张监狱、社会、受刑人共享行刑权力，共同履行行刑义务，实现行刑权力与行刑职责的非垄断运行。开放处遇也称处遇开放，是指通过扩大社会力量参与、增加社会行刑方式，实现行刑方式的非监禁运行。《规则》对服刑人员"保持与外界的接触"作出了专门规定，不仅专门提出了"允许囚犯与家人和值得信赖的朋友定期通信和接访"等方面的规定，还进一步提出了"最低限度监狱隔离措施"的指导原则。以"开放监狱"（Open Jails）（也称"监狱校园"）为例，在这种没有固定边界和囚房的地方，允许服刑人员与家人同住；可以就业；服刑人员可以因工作需要搬出监狱居住，并在工作时间结束后返回，等等。作为监狱改革的一部分，各国出现了

---

① New Zealand Government：Department of Corrections ［EB/OL］. https：//www. govt. nz/organisations/department – of – corrections/. 2024 – 06 – 17.

一定比例的开放监狱和半开放监狱。

（二）行刑社会化

行刑社会化，亦称刑罚执行社会化，是指为避免或克服监禁刑罚的弊端、增强行刑的再社会化能力而扩大行刑开放、强化社会参与的行刑思想。行刑社会化是行刑惩治主义的对称。但是，行刑惩治主义具有显而易见的弊端。一方面，社会必须通过惩罚来谴责犯罪，但在犯罪与惩罚的单线循环中，会留给社会更多的伤口，有悖社会治理的目标。另一方面，技术因素及其分工、发展的要求，以及"大社会、小政府"的趋势等，都对社会力量进一步承担责任、参与行刑提出了要求。

行刑社会化是国际社会的普遍要求。行刑社会化的渊源可以追溯到 1776 年美国费城成立的"出狱人保护协会"。19 世纪，出于人道主义和减少再犯的需要，美国纽约等地设立出狱人收容所等机构，暂时收容无业或无家可归的出狱人。20 世纪以后，西方国家纷纷设立保护出狱人的社会团体，开展预防保护、收容保护、观察保护等工作。1885 年，在罗马召开的第三次国际监狱会议专门讨论过出狱人保护问题。1935 年，在柏林召开的国际刑法及监狱会议作出了"对于出狱人之救助，乃使之自力更生所必须"的决议。在此基础上，《规则》第 58 条规定："判处监禁或剥夺自由的类似措施的目的和理由毕竟在于保护社会、避免受犯罪之害。唯有利用监禁期间在可能范围内确保犯人返回社会时不仅愿意而且能够遵守法律、自食其力，才能达到这个目的。"该《规则》第 80 条进一步规定："一旦决定作出囚禁的判决，就要鼓励并协助受刑人与监禁机构以外的个人、机构等维持或建立有助于受刑人恢复正常生活并增进他的家庭利益的社会关系。"

行刑社会化在增加受刑人接触社会、打破监狱垄断行刑权力等方面具有重要意义。为此，也形成了两个方面的突出要求：一是增加受刑人接触社会的机会；二是提升受刑人适应社会的能力。为此，不仅要发展社会行刑的制度和能力，还要提升监禁行刑的开放处遇，增加受刑人接触社会的机会，保障他们会见亲属、与外界通信、转处非监禁刑等方面的权利。

三、行刑、矫正与社区矫正的关系

在社区矫正范畴的视野下，行刑、矫正范畴互为表里。行刑是矫正的形式，矫正是行刑的目的。相应地，社区矫正以刑罚执行（即行刑）为本质，以犯罪人的矫治为目的，是行刑与矫正的综合作用。

尽管社区矫正兼具刑罚执行、矫治、保安处分、社会处遇、复合制度等方面的性质，但从《社区矫正法》第 1 条"保障刑事判决、刑事裁定和暂予监外执行决定的正确执行"与第 2 条"对被判处管制、宣告缓刑、假释和暂予监外执行的罪犯，依法实行

社区矫正"的规定来看，社区矫正是以刑罚执行为根本的制度，叠加了社区矫正制度的其他制度或属性，丰富了社区矫正制度的内容、提升了社区矫正的理念和实际要求，但不改变它刑罚执行的根本。整体而言，行刑是社区矫正的上位范畴。

矫正犯罪人是社区矫正制度的主要目的。监禁行刑不仅容易造成交叉感染，还存在突出的再社会化难题。相对来说，社区矫正的开放行刑方式能在相当程度上避免上述问题。

第三节 科学、法学与社区矫正学

一、科学与法学范畴

考察科学（Science）的词义，与 Science 最接近的词源为拉丁文 Scientia 和法语 Science。这是两个以 Knowledge 为本义的词汇，早期用法相当广泛，泛指知识或知识积累，后与 Art 通用，逐渐形成了以知识（Knowledge）、技能（Skill）为核心的含义。从现代层面来看，Science 更侧重于系统化、专门化的理论知识，亦可称为特定的知识分支，即科学的本义。

法学是以法律、法律现象及其规律为研究内容的学科或科学。

法学是否属于科学是个争议很大的问题。反对论者认为，法学不如数理科学精确，具有随社会发展条件变化而发生变化的可能性，因此不该成为类似于数理科学那样的科学或学科。譬如，"两可之事，难以为科学之事""立法者三句修改的话，全部藏书就会变成废纸"，等等。但是，上述观点在指出实定法存在不足的同时，自身也存在两个方面的不足：一方面，实定法的不足并不否定自然法抑或法学规律的客观存在。从本质上讲，法学并非"两可之事"的知识。不管是在什么样的具体条件下，以正义为目的的知识具有接近或无限接近唯一答案的可能性。因社会发展条件改变导致结果发生变化的情况仅说明法学规律及其研究的复杂性，不能因此否定法学规律的存在。另一方面，科学这个词汇原本并不是数理科学专有的。从知识或知识积累的本义出发，法学既有自己的知识积累，也有系统化、专门化的理论知识。

从科学的范畴出发，法学的任务也是理解它的研究对象，找出其中的规律，阐释概念，厘清不同现象之间的渊源和关系，逐步归纳为更为系统、专门的理论知识。

二、社会科学与科学的关系

社会科学（Social Science），亦称人文社会科学，是指研究社会群体、现象及其规律的学科或科学。鉴于社会现象的纷繁复杂，社会科学要从多侧面、多视角对人类社会进行分门别类的研究，力图通过对人类社会的结构、机制、变迁、行动等方面开展专门研究，分别把握社会现象的本质与社会发展的规律。因此，社会科学是有别于自然科学的系列学科，拥有庞大、系统的学科体系，诸如历史学、经济学、政治学、社会学、法学，等等。

社会科学与科学的关系主要存在于三个层面：第一，和其他科学门类一样，社会科学（尤其社会现象）也存在客观的规律。这是社会科学的根本所在。韦伯认为，科学的标志是客观性，文化科学在划清自身与自然科学界限的同时，依然必须证明自身的客观性。[1] 埃米尔·迪尔凯姆也提出：社会现象是有规律的，也是可以概括的。因此，"社会学不是其他任何一门科学的附庸，它本身就是一门不同于其他科学的独立的科学。"[2] 第二，社会科学和自然科学曾经都是哲学的分支，拥有共同的本质与共通的研究方法。相对来说，社会现象更加庞杂，社会发展规律往往周期更为漫长，这大幅度增加了探寻社会科学规律的困难程度。从根本上看，尽管研究对象不同，但二者都是系统化、专门化的理论知识，拥有共同的科学本质。正如自然现象遵循客观的自然规律（因果律）一样，社会科学遵循客观的社会规律，二者都以客观规律的探寻为根本任务，拥有相同的研究逻辑和共通的研究方法。譬如，社会科学家也能运用包括实验等自然科学的方法去研究和解释社会现象。第三，社会科学和自然科学具有相互融通的要求。基于实际问题的综合性，既没有不依靠自然科学的社会科学，也没有不依靠社会科学的自然科学，二者具有相互融通、共同发展的根本要求，具有形成科学共同体的属性和规律。在现代科学的发展进程中，新科技革命为社会科学的研究提供了新的方法手段，社会科学与自然科学相互渗透、相互联系的趋势日益加强。

三、法学与社区矫正学的关系

社区矫正学是专门研究社区矫正行为、现象及其规律的知识体系。鉴于社区矫正工作的综合性和跨学科性，社区矫正学广泛涉及社区矫正原理、社区矫正法学、社区矫正社会工作、社区矫正心理等方面的专门知识，是一门对象明确、内容丰富、实践性质突出的专门知识体系。

尽管社区矫正存在不同的性质，属于广义刑罚及其执行的范畴，具有突出的法治属性和要求，亦属于法学的分支学科。但是，作为法学分支的社区矫正学需要广泛汲取社会学、矫正学、行刑学、心理学等方面的知识，共同服务于开放行刑抑或依法在社区内对犯罪人执行开放行刑并予以矫正的工作需要。因此，社区矫正学具有突出的综合性、开放性和实践性。

---

① ［德］马克斯·韦伯著：《社会科学方法论》，韩水法、莫茜译，中央编译出版社 2008 年版，第 26 页。

② ［法］埃米尔·迪尔凯姆著：《社会学方法的准则》，狄玉明译，商务印书馆 2009 年版，第 150 - 154 页。

第二章　社区矫正学的思想渊源

第一节　美好生活目标思想

党的十九大报告提出："中国特色社会主义进入新时代，我国社会主要矛盾已经转化为人民日益增长的美好生活需要和不平衡不充分的发展之间的矛盾。"这是我们党基于政治科学和中国特色社会主义发展实际作出的重大判断，是习近平新时代中国特色社会主义思想的精髓，是中国特色社会主义进入新时代的客观依据，是新时代坚持和发展中国特色社会主义的实践基础，这也对物质文化生活及其民主、法治、公平、正义、安全、环境建设提出了更高的要求。

一、美好生活目标的概念与内容

美好生活目标是指以人民对美好生活的向往为目标。2012年11月15日，习近平总书记提出："人民对美好生活的向往，就是我们的奋斗目标。"①美好生活目标是习近平总书记"以人民为中心的思想"的核心内容，体现了我们党全心全意为人民服务的根本宗旨，彰显了中国共产党人的责任担当。

美好生活目标是马克思主义中国化的标志性成果。马克思主义经典著作充分揭示出资本主义制度是"羊吃人"的制度，资本主义生产方式是资产阶级永无休止的利益与无产阶级必然永远贫穷的协奏曲。区别于资本主义制度，社会主义制度以解放、发展生产力，消灭剥削，消除两极分化，最终达到共同富裕为本质要求，是全新的社会类型和发展形态。社会主义制度坚持以人民为中心的发展思想，用马克思主义价值观看待人民对美好生活的向往，充分彰显为人民立命的理论品格，用实际行动更好地满足人民日益

---

① 习近平：《人民对美好生活的向往就是我们的奋斗目标》，《人民日报》2012年11月16日，第1版。

增长的美好生活需要。因此，中国共产党始终坚持人民立场，确立人民主体观理论的指导，尊重人民主体地位的实际，要在国家治理及其社会发展的理论和实际中全面反映人民的主体地位和实际需求。

根据党的十九大报告，美好生活目标主要包括两个方面的内容：一是"更好地推动人的全面发展、社会的全面进步"；二是"物质文明、政治文明、精神文明、社会文明、生态文明"的"全面提升"。

二、美好生活目标的渊源与发展

人民对美好生活的追求是政治（Policy，即善治）的本义。亚里士多德在《政治学》中指出："城邦的成长出于人类'生活'的发展，而其实际的存在却是为了'优良的生活'。"① 由此可见，美好生活目标是人类社会生存和发展的本源性诉求，具有恒久的人性基础、悠久的历史传统和丰富的政治内涵。

中国共产党的"美好生活"奋斗目标，源于马克思主义"人类解放""人自由而全面发展"的范畴和学说，符合人类历史的发展规律，拥有人的"自觉劳动"的强劲动力，具有共同实现人的自由发展及其幸福生活的美好前景，是可信、可靠、可行的指导思想。首先，"美好生活"奋斗目标是人类历史发展规律的必然要求。诚如恩格斯在《在马克思墓前的讲话》中所指出的："马克思发现了人类历史的发展规律，即历来为繁芜丛杂的意识形态所掩盖着的一个简单事实：人们首先必须吃、喝、住、穿，然后才能从事政治、科学、艺术、宗教，等等；所以，直接的物质的生活资料的生产，从而一个民族或一个时代的一定的经济发展阶段，便构成为基础，人们的国家设施、法的观点、艺术以至宗教观念，就是从这个基础上发展起来的……"② 其次，"美好生活"奋斗目标是马克思主义自觉劳动及其美好生活观念的必然结果。根据马克思主义政治经济学的基本观点，幸福生活的实现离不开人类社会的劳动，但劳动不是手段，而是实现人的价值和目的本身。只有在社会主义条件下，才能通过人人自由自觉地追求劳动获得强劲的社会发展动力，实现以个人的自觉劳动推动社会发展，以个人的全面发展实现美好生活的辩证统一。再次，从共产主义社会的理想来看，伴随着社会生产力的高度发展和社会关系的高度和谐，劳动成为"生活的第一需要"，人们合乎规律地改造和利用自然，在自觉为他人、为社会服务和贡献的同时实现人的自由全面发展，实现从必然王国向自由王国的飞跃，最终指向人类解放及其共享、美好生活的共同实现。

---

① ［古希腊］亚里士多德著：《政治学》，吴寿彭译，商务印书馆2008年版，第7页。

② 马克思、恩格斯著：《马克思恩格斯选集》（第3卷），人民出版社1995年版，第776页。

三、以美好生活为目标的行刑指引

在习近平法治思想的贯彻、落实中，美好生活目标具有强烈的现实针对性和指导性。社区矫正工作更要严格按照习近平总书记"坚持公正司法，努力让人民群众在每一个司法案件中都能感受到公平正义"讲话精神的要求，尊重刑罚执行规律，完善刑罚执行体制，统一刑罚执行制度，履行好公共安全及其社会防卫的任务，更好地满足人民群众日益增长的公共安全与公正司法的共同需求。

1. 体现国家、社会、个人共同发展的要求

各国的社区矫正工作都有一定的救助性质，但社会主义国家的社区矫正工作要从国家、社会、个人共同发展的角度更好地体现社会主义制度的优越性，全面提升对社区矫正对象救治、帮扶的水平。对照社区矫正实际，当前的救治、帮扶工作明显滞后于新时代中国特色社会主义发展的水平。这是社会发展不平衡、社区矫正制度不完善等方面的原因共同造成的，亟须改进。

2. 要以个人的自由劳动、全面发展为中心开展社区矫正工作

犯罪人的发展也是共同发展、共享生活的重要组成部分。社区矫正是犯罪人重新适应社会的契机和起点。因此，要从"美好生活"目标的政治高度重视社区矫正对象的自由、权利和发展问题，要尊重他们的自由劳动意愿和全面发展可能，要从个人实际出发，研究、设置矫正方案，着力提升他们的道德水平和适应能力。

3. 坚持公正司法，努力让人民群众在每一个社区矫正案件中都能感受到公平正义

受刑罚执行制度不够完善与个别典型案例的影响，缓刑、假释、保外就医的执行遭遇了更多的信任问题。譬如，人民法院、人民检察院的职能工作部门普遍认为监狱执法不够规范，对犯罪人的日常计分考核不足为信，不能客观反映犯罪人服刑改造的实际情况，因而对刑罚执行机关提请的假释案件过于谨慎，这加大了假释等开放行刑制度决定的难度。因此，在社区矫正决定、执行的过程中，尤其要加大公正司法理念的教育，要以努力让人民群众在每一个社区矫正案件中都能感受到公平正义为标准，切实提升司法公信力，满足人民群众日益增长的公正观念和司法信念需求，促进公正高效权威的社会主义司法制度建设。

第二节　社会防卫思想

一、社会防卫的概念与本质

刑法意义上的社会防卫是指保护社会免受犯罪的侵害。

社会防卫是犯罪治理的指导思想。根据社会防卫思想，有理由惩罚犯了罪的人，也有必要依法对有责任能力且实施了危害行为的人采取干预措施，以防止危害的实际发生。因此，国家制定刑法、适用刑罚的目的不仅在于惩罚犯罪人、恢复正义，还要从犯罪预防、犯罪人治理的角度采取更为广泛的措施，形成整体反应体系，以满足日益增长的社会福祉需要。

二、社会防卫的渊源与发展

基于社会存在及其秩序的当然要求，社会防卫思想源远流长。诚如朗伯罗梭（C. Lombroso）所言：＂犯罪如为必要，则社会抵抗犯罪亦为必要，而惩治犯罪之罚，以使个人了解，亦为必要。＂[①] 针对古典学派责任主义存在犯罪预防功能的不足，菲利（Ferri）较早地提出了社会防卫的范畴。1910 年，普林斯（Prins）出版的《社会防卫思想与刑法的发展》率先阐述了社会防卫思想的基本主张。1945 年，意大利著名刑法学家、激进的社会防卫论代表性人物菲利普·格拉马蒂卡（Filippo Gramatica）在热内（Genes）创办＂社会防卫研究中心＂。1949 年，在＂社会防卫问题＂国际会议上成立了＂国际社会防卫协会＂，菲利普·格拉马蒂卡被推选为会长。1961 年，菲利普·格拉马蒂卡的代表作《社会防卫原理》出版。激进的社会防卫论倡导新社会防卫运动，主张在取消刑罚的基础上实行主观主义社会防卫、施行＂预防性的治疗性的社会卫生政策＂。激进的社会防卫论因过激的人权保障主张招致了较多的批评。与之相反，法国著名刑法学家、犯罪学家、新社会防卫论的代表性人物马克·安塞尔（Mark Ancel）通过《新社会防卫论——人道主义的刑事政策运动》（1954 年出版、1966 年再版、1981 年三版）《社会防卫思想》（1986 年版）等作品主张温和的社会防卫思想，通过制度批判、多学科研究等方法在刑法科学里发展道德化、法律化的人道主义。[②] 因而，反对古典刑法学派的教条主义，也不同意实证主义学派极为抽象、不准确的犯罪学＂公设＂，但不主张抛弃刑法，也不否认刑事责任概念，具有突出的折中特征。1954 年，在比利时安特卫普（Anvers）召开的第三次社会防卫国际会议上，新社会防卫思想获得了普遍认可，并影响至今。

针对古典刑法学派、实证主义存在于社会防卫层面的不足，社会防卫思想主张理性、科学、综合的犯罪治理，因而提出了以下几个方面的主张：

（1）主张刑法制度的批判性研究，即批判刑法学研究。

（2）积极寻求根治犯罪问题的总体战略，既要维护社会安定，又要保护个人的自由

---

① ［意］朗伯罗梭编著：《朗伯罗梭氏犯罪学》，刘麟生译，上海社会科学院出版社 2017 年版，第 365 - 367 页。

② 卢建平著：《刑事政策与刑法》，中国人民公安大学出版社 2004 年版，第 45 - 46 页。

和权利。

（3）对自由刑和监狱制度提出了尖锐的批判，声称"监狱已不再是与犯罪作斗争的有力武器，反而成了'重新犯罪的学校'"。为此，社会防卫思想主张在道义责任的基础上开展犯罪人的专门研究，并以犯罪人的"危险性"为基础倡导严格的罪刑法定视野下刑罚、保安处分一体化的刑罚制度改革，并提出了"预防犯罪、治理罪犯"的刑事政策主张。在社会防卫思想的指引下，联合国、欧洲议会等纷纷提出了"重新社会化治理"的监狱改革运动，要求监狱外的治理（即开放环境中的治理）具有更为广阔的前景，监狱生活尽量接近狱外生活，增加罪犯与家庭的联系，让犯罪人从事既有实际用途又有教育意义的劳动，等等。

三、社会防卫思想的行刑指引

社会防卫思想对社区矫正行刑具有全面的影响。

1. 强化刑罚执行人道主义、保障人权的要求

社区矫正行刑务必要遵循人道主义、保障人权的要求。这是社会防卫思想的核心要义，也是社区矫正行刑的根本要求。放弃这一点，难以取得受刑人的认同，不利于受刑人的再社会化。

2. 以监禁行刑批判促进社区矫正行刑目的、功能、方法的全面改进

源于监狱监禁行刑存在交叉感染、再社会化难等方面的突出问题，社会防卫思想提出了开放行刑的主张。因此，社区矫正行刑制度要针对监狱监禁行刑制度进行批判性研究，巩固开放行刑的理念，防范行刑交叉感染，更好地承担起犯罪人再社会化的职能。

3. 满足犯罪人治理的双重目的需要

要以犯罪人的人身危险性为基础开展治疗（治理）工作。犯罪人治理具有两个方面属性：其一，满足个别化矫治的需要；其二，体现国家对弱势群体的关怀、救助要求。

4. 从一体化的刑罚反应出发，研究、开发保安处分措施

从一体化的刑罚反应出发，研究、开发保安处分措施，以满足人身危险性治理的需要，有效衔接监狱行刑、开放行刑、社区行刑工作，组织好犯罪人治理的反应体系。

第三节　刑罚个别化思想

一、刑罚个别化的概念与本质

刑罚个别化是指根据犯罪行为、犯罪人格、矫正目的与条件等方面的个别情况依法

决定刑罚种类及其执行方式的思想。

刑罚个别化是基于罪刑相称原则与个别预防目的的刑罚理念。罪刑相称原则是指犯罪决定刑罚或刑罚对应犯罪，并按轻重顺序相对排列的原则和思想。根据罪刑相称的原则，刑罚的量定和执行要综合对应于不可能完全相同的犯罪行为、犯罪人、危害后果、报应、预防等因素的总和，因而需要确立个别化的刑罚进路。根据个别预防目的，刑罚的适用更要着重考量犯罪人人身危险性的性质与大小，开展个别化的刑罚设计。因此，刑罚个别化也是一个探寻"适当的惩罚"的问题。

二、刑罚个别化的渊源与发展

从历史上看，刑罚个别化是因严格的法定主义存在于刑罚适用效用层面的不足而产生的。针对封建刑法的罪刑擅断，贝卡利亚（Cesare Bonesana Beccaria）等在洛克（John Locke）、孟德斯鸠（Charles de Secondat，Baron de Montesquieu）等启蒙思想家的基础上提出了罪刑法定的原则——只有法律才能规定犯罪与刑罚。但是，严格的罪刑法定势必造成法定之刑过于抽象、僵化，难以应对不同犯罪人的人身危险性及其矫正目的的需要。为此，人类社会开始探寻刑罚的个人化（Penalty Individualization）。

刑罚个别化具有深厚的辩证法思想。柏拉图早就指出："法律恒求定于一，犹如刚愎无知之暴君，不允许有任何之违反，其意思或向其质难，纵情势有所变更，彼亦不允许别人采取较其原先所命令正更佳方法。"[1] 法定主义是罪刑阶梯思想及其人权保障目的的根本所在，具有重要的意义。为此，出现了反对刑罚个别化的主张："个别化是一个前瞻性的概念，它针对的人身危险性是个人将来犯罪的可能性。而要对个人将来行为的可能性作出预测是极其困难的。"[2] 但是，刑罚个别化是相对层面的范畴，是法定主义前提下量定刑罚、执行刑罚的个别化进路。一方面，刑罚个别化是相对层面的罪刑法定主义。过于严格抑或机械、僵化的法定主义（亦称绝对的罪刑法定主义）难以满足个别预防目的及其矫正工作的需要，产生了刑罚效用不足的问题。法国刑法学家斯特法尼（Gaston Stefani）在回顾罪刑法定主义的发展过程中指出，由于刑罚个人化的出现，罪刑法定原则具有了灵活性。[3] 另一方面，人身危险性预测的难度并不否定它的客观存在。恰恰相反，人身危险性预测的难度也意味着开展专门刑罚个别化研究的必要性。

刑罚个别化具有自然意义上的合理性，较早反映在"以眼还眼，以牙还牙"的报应

---

[1]　翟中东著：《刑罚个别化研究》，中国人民大学出版社 2001 年版，第 5 页。

[2]　邱兴隆：《刑罚个别化否定论》，载《中国法学》2000 年第 5 期。

[3]　［法］斯特法尼等著：《法国刑法总论精义》，罗结珍译，中国政法大学出版社 1998 年版，第 148 页。

思想中。伊斯兰的《古兰经》规定："以命偿命，以眼偿眼，以鼻偿鼻，以耳偿耳，以牙偿牙；一切创伤，都要抵偿。"《汉谟拉比法典》规定："倘自由民损毁任何自由民之眼，则应毁其眼。"1898 年，法国学者雷蒙·萨雷伊（Raymond Saleilles）在《刑罚个别化》一书中正式提出了刑罚个别化理论。在此基础上，还将刑罚个别化划分为法律上的个别化、裁判上的个别化和行政上的个别化。法律上的个别化是指法律以行为为基础，通过细分构成要件、加重、减轻情节，实现个别化刑罚的法定化。裁判上的个别化是指法官根据犯罪人的主观情况区别适用不同制裁的方式。行政上的个别化是指刑罚执行机关根据犯罪人的具体情况决定刑罚的执行。[1] 刑罚个别化还体现在朗伯罗梭（Cesare Lombroso）的犯罪人分类思想中。在《犯罪人论》中，朗伯罗梭将犯罪人分为四大类，即天生犯罪人、激情犯罪人、精神病犯罪人和偶然犯罪人，每一大类中又有诸多小类，并分别提出了个别化的刑事对策。譬如，对天生犯罪人、癫痫性犯罪人应当关押在特别的机构进行矫正；对激情犯罪人适用流放、赔偿损失的刑罚；对倾向性犯罪人适用缓刑与不定期刑罚；对习惯性犯罪人适用流放或永久隔离的刑罚。在目的法学的影响下，李斯特提出："矫正可以矫正的罪犯，不能矫正的罪犯使其不为害。"由此可以看出，刑罚个别化是社会防卫思想的基础。

1919 年的《苏俄刑法指导原则》明确规定了刑罚个别化的原则。受其影响，我国刑法也规定了一系列具有个别化特征的刑罚制度，如缓刑、减刑、假释等。

三、刑罚个别化思想的行刑指引

刑罚个别化思想对刑罚的制定、裁量和执行具有全面的指导意义，既要考虑到报应主义及其一般预防的要求，也要满足人身危险性因素及其特殊预防的需要。刑罚的制定需要充分考虑到犯罪类型的特点，着重结合犯罪收益及其目的、动机来配置法定刑。譬如，经济犯罪要充分发挥财产刑的作用，绝不能让经济犯罪人因犯罪获得财产利益。对政治犯罪要加强思想、信仰等方面的监管和矫正，无须配置过于残酷的刑罚。相对于刑罚的制定来说，刑罚的裁量和执行都属于法定刑的适用，属于广义上的行刑范畴。结合行刑理论的研究，刑罚个别化对刑罚的裁量和执行也具有重要的指引价值。

（一）量刑指引

《中华人民共和国刑法》（以下简称《刑法》）第 61 条规定："对于犯罪分子决定刑罚的时候，应当根据犯罪的事实、犯罪的性质、情节和对于社会的危害程度，依照本法的有关规定判处。"这是罪刑相称原则的要求，也包含了丰富的刑罚个别化思想。

---

[1] 翟中东著：《刑罚个别化研究》，中国人民大学出版社 2001 年版，第 8 页。

1. 犯罪行为对法益的侵犯抑或危害社会的严重程度有待个别化的衡量

行为的客观危害、行为人的主观恶性与客观的人身危险性是决定犯罪类型及其危害程度的主要因素。然而，以上因素又是个别化的环境、被害条件、时间、地点等要素综合作用的结果。离开个别化的判断、衡量，无法对犯罪行为造成的危害作出恰当的判断。

2. 报应主义的量刑个别化要求

刑罚裁量也要反映报应主义的要求，要在法定刑范围内结合犯罪的事实、性质、情节等因素宣告相称的刑罚。根据刑罚个别化的要求，即使不具备法定的减刑条件，但经最高人民法院核准，也可以在法定刑以下判处刑罚。

3. 特殊预防的量刑个别化要求

源于人身危险性预测的突出困难，刑罚个别化的关键就是根据犯罪与犯罪人的具体情况依法宣告相称的刑罚，以满足特殊预防的需要。有论者认为，量刑的预防根据既包括再犯可能性，也包括初犯可能性。[①] 根据刑罚世轻世重、乱世用重典的刑事政策传统，量刑需要考虑到一般预防（即初犯可能性预防）的需要。但是，在法定刑已经考虑到犯罪因时而异的条件下，量刑阶段的一般预防用刑存在对犯罪人过于苛刻的嫌疑，需要谨慎对待。

4. 开放行刑裁量的个别化问题

在刑罚裁量的过程中，出现了因犯罪人户籍、居住地、行刑场所等犯罪人人身危险性以外的个别化条件导致不符合开放行刑条件的问题。从平等原则出发，这是一个有待改进的问题。因此，要从刑罚执行的国家事务范畴出发，改善开放行刑的条件，增进开放行刑的平等性质。

（二）执行指引

刑罚执行个别化是指结合犯罪与犯罪人的具体情况依法执行所判刑罚的活动。一般说来，所犯罪行偏轻，改造态度越好，越能获得更好的处遇，反之亦然。随着社会治理条件的改善和治理能力的提高，个别化因素对刑罚执行的作用越来越突出。

1. 刑罚执行个别化是综合犯罪与犯罪人具体情况的个别化

刑罚的执行不仅要实现矫治犯罪人、预防犯罪的目的，而且要满足责任主义的要求。因此，刑罚执行个别化不能放弃刑罚报应的基本要求。

---

① 陈兴良著：《刑法适用总论》（下卷），法律出版社 1999 年版，第 290 - 291 页。

2. 刑罚执行个别化既要满足犯罪人生活、学习、劳动的基本要求，也要避免处遇条件过于悬殊造成刑罚执行的不平等问题

个别化只是报应、预防用刑的具体化、合理化，不是法外之地，没有无妄之刑，也不搞权贵式的监狱行刑。

3. 要在社会治理体系与治理能力现代化的视野中拓展个别化行刑的理论和实践

刑罚执行是社会治理的重要内容，要将二者结合起来，充分发挥社会治理体系与治理能力现代化建设的带动作用，尊重犯罪人、受刑人的主体地位，倡导、推动刑罚执行共同体的研究和建设，最大程度地激发他们的自我改造能力。

4. 结合开放行刑的理论和实践，创新社会力量参与刑罚执行个别化的方式，增进刑罚执行的开放性质

犯罪治理具有公共性质，有赖包括犯罪人在内的社会力量参与。社会力量的参与，包括但不限于专门组织、志愿者的形式，有助于犯罪治理及其行刑权力的民主化，更大限度地体现人民司法的根本性质。结合国内外的行刑理论和实践，可以使用包括安置计划、矫正合同、行为契约、个人矫正规划等方式扩大社会力量的参与，丰富个别化矫正的内容，强化刑罚执行个别化的系统性支撑。

第四节　中途之家思想

一、中途之家的概念与本质

中途之家（Halfway House，亦称"住宅康复中心""重返社会训练所"等）是用于帮助犯罪人、刑满释放人员、吸毒瘾癖者、精神病患者等克服自身危机，自我调整，重新适应家庭、社会生活的场所。[①] 基于矫正目的，住宿在这些场所中的人员需要遵守包括出勤、宵禁、瘾癖治疗、维持就业等方面的规定。因此，中途之家具有人身危险性防卫、社区行刑的作用，兼有保安处分与社区矫正的性质，是社会防卫思想的重要体现。

中途之家种类繁多，所承载的矫治目的不完全相同，可能是重叠的，也有可能完全不同。譬如，社区惩教设施收容处于不同监禁阶段的人；综合性的居民重返中心原则上不区分收容对象；特定的中途住所仅住宿具有精神病、智障、毒瘾、酒精瘾癖等问题的特定对象，优先开展瘾癖戒治等方面的矫正工作。出于矫正目的、对象的不同，中途之

---

① Beha J A. Testing The Functions and Effect of the Parole Halfway House：One Case Study［J］．J. Crim. L. & Criminology，1976（67）：335.

家的管理方式也不完全相同，从完全封闭管理到完全不封闭（以锁住的门为代表）管理的都有。

二、中途之家的渊源与发展

中途之家较早起源于欧洲。公元 6 世纪，欧洲就有宗教组织向那些无法回归社区的刑满释放人员提供暂时性的食宿。19 世纪，中途之家在英格兰和爱尔兰得到了较大的发展。1817 年，美国宾夕法尼亚州提出了第一份建立中途之家的正式建议，但囿于民众对犯罪传染的顾虑未能如愿。

20 世纪 60 年代，在美国联邦监狱管理局的主导下，美国有些州以"监狱休假和工作释放计划"的名义实施了中途之家项目改革。1961 年，根据《联邦青少年犯罪和青少年矫正法案》，伊利诺伊州的芝加哥成立了三个"预释放指导中心"（Pre – Release Guidance Centers），开展包括就业帮助、适应性辅导等方面的中途之家实验。在此基础上，《1965 年联邦囚犯康复法案》批准实施"监狱休假和工作释放计划"，并将青少年犯罪人中途之家扩展到成年人"社区处遇中心"（Community Treatment Centers）。20 世纪 80 年代，美国联邦监狱管理局通过契约采购的方式将中途之家改造为联邦雇员不再参与的社区矫正中心（Community Corrections Centers）。美国 2008 年通过的《二次机会法案》在增加联邦和州的预算实施居民重返计划的同时，还将社区矫正中心更名为居民重返中心（Residential Reentry Centers）。根据该法案，居民重返中心仅受分区条例（Zoning Ordinances）和收治容量的限制，收治对象宽泛。在最长可居住 1 年的时间里，广泛接受就业援助、瘾癖治疗、社会衔接、资金资助、亲友接触、教育促进、医疗和心理的健康护理、定位安置等方面的救治措施。根据美国联邦监狱管理局的文件，中途之家每年耗费的资金高达几十亿美元。

基于社会防卫的职责，中途之家是刑满释放等人员融入社会的救助通道，因而为各国广泛采用。与美国的模式类似，加拿大惩教署使用基于社区的居住设施，综合使用干预、规划、咨询、提供住宿和监管罪犯的方式帮助刑满释放人员、吸毒成瘾者等重返社会生活。基于社区正义与社区司法的理念，泰国形成了社区主要负责矫正、刑事司法系统（主要是缓刑监管部门和司法部）重点保障安全，二者在当地社区层面建立起共同帮助、监控刑满释放人员、吸毒成瘾者等的伙伴关系，共同承担重返社会训练的职责。2000 年前后，我国也创设了一些类似于中途之家的机构。譬如，云南保山的"新雨社区"，不仅构筑了毒瘾戒除的专门条件，还为刑满释放人员、吸毒成瘾者等建立了可以长期工作、生活的设施。北京市监狱系统的"出监教育中心"建立了社会模拟教育系统，建有"地铁""银行""政府办事机构"等设施，开设了模拟上网等课程，引导受刑人了解、学习社会知识，以便出狱后尽快适应社会。

三、中途之家思想的行刑指引

在我国，中途之家制度依然处在创试阶段。但是，基于刑满释放人员等主体重返社会的实际困难，中途之家具有突出的社会防卫职能，对社区矫正工作具有重要的指引作用。

（一）行刑的社会防卫目的

中途之家的设立是社会防卫思想与犯罪人治理目的的产物。在云南保山的"新雨社区"之外，北京市也在社区矫正试点中创设了"阳光中途之家"（也称"阳光社区矫正服务中心"）。以北京市设立的"阳光中途之家"为例，2007 年年底，北京市朝阳区司法行政系统率先筹建的"阳光中途之家"主要功能是对社区矫正对象集中开展初始教育和培训，进行临时救助，组织社区矫正对象（服刑人员）参加公益劳动，聘用专业心理咨询师开展心理矫正工作等，亦属社会防卫及犯罪人治理的范畴。

（二）拟制家庭的社会行刑功能

中途之家是拟制的家庭，是重返社会的营地，承担着拟制家庭的社会行刑功能。

1. 中途之家是家庭生活及其教育功能的补位

中途之家不是专门的国家行刑机构，而是基于社会防卫目的的社会行刑辅助措施，是对家庭生活辅导、教育功能的补位。因此，中途之家建设要重视家庭成员交往、家庭氛围营造、家庭作用的发挥，要调查住户家庭的具体情况，并采取有针对性的修复措施。

2. 中途之家需要承担起风险识别、防控、矫正的职责

鉴于入住人员人身危险性的实际情况，中途之家要将人身危险性的识别、防控、矫正作为优先的工作承担起来。为此，需要配套相应的评估、治疗机构，设置必要的纪律措施，开展不定期的瘾癖测试，以契约的方式约定培训、矫正工作的内容。

3. 中途之家需要缓解居住者的困境

在社会学的视野中，中途之家的入住人员往往是"三无"（无家可归、无亲可投、无生活来源）社区矫正对象，是适应社会具有障碍的弱势人群，存在工作能力、基本习性、基本交往、瘾癖治疗或其他方面的问题，需要得到社会力量的帮助。通过中途之家制度，社会力量要着重缓解居住者存在的工作能力、基本习性、基本交往、瘾癖治疗等方面的困境，使之适应重返社会的基本要求。

4. 中途之家制度具有突出的社会支撑要求

中途之家制度具有突出的社会支撑要求，要以社会力量的广泛参与改善刑罚执行的开放性质。鉴于社会罪因的客观存在，中途之家也有社会责任实现的性质。因此，各国

的中途之家制度普遍重视社会力量的参与，部分国家甚至提倡社区主导、国家刑事司法机关配合的中途之家建设，因而具有突出的社会支撑要求。一方面，社会力量的支撑可以扩大受刑人社会救助的力量体系，改善刑罚执行的开放性质。另一方面，社会力量的支撑并不排除国家刑事司法力量的引导、参与和监督。从各国中途之家的实践来看，社会力量主导的中途之家制度也容易出现履行社会职责、矫正监管等方面的问题，离不开国家刑事司法力量的引导和监督。

第三章 社区矫正学比较

整体而言，社区矫正是源自英美法系国家的舶来品。因为政治制度、文化渊源、历史背景、法律体系的差异，各国社区矫正学的内涵与外延不尽相同，有待专门的比较研究。

第一节 英国社区矫正学

一、英国社区矫正概况

英国的社区矫正制度源远流长，是世界社区矫正制度的主要发源地。19 世纪 40 年代，英国管理者建立了最早的社区矫正制度——基于人道主义的善行折抵制度，即犯罪人通过良好的行为获得提前释放的奖励。1879 年，英国颁布了最早的社区矫正法案——《略式裁判法》（Summary Jurisdiction Act 1879）。

社区矫正刑在英国的刑罚体系中属于中等强度的刑种，适用于实施了具有中等严重程度犯罪行为的犯罪人——介于监禁刑和罚金之间的刑罚。根据英国国会 2000 年通过的《刑事法院权力法（判决）》［Powers of Criminal Courts Act（Sentencing）2000］，社区矫正刑包括社区恢复令、社区服务令、结合矫正令、宵禁令、毒品治疗与检测令、出席中心令、监督令以及行为规划令等。为强化社区矫正作用，进一步保护公众的合法权益和降低再犯罪的可能性，英国 2014 年还出台了《罪犯更生法》（Offender Rehabilitation Act 2014）。

二、英国社区矫正体系

（一）社区矫正的主体与任务

英国的国家缓刑局①（亦称保护观察局或惩教督查局）及其分支机构、地方假释委

---

① 刘晓梅：《英国的社区矫正制度及其对我国刑罚制度改革的启示》，载《犯罪研究》2006 年第 3 期，第 76－80 页。

员会和全国未成年人司法委员会共同负责社区矫正刑罚的实施，以国家缓刑局及其地方分支机构为主。国家缓刑局接受内政大臣直接领导，包含负责社区矫正执行和资源设施装备的两个部门。国家和地方缓刑机构工作人员统称矫正官，属国家公务员序列，由内政大臣任命，接受国家缓刑局的统一管理。所有缓刑机构的工作经费和人员工资皆由中央财政支出。此外，根据未成年人社区矫正工作的特点，英国成立了全国未成年人司法委员会。此委员会属非政府组织，由负责缓刑的公务员、教师、警察和卫生部门的相关人员组成，负责与有关部门、社会各界就未成年人社区矫正刑罚的适用做沟通和协调工作。

英国社区矫正机构的主要任务有：

（1）对犯罪人进行量刑前调查和危险评估。在案件判决前，对犯罪人的犯罪性质、犯罪原因、经济状况、家庭关系、人格情况、一贯表现进行专门调查，并对其人身危险性和再犯可能性进行系统评估，然后将调查和评估报告提交法院，供法院判决时参考。

（2）作出矫正方案、监督和考察被判处社区矫正的服刑人员。社区矫正机构接收本辖区的社区矫正对象后，要按照社区矫正对象的类别和特点作出矫正方案。

（3）充分利用和调动所在社区的资源，为社区矫正对象提供教育、培训、就业指导、娱乐及讨论的场所，提高其社会认知能力和水平。

（4）与有关医疗服务机构、志愿者机构、劳工组织、企业家联合会等相关部门建立联系，为社区矫正对象提供戒毒、心理治疗、家庭问题解决及学习工作等方面的帮助。

（5）为社区矫正对象提供劳动技能培训、就业岗位与就业咨询服务，帮助他们获得社会福利与社会救济，提高社区矫正对象的自我认识能力，增强其自尊心和社会责任感。

（6）定期针对社区矫正对象的表现、情况，提出减刑、定期解除和收监执行的意见和建议，由法官对社区矫正对象实施奖惩和作出解除矫正、收监执行或者变更有关裁定或判决。

（二）社区矫正的对象

根据不同的社区矫正种类，社区矫正对象的规定不尽相同。社区恢复令、社区服务令、结合矫正令、毒品治疗和检测令适用于已满16周岁的犯罪人，且社区恢复令适用的对象必须无谋杀罪；宵禁令的适用对象是10岁以上的任何犯罪人，但犯有谋杀罪的犯罪人除外；出席中心令由治安法院、王座法院或少年法庭对10岁以上、20岁以下的犯罪人适用；监督令主要适用于10~17岁年轻的犯罪人，如果犯罪人在14周岁以下，则监督人必须是地方当局，除非保护观察官过去已经和该犯家庭取得过联系，地方当局通过社会工作者完成这一任务；行为规划令适用于10~17岁的青少年犯罪人。

（三）社区矫正的种类

从广义上讲，英国的社区矫正包括缓刑（Suspend Sentences of Imprisonment & Probation）、假释（Parole）、社区命令和社区判决（Community Order and Community Sentence）等。狭义上的社区矫正，是指社区命令和社区判决。根据英国国会2000年通过的《刑事法院权力法（判决)》，社区矫正刑包括社区恢复令（缓刑令）（Probation Order)、社区服务令（Community Service Order）、结合矫正令（Combination Order）、宵禁令（Curfew Order）、毒品治疗与检测令（Drug Treatment and Testing Order）、出席中心令（Attendance Centre Order）、监督令（Supervision Orde）以及行为规划令（Action Plan Order）等。[①]

1. 缓刑

英国的缓刑包括缓刑（Probation，即一般意义上的缓刑）和暂缓执行（Suspend Sentences of Imprisonment），一般意义上的缓刑适用于16周岁以上的犯罪人，根据缓刑官的要求参与一定的活动和项目，必要时还可以提出对精神问题、毒品、酒精瘾癖进行测试与治疗的要求。暂缓执行是对犯罪人判处2年以下监禁刑罚的同时宣告缓期1~2年执行的刑罚方法。在缓期执行期间重新犯罪的，取消缓刑，并将新罪判处的刑罚与原判刑罚合并执行。

2. 假释

假释是指对判处一定期限监禁刑的犯罪人，在原判刑期执行一定时间以后，确有悔改表现、认真接受监管和改造，放归社会后不致危害社会的，附条件释放的刑罚措施。

假释由假释委员会裁决，假释委员会成员由国务大臣任命。假释的执行具有以下两个条件：

（1）犯罪人必须已经服满所判刑期的1/3或12个月中期限较长的；

（2）被判处终身监禁的犯罪人，须在服刑3~4年以后，由地方检查委员会复查，并征得英国首席法官的意见，提交假释委员会讨论。假释委员会同意的，再建议国务大臣批准。

3. 社区恢复令

英国的社区恢复令就是缓刑令，广泛运用于司法实践。社区恢复令的期限为6个月以上、3年以下。英国王座法院、治安法院以及少年法庭都有权宣告社区恢复令。法院适用社区恢复令的条件如下：根据犯罪人实施犯罪行为总和的严重程度，足以适用社区恢复令；适用社区恢复令，应当是保障犯罪人的改造与恢复，防止其再犯罪、保护社会免受危害所必需的。

作为社区矫正刑的一种，社区恢复令是主刑，不能与其他主刑同时适用。但是，社

---

① 此为该法律最初颁布时的版本，现已被修改。https：//www. legislation. gov. uk/ukpga/2000/6/section/33/enacted。

区恢复令可与其他社区矫正判决一并应用。例如，在实施社区恢复令的同时，被告人还可以一并适用宵禁令，禁止他夜间外出；或对吸毒者实施戒毒治疗和检测令。社区恢复令也可以与罚款和没收财产等额外处罚结合使用。社区恢复令可以提前终止。如果犯罪人在执行刑罚方面取得了很大进展，已经达到社区恢复令的目的，并且犯罪人不会因终止执行而危害社会的，在服满一半刑期的条件下，可经申请提前终止社区恢复令。

4. 社区服务令

社区服务令是指法官可以命令犯罪人从事无偿的社区劳动，以弥补其犯罪行为对社会或个人造成的损害。被判处社区服务的犯罪人，应当提供无偿劳动 40～240 小时。从事的劳动可以是体力劳动，也可以是脑力劳动。但是，法院不应要求犯罪人对其犯罪行为的特定受害人直接提供劳动。犯罪人的无偿劳动，应当是服务整个社区的。

社区服务的时间必须在社区服务令中明确规定，时间的长短要基本能反映犯罪人所犯罪行的轻重。从社区服务令下达之日起，除非经过申请获得法院的批准，所有的劳动必须在 12 个月内完成。除因为与犯罪人正常的工作、受教育、宗教所抵触的以外，社区服务时间一般为上午 9 点到下午 4 点。如果犯罪人实施了数个犯罪行为，其中有两个以上的罪被判处社区服务，并罚的社区服务时间也不能超过 240 小时。犯罪人完成判决要求的所有服务时间后，视为刑罚执行完毕。犯罪人在社区服务时不穿戴任何特殊服装或标志。社区服务的内容主要是干家务，如换锁、装修、油漆门窗、照顾残疾人或老人、清理杂草、垃圾等。

5. 结合矫正令

结合矫正令是指社区恢复令与社区服务令的结合，即对一个犯人可以同时判处社区恢复令和社区服务令。其中，从事社区劳动的部分，遵照社区服务令的相关要求；接受社会帮教的部分，则依照社区恢复令的要求执行。在结合矫正令中，社区恢复令可以是 1～3 年（正常的社区恢复令期限是 6 个月到 3 年），社区服务的时间为 40～100 小时（正常的社区服务时间为 40～240 小时）。

6. 宵禁令

宵禁是高度限制犯罪人人身自由的一种社区矫正刑，是指限定犯罪人在宵禁令指定的时间段里，必须待在特定的地方，如在家中等特定场所，在此期间内不得进入娱乐场所等特定场所。实行宵禁令的目的在于，通过将服刑人员限制在家里，防止他们在夜间外出，从而减少、控制某些形式的犯罪，如盗窃、酒吧滋事等扰乱社会秩序的危害行为。自宵禁令下达之日起，执行时间不得超过 6 个月；对 16 岁以下犯罪人不得超过 3 个月。在此期间每天宵禁时间限定在 2～12 小时。随着电子监控设备的利用，英国的社区矫正官可以根据宵禁令的要求，让犯罪人在手上戴上电子标签，以监控犯罪人的行动。

7. 毒品治疗与检测令

毒品治疗与检测令，是指为了检测和治疗犯罪人对毒品的依赖性，而在指定的期限内，指定有一定资格或经历的人对他们采取必要的检测和治疗措施。期限为 6 个月到 3 年。毒品治疗与检测令可以由治安法院、王座法院以及少年法庭对满足以下条件的犯罪人适用：犯罪人依赖毒品，或有滥用毒品的倾向，其依赖性或倾向性比较严重，以至于需要接受戒毒治疗。但是，毒品治疗与检测令的适用不是强制性的，只有在犯罪人明确表示愿意接受戒毒治疗的情况下，法院才可以判处毒品治疗与检测令。

8. 出席中心令

当某些未成年人实施了对成年犯罪人可以判处监禁刑的犯罪，可以对未成年犯罪人判处出席中心令。出席中心令的活动通常由警察、监狱管理人员和教师等志愿人员利用业余时间（往往是周六的上午或下午）在学校、少年宫等场所举办。犯罪的青少年在这里学习如何处理、解决与他们犯罪有关的问题，以及参加一些集体活动。

9. 监督令

英国的监督是指把青少年交给地方当局或者保护观察官监督，监督人的职责是"建议、帮助和亲近被监督人"。监督应当在监督令生效之后的 5 天内开始，内容有经常的见面、准确及时的见面记录、有效的监督行动等。监督令类似于社会恢复令，只是监督令是专门对 10 岁以上、17 岁以下的未成年犯罪人适用的社区矫正刑。监督令的规则与社会恢复令的要求基本一致，只是监督令的刑期更短，最长不得超过 90 天。

10. 行为规划令

行为规划令是指青少年犯罪人从判决生效之日起，依照监管人员随时的指示而行事，为期 3 个月。监管人员可以是矫正官、社会工作者或青少年帮教队成员。犯罪人的行为规划与监督主要包括以下内容：在指定的时间内，参加特定的活动；在指定的时间和地点，向监督人报到；不去规划令禁止的场所；或者对特定的人或社区从事一定的服务，以便补偿社会等。

三、英国社区矫正学的批判与借鉴

以刑罚执行的司法实践为基础，英国形成了丰富的社区矫正思想和齐整的法律制度。相对于其他国家，英国的社区矫正思想和制度具有突出的人道性、节俭性、个别化和前瞻性。①

---

① 刘强主编：《各国（地区）社区矫正法规选编及评价》，中国人民大学出版社 2004 年版，第 183 页。

（一）社区矫正思想

在人道主义思想的指引下，英国认识到"惩罚主义"的无效，转而重视教育感化的指导思想，从"重罪重罚、轻罪轻罚"的观念出发，重其重者，将惯犯关进监狱以保护民众；轻其轻者，对犯罪情节较轻的，不予关押，实行社区矫正。

我国具有重刑传统，历来主张重罪重罚，并不重视社区矫正制度的研究。随着社会治理体系和治理能力的现代化建设的推进与更高水平平安中国建设的要求，英国以社区命令和判决为基础的社区矫正制度对我国具有了重要的借鉴意义。

（二）社区矫正的执行体系

英国配备专门的社区矫正机构和执行人员，在内政部和地方均设立监狱局、缓刑局承担社区矫正工作，并由内政部统一管理，工作人员被称为矫正官，属于国家公务人员序列。这些官员接受过专业的技能培训，长期从事社区矫正工作，具有较高的专业素养，能够很好地执行社区矫正工作。

英国的社区矫正执行体系具有三个方面的借鉴意义：

1. 加强统一的刑罚执行体系建设

在我国传统的刑事权力体系中，刑罚执行权力地位偏低、配套滞后。因此，要以刑罚执行权的系统性建设加强机构建设与人员配置，完善机构人员配置，优化社区矫正执行体系。

2. 以系统、专业的犯罪人评估制度倒推监狱（监禁）行刑、社会行刑制度的完善

要以更高的要求解决好监狱行刑的交叉感染问题，要以第三方犯罪人评估、专门的矫正队伍建设和更有针对性、个别化的教育项目全面改进刑罚执行的权力体系和专门化建设。

3. 加快专门的社区矫正工作者队伍建设

要以刑罚执行权力的系统改善为基础，开展刑罚执行权力配置的系统研究，健全社区矫正机构，引进专业力量，提高社区矫正工作者的待遇，提升社区矫正工作者的技能，切实改善社区矫正的效果。

（三）社区矫正的方式和内容

英国的社区矫正制度，形成了种类众多、内容丰富、运用灵活的局面。仅 2003 年《刑事司法法》（Criminal Justice Act 2003）规定的"通用社区刑罚（令）"就可以附加 12 种命令的任何一种（多是不同命令的组合），如无偿工作、规定的活动、经批准的项目、受禁止的活动、宵禁、远离特定场所、在特定场所居住、心理健康治疗、戒毒、戒酒、负责任官员的监督与少年教导所。其中，还包括电子监控、混合或半监禁的刑罚、

间歇性徒刑（周末监狱）等方式。2021 年英国最新的缓刑服务模式正式实施，该模式围绕执法权、员工队伍建设、缓刑服务设施与质量、缓刑干预、受害人的权益保护，以及产业与技术现代化等提出了明确的目标任务与具体措施，将持续到 2024 年或 2025 年。① 相对来说，我国社区矫正的种类和方式略显匮乏。为此，我们要重视个别化矫正与一般化矫正相结合，分类设计基于不同社区矫正措施的矫正策略，优化社区矫正的内容和方法。

第二节　美国社区矫正学

一、美国社区矫正概况

美国的社区矫正制度非常发达。1789 年，基督教牧师威廉·罗各斯在美国费城的核桃街拘役所首次为收容者开设教育教学课程，拉开矫正刑的序幕。第二次世界大战结束后，美国犯罪率日益增长，监狱人满为患，日益严重的监狱暴力冲突等问题，使美国不得不寻找新的犯罪人矫正模式。20 世纪 60 年代，美国确立了囚犯归假制度；70 年代初，开始采取教育或学习的释放制度和社区扶助活动；70 年代末，除几个州外都制定了劳动释放法。1973 年，美国明尼苏达州由州议会通过了全球第一部《社区矫正法》，用于规范地方政府的社区矫正计划、社区矫正项目发展、对犯罪人执行刑罚和为犯罪人提供服务，以及资助县级地方政府开展社区矫正工作的相关权利和义务。事与愿违的是，20 世纪 70 年代末，因执行不严格、不规范造成的社区矫正泛滥导致美国重新犯罪的人数不断增加，美国转而推行强硬主义的刑事政策，各州相继立法取消或限制假释的适用。毫无疑问，强硬主义的刑事政策与假释的限制适用不可能取得太好的犯罪控制作用，监狱依然爆满的情形迫使美国再一次启动了刑事政策的调整与社区矫正制度的改革。20 世纪 80 年代后，社区矫正逐步发展为犯罪人矫正的主要方式，并且朝着理性化的趋势发展。

以朗勃罗梭、菲利、李斯特倡导的矫正刑理论为理论动因，美国的社区矫正制度实现了从等价报应、威慑到以个别预防为核心的犯罪人隔离、教育、感化和改造。较早的时候，朗勃罗梭的天生犯罪人论、菲利的犯罪原因三元论、李斯特的个别预防综合论等对美国的社区矫正理论起到了重要的指引作用。20 世纪 60 年代末，又兴起了以霍华德·贝克尔和莱马特为代表的标签理论。1967 年，美国总统犯罪矫正委员会推出的一份《犯罪对策报告》提出："犯罪矫正新方案的前提是犯罪尤其是青少年犯罪是社区及

---

① 张桂荣：《英国缓刑服务及其最新改革述评》，载《社区矫正理论与实践》2022 年第 1 期。

个人的失败、解组所造成的……因此，矫正治理的目标应该包括建立或重建青少年犯与社会正常的联系，使青少年犯与社会整合在一起。以往对青少年犯的刑罚处分应作为最后可用的办法，我们应发展各种必要的服务以代替过去司法的审理过程，尽量避免给青年打上烙印。"以此为基础，拉开了美国社区矫正黄金时代的序幕。此外，再社会化理论、回归理论等也对当代美国的社区矫正制度起到了重要的支撑作用。以回归理论为例，该理论作出的"所有犯罪人都是可以回归的"论断对社区矫正理论的发展与制度的改革起到了关键性的作用。这不仅表明，监狱制度改革任重而道远，社区矫正更要调动一切积极因素，形成犯罪人教育矫治的合力，保证和巩固刑罚执行的效果，确保行刑目的的实现。

二、美国社区矫正体系

（一）社区矫正的主体

美国的社区矫正机构有两类，公立的社区矫正机构（联邦和州政府分别设立）和民营的社区矫正机构。根据《联邦监狱法》，联邦法务部下设监狱局，负责联邦监狱以及社区矫正工作。各州根据自己的法律设有矫正局负责社区矫正工作，联邦机构与州机构互不隶属，各自独立运行。在美国，绝大多数的州设有专门的假释委员会。但是，俄勒冈州以"假释与监禁后监督委员会"取代了一般意义上的假释委员会，扩大了专门委员会的监督范围。此外，还有矫正局、矫正咨询委员会等专门机构。

（二）社区矫正的对象

美国社区矫正采取公众保护模式，以保护公众安全为出发点，主要适用对象为对社会危害性较小，人身危害不大的未成年犯、初犯、轻微犯和表现良好的假释犯和缓刑犯。

（三）社区矫正的种类

在美国，社区矫正是一种与监禁刑相并列的刑罚执行方式，包含缓刑、假释等刑种。除《联邦监狱法》对联邦社区矫正予以规定外，大部分的州以相应的法律规定社区矫正的实施机构、手段、方法等内容。以社区矫正为主要形式的非监禁刑已经取代了监禁刑，这成为目前国家对犯罪反应的主要形式，且社区矫正具有内容的丰富性和形式的多样性。但是，受新古典刑法思想报应刑及其威慑功能的影响，社区矫正也有偏向惩罚的倾向。

在缓刑、假释之外，美国现行的社区矫正种类还有：

1. 审前转处

审前转处是指在审判前由检察官作出的对犯罪人使用转处项目的决定，只要对犯罪

人的犯罪指控在一个特定的时间段内被撤销或者犯罪人成功地完成该转处项目，那么诉讼将不再进行。审前转处主要适用于未成年犯以及犯罪情节轻微的犯罪人，以防止这些犯罪人进入诉讼程序后形成标签化的性格。

2. 中间性惩罚措施

中间性惩罚措施是指介于监禁行刑与开放行刑之间的处分措施。中间性惩罚措施发端于20世纪80年代的美国等西方国家，旨在缓解监狱拥挤、降低刑罚成本，提升矫正效果。相对于完全开放性的社区矫正措施，该措施具有短期限制自由、纪律严、力度强的特点。在美国，中间性惩罚措施主要有归假、工作释放、监督释放和家中监禁等。

（1）归假。

归假是指准许符合条件的服刑犯人回家度过一定时间而采取的临时非监禁方式。批准归假的条件可以多种多样，比如是为了解决家庭问题、为了对完全释放做准备，等等。

（2）工作释放。

工作释放是指让那些即将释放出狱的犯罪人白天到监狱外面工作或寻找职业，夜晚回矫正机构过夜的非监禁制度。

（3）监督释放。

监督释放是指对不能个人具保释放的犯罪人依其意愿并以严密监督为条件的有条件释放。这是一种极富创新精神的方法，公平地扩大了社区矫正对象融入社会的机会。

（4）家中监禁。

家中监禁即家中拘留，是指将社区矫正对象限制在家里从事不同活动。针对不同的犯罪情形，家中监禁通常分为三个层次：一是允许社区矫正对象白天可以正常出门，夜晚必须在家中；二是除去必要的学习、工作可以外出，其他时间必须在家中；三是除特殊就医需求外，必须在家中。

三、美国社区矫正学的批判与借鉴

尽管美国各州的司法体制是独立的，但各州的社区矫正制度非常接近。早期，社区矫正主要适用于缓刑和假释。后期，美国的社区矫正具有了相当突出的复合性质，历经百年，综合了"轻轻重重"的刑事政策、复合型的刑事理念、市民社会的自治精神、公益观念浓厚的社会基础等，形成了鲜明的特点。

（一）社区矫正思想

美国也经历了从单纯的监狱（监禁）行刑到广泛施行社区矫正的转变。综合明尼苏达州、亚拉巴马州、俄勒冈州社区的社区矫正立法，美国的社区矫正制度具有目的的双重性，即保护公共社会和帮助社区矫正对象重返社会。相应地，美国的社区矫正制度具有突出的惩罚、节约成本、帮助社区矫正对象重新与社会结合的特征。既不否定社区矫正的惩罚本质，也要从经济节约或节约成本的角度权衡。不过，社区矫正的成本节约问题，要综合社区矫正对象矫正项目的费用、被害人赔偿可能性、社区矫正对象收入及其家庭责任等方面的因素来比较。一方面，社区矫正存在明显的费用节约。在美国，监狱关押一名犯罪人一年的开支高达两三万美元，而一名社区矫正对象的年费用显然要低廉得多；另一方面，社区矫正对象通过社区矫正项目收入支付一部分社区矫正费用。例如，《亚拉巴马州社区矫正法》规定，社区矫正部门应该就犯罪人的生活费用同矫正机构订立合同。社区矫正对象要用他们来自社区矫正项目所得的20％款项支付自身的社区矫正费用，社区矫正部门仅支付不足的部分。

（二）社会力量广泛参与的模式

社会力量广泛参与的模式是指包括社区矫正对象、其他专门力量在内的各种社会力量全面参与社区矫正工作的形式和要求。

（1）美国庞大的社区志愿者队伍在不同的社区成立了许多团体组织，帮助、辅导社区矫正对象重新融入社会，形成了庞大的社区矫正专门力量。

（2）犯罪人的高度自治。社区矫正中心实行犯人高度自治，推行社区矫正对象自我管理、自我服务的制度。以总部位于美国旧金山的迪兰西街社区矫正中心为例，它是美国社区矫正的成功典范——该社区矫正中心有沿街的餐馆、书店、杂货店等，社区矫正对象在店铺里工作，与社会上的人接触，店铺营业所得用于支付犯人在社区矫正期间产生的费用。通过社会化的参与，引入类似市场竞争的社区矫正模式，为社区矫正对象回归社区搭建一座桥梁，提供了社会力量广泛参与、相当接近正常社会的社区矫正思路。

（三）健全的社区矫正工作体系

美国的社区矫正机构具有健全的工作体系，包括监狱、看守所、社区矫正机关、其他社区矫正机构，等等。社区矫正机构设有专业人员，如缓刑官、假释官、劝导员等，并配有数量不菲的志愿者。一般说来，社区矫正工作者具有学士学位，入职时要经过文化、心理、身体、个性等方面的测试；入职后还要接受技能训练。美国拥有数以千计的社区矫正机构，有几十种社区矫正项目，专业的社区矫正人员多达7万左右。

顺应互联网技术的发展，美国不仅建立了通过互联网技术收集犯罪人信息的技术体系，还在利用大数据、互联网＋等技术，不断完善社区矫正的配套应用设施，建立全国性的社区矫正信息系统。通过社区矫正信息系统，不仅实现了资源信息共享、数据互通，还促进了社区矫正措施的相互学习、借鉴，提高了社区矫正工作的管理效率。

（四）公众保护模式的引入

美国的《综合犯罪控制法》（The Comprehensive Crime Control Act，1984）明确指出：刑罚目标不是复归社会，而是正当惩罚和控制犯罪，所以社区矫正是以保护公众安全为出发点的，适用对象通常是对社会危害较小，人身危害不大的未成年人罪犯、初犯、轻微犯及表现良好的假释犯和缓刑犯。法院在作出判决前，要求社区矫正机构对犯罪行为人进行判决前的调查，调查主要任务是评估犯罪行为人可能对社区带来的危害程度，并确定该犯罪行为人的矫正要求。调查内容包括：犯罪人基本信息、犯罪原因分析、犯罪后的表现及适用监禁或非监禁的建议。判决前的调查报告制度使社区矫正制度的使用提前进入量刑阶段。一方面，为确定缓刑犯或假释犯的监督和矫正提供了依据，有利于社区矫正工作的执行；另一方面，降低了社区矫正使用的风险，增加了社区矫正裁量的可操作性。

第三节　日本社区矫正学

一、日本社区矫正概况

在日本，社区矫正又称更生保护，是指在社会上帮助犯罪人的改善及更生，避免其再犯，使之重新融入社会的社会内处遇制度。日本近代法学的发展受西方文明的影响很大，社区矫正（社会内处遇）也起源于类似于英美国家的民间慈善活动。归根到底，日本的社区矫正也是为了最大限度地减少监禁机构中的服刑者，让犯罪人在社区和有关组织的监督下进行教育矫治，从而降低刑罚成本，避免交叉感染，促进犯罪人融入社区、重返社会。例如，《犯罪者预防更生法》第 1 条规定："本法律，为帮助犯罪者的改善及更生，制定了管理及正确适用恩赦、假释以及其他相关事项的公正妥当的制度，以促进预防犯罪、保障社会、增进个人及公共福利为使命。"

在日本，中途之家是典型的社区矫正手段。1995 年，日本整合《犯罪者预防更生法》（1949 年）、《缓期执行者保护观察法》（1954 年）等相关法律内容，制定了《更生保护事业法》。该法律明确规定社区矫正中途之家是由法务大臣认可的，具有更生保护法人资格的民间团体设立的，在紧急更生保护的框架下，为更生保护对象提高食宿、生活指导等相关福利。2007 年，日本整合了《犯罪者预防更生法》《缓刑者保护观察法》《司法保护事业法》《紧急更生保护法》以及《少年法》的部分内容，出台了系统的《更生保护法》，将保护观察制度和更生保护制度一体化。

日本以中途之家为基础，经历了数个时代的发展与变迁，形成了相对完善的社区矫正机构体系。1888 年 3 月，日本建立了第一家刑满释放人更生保护公司（即中途之家）。此后，京都等地也纷纷成立了类似的机构，接收对象也逐渐由刑满释放人员扩展到缓刑人员。1939 年，《司法保护事业法》制定并实施，明确规定了民间可以自主运营更生保护设施，并由国家支付相应的奖励资金。第二次世界大战之后制定的《紧急更生保护法》明确规定："为更生保护对象提供住宿和食品是国家的责任。"1995 年，日本整合更生保护法律制定的《更生保护事业法》进一步明确了中途之家运营团体的独立法人地位，这是一种与社会福利法人相似的、公益性很强的特殊法人。政府给予了中途之家运营团体法人税收、财政等方面的支持，较好地促进了社区矫正中途之家事业的发展。在《更生保护事业法》之外，日本政府还通过修改《长期刑假释者的"中途安置"实施纲要》，指出了社区矫正中途之家对长期刑假释者的"中途安置"作用。

二、日本社区矫正体系

（一）社区矫正的主体

日本的社区矫正主要由法务省主管，并由地方更生保护局或地方更生保护委员会（简称地方委员会）及其所管辖的机构（如保护观察所）负责。地方委员会的事务局以及保护观察所设置保护观察官，即专职的保护观察人员。根据《犯罪者预防更生法》第 24 条的规定，保护观察官根据医学、心理学、教育学、社会学以及其他相关更生保护的专门知识从事保护观察、人格考察，从事犯罪者的更生保护以及相关预防犯罪的工作。

1. 法务省设保护局（简称保护局）和中央更生保护审查会（简称保护会）

保护局下设总务处、调查联络处、观察处和恩赦处。保护会是法务省的附属机关，拥有向法务大臣申请、撤销对特定人的减刑、免除刑罚执行或者对特定人恢复权利等事项，审查、裁定地方更生委员会的决定等权力。

2. 地方更生委员拥有的职权

地方更生委员会由 3 ~ 12 名委员组成，分布在全国 8 个高等法院的司法辖区。拥有以下职权：

（1）准许或取消假释；

（2）准许临时退院或离院；

（3）监督保护观察所的工作；

（4）其他依法享有的职权等。

3. 保护观察所拥有的职权

保护观察所除分布在全国 50 个地方法院所在地外，还有 3 个支部、27 个派出机关。保护观察所拥有的职权如下：

（1）根据法律实施保护观察；

（2）为预防犯罪、引导舆论，服务地方居民以改变相关社会环境；

（3）其他属于保护观察所的事务。

日本的社区矫正体制具有"官民结合，以民为主"的特征。具体承担社区矫正职责的政府官员和专职社区矫正工作人员所发挥的作用、技能、资格等都有很大的差异（培养一名保护观察官通常需要三年左右的时间，除了具备公务员资格之外，还需要具有社会学、教育学或心理学等专门知识），两者之间形成互补的合作模式。

（二）社区矫正的对象

日本的《更生保护事业法》明确规定了三类社区矫正对象：

1. 受保护观察所委托的人员

受保护观察所委托的人员具体分为以下两种：

（1）附带保护观察的假释人员，即《犯罪者预防更生法》中规定的附带保护观察的被假释的未成年犯和成年犯；

（2）附带保护观察的缓刑者，即《缓期执行者保护观察法》中规定的如果不附带辅导援助措施就有可能影响其更生效果的缓刑人员。

2. 受保护观察所委托的紧急更生保护对象

紧急更生保护对象主要是刑满释放回归社会后，无法从亲属和社会福利机构获得保护和帮助、被确认为再社会化受阻的人员。根据《紧急更生保护法》的有关规定，刑满释放人员属于自由人，因此，社区更生保护机构接收刑满释放人员，必须由本人向保护观察所提出紧急更生保护申请，保护观察所再委托相应的机构实施保护。

以上两类更生保护方式统称为委托保护，对委托保护的对象，国家须按人数向更生保护机构支付委托费。

3. 紧急更生保护对象中的再申请者

刑满释放的紧急更生保护对象在更生保护机构内居住时限最长为1年。但是，如果本人提出延长居住申请，通过相关手续，可以延长利用机构的时间。

（三）社区矫正的种类

尽管日本人对社区矫正称谓复杂，但日本的社区矫正依然可以划分为以下类型：缓刑、假释、保护观察等。

1. 缓刑

日本的缓刑又称刑罚的执行犹豫、刑罚的缓期执行，是指在宣告应执行的刑罚的同时，又宣告在一定期限内附条件不予执行的制度。[①]《日本刑法》第25条规定："对于被宣告3年以下惩役、监禁或者50万元以下罚金的人，具有下列情形之一的，可以根据情节，自判决确定之日起，在1年以上5年以下的期间内暂缓其刑罚的执行……"缓

---

① 赵秉志主编：《外国刑法原理（大陆法系）》，中国人民大学出版社2000年版，第318页。

刑在避免短期自由刑弊端、保持刑罚威慑力的同时，又能够促使犯罪者保持善行，有利于改善自新。因此，日本的缓刑适用率较高。

2. 假释

在日本，假释又称假释放、假出场。根据假释出狱的机构不同，日本的假释分为三种：假出狱、假出场和假退院。假释对象包括被判处惩役或监禁的人、被判处拘留和易科服劳役的人、少年法院的被收容者和妇女辅导院的被辅导对象，等等。根据《犯罪者预防更生法》第34条的规定，因假释被保护观察者，除要遵守特别事项外，还要遵守以下事项：

（1）固定地居住，从事正当职业；

（2）保持善行；

（3）不与有犯罪倾向者或者不良行为者交往；

（4）搬迁住处或者长期旅行时，应预先得到保护观察者的许可。

3. 保护观察

保护观察是指监督、教育矫治被保护观察者的处遇方法。在日本，保护观察分为三种，分别是独立型（终局型）保护观察、缓刑型保护观察和假释型保护观察。

三、日本社区矫正学的批判与借鉴

日本以更生保护为基础的社区矫正制度历史悠久、颇有特色。

（一）充分依靠民间力量并具有突出的慈善性质

日本的社区矫正机构源自民间慈善机构，并一直以民办设施为主体。18世纪后半期，日本的私人与民间团体发起了以慈善保护为宗旨的出狱人保护活动。1883年，神职人员池上雪枝在大阪开设了名为雪枝的感化院，即日本最初的非行感化院。1888年，金原明善设立了最早的成年人出狱保护机构——静冈县出狱人保护公司。1890年，在后任京都市市长内贵三轮的主持下，东本源寺和西本源寺的两法主赞助设立了京都感化保护院。在此基础上，日本形成了以保护司、更生保护法人、更生保护事业、大哥大姐协会（BBS）、妇女更生保护协会、帮助雇佣业主协会等为代表的民间社区矫正（社区内处遇）力量体系。民间社区矫正力量兼具慈善性质，往往能用心提供安置服务，给予被矫正对象更多的尊重，具有更好的唤醒、鼓励、认同效果。

（二）规模适宜的中途之家

中途之家是日本社区矫正的重要机构。从日本的情况来看，规模适宜的中途之家具有以下三个方面的好处：

（1）社区矫正对象容易融入社区，易于增强与社区的互动。规模过大，势必高墙环

抱，难免给人"社区刑事设施"的印象，拉大与社区的距离，影响过渡性教育的效果。

（2）节省财政投入。适宜的规模有助于机构的管理、运转，节省财政开支。

（3）有利于社区矫正对象的分类管理。

（三）公正对待流动人口的社区矫正问题

广义上的人口流动包括务工、求学、流浪等跨区域人口漂移。考虑到人口流动的权利属性，流动人口的妥善处理事关社会防卫目的的实现及其社区矫正制度的品质。日本的社区矫正制度充分考虑到社区矫正对象"没有住所""住所不明"等方面的情况，出台了以"现在地""最后居住地"为"所在地"的社区矫正管辖制度或负责实施社区矫正的制度，较好地解决了流动人口平等接受社区矫正的权利。例如，日本《缓期执行保护观察法》第 3 条和《犯罪者预防更生法》第 37 条规定："保护观察，由管辖被保护观察对象的居住地（没有住所或者住所不明确的时候，以现在地或者最后居住地为所在地）的保护观察所实施。"日本《刑事诉讼法》第 349 条规定："在应当撤销缓刑宣告时，检察官应当向刑罚宣告的人的现在地或者最后住所地的管辖地方法院、家庭法院或者简易法院提出撤销缓刑宣告的请求。"

第四节　澳大利亚社区矫正学

一、澳大利亚社区矫正概况

在澳大利亚，社区矫正制度作为惩戒性较轻的惩罚制度，被视为社会进步和文明发展的标志。澳大利亚联邦分辖 6 个州（State）和 2 个领地（Territory）。与其他联邦国家不同，澳大利亚没有国家或联邦的监狱，各州（领地）都有各自独立的立法和社区矫正制度。澳大利亚的社区矫正制度相对发达，适用条件也很突出，形成了人性化的非监禁替代措施体系——开展人性化管理，以唤醒人类内心深处的善良为重点，重视弱势群体和毒品瘾癖患者的需求，形成了以土著居民、未成年人和毒品的犯罪预防和惩治为主要内容的社区矫正体系。

澳大利亚《联邦刑法典法案 1995》《联邦刑事诉讼法 2007》对非监禁刑作出了基本要求。例如，澳大利亚《刑事诉讼法》规定，量刑时法官必须考虑以下目的：

（1）确保犯罪得到惩罚；

（2）对犯罪起到阻吓作用；

（3）以此保护社区；

（4）犯罪人有改造的机会；

（5）犯罪人对犯罪行为负责；

（6）犯罪人让公众知道；

（7）受害人、受害社区得到补偿。

各州出台了《矫正服务法》《矫正服务条例》《犯罪人缓刑法》《保释法》《假释法》等配套法律。以此为基础，确立了"优先适用非监禁刑、能不送监狱尽量不送监狱的"思路，社区矫正刑罚运用广泛，有 2 倍于监禁的犯罪人在社区服刑。①

二、澳大利亚社区矫正体系

（一）社区矫正的主体

澳大利亚各州社区矫正机构不完全相同，但有一些共同的特征。譬如，各州监狱管理部门与社区矫正服务部门同属矫正系统，都向州社区矫正部长负责。社区矫正对象的管理、教育等一切活动都由社区矫正部门负责，与警方无关。只有在社区矫正对象犯了新罪的时候，警方才会依法介入。但是，社区矫正的决定权仅在地方法院手中。一般案件由州地方法院或者地区法院受理，州高院复审；对州高院判决不服的，可以到联邦法院申诉，联邦法院的裁决是最终裁决。当然，联邦法院只有 7 名法官，只负责全国性重大案件的审理。为加强社区矫正的针对性，澳大利亚设置了毒品法庭、圆桌法庭、青少年司法会议等专门法庭，专门审理毒品滥用、少年犯、土著人犯罪的案件。

以南澳大利亚州为例，其主要有以下社区矫正执行机构：矫正局或矫正服务局、社区服务中心、社区服务咨询委员会、社区服务委员会、缓刑收容所、假释委员会等。需要特别指出的是，澳大利亚实行联邦、州、地方三级政府管理体制，三级政府都涉及社区管理职能。联邦负责宏观事务及其政策供给，设有专门的家庭、住房、社区服务和原住民事务部，负责行使社区管理和服务职能；州政府负责地方社区管理的区域性公共事务，如社区道路、消防、社会治安、中小学教育等；市政府主要负责日常事务的落实。在三级政府的直接作用下，澳大利亚形成了独特而强大的基层社区权力体系，为庞大而系统的社区矫正功能及其非监禁计划提供了良好的社区基础。

此外，澳大利亚还建立了行之有效的刑罚执行监督制度。

（1）冤情大使。联邦政府和州政府都设有冤情大使及其办公室，仅联邦政府冤情大使办公室就有 30 人。冤情大使及其办公室专司对政府各职能部门包括对监狱和社区矫正职能部门执法情况的投诉，以防止权力被滥用和不作为等渎职现象的发生。

（2）州政府下属的犯罪数据调查统计局需要定期向政府首长报告犯罪改造职能部门的工作情况并向社会公开，包括但不限于社区矫正犯罪人的再犯罪率，等等。

（3）包括主管社区矫正工作的惩教署在内的各主管职能部门自上而下的监督，通过

---

① 李冰：《澳大利亚的社区矫正制度》，载《中国司法》2005 年第 7 期。

派员检查、电话了解、审查材料等形式加以监督。

（4）由律师、教师等社会有关人士组成的探监委员会，定期探视监狱和接触犯罪人，以了解监狱是否公正执法和是否侵犯犯罪人的权益。

（5）犯罪人代表组成的权益保障组织，有权向监狱长和有关部门申诉和控告。

（二）社区矫正的对象

澳大利亚社区矫正对象包括以下三种：一是轻刑犯，一种犯罪最高判处两年或者数罪并罚判处 5 年之内的；二是未成年犯；三是过了法定的监禁刑期经批准获得假释的犯人。职务犯罪、杀人等严重暴力犯罪、使用武器、累犯、同伙犯、有组织犯、连续犯、贩卖毒品、重伤害等严重刑事犯罪不适用社区矫正。

（三）社区矫正的种类

通过地方法院发出的社区矫正命令主要有三类：一是监督令，这是要求对犯罪人进行不同形式行动监督的命令，如假释令、治疗令、保释令、缓刑监督令等。二是补偿令，这是以弥补犯罪行为造成的损害为主要特征的命令，如社区服务令、罚金令等。三是限制行动令，这是以限制犯罪人的行动自由为主要特征的命令，如家庭拘留令等。

结合独特而强大的社区管理制度，澳大利亚形成了内容丰富的社区非监禁计划，承担着一系列的社区矫正功能。

1. 缓刑

在澳大利亚，缓刑也称犯罪人与法院之间形成的有固定时限的契约。在此期间，犯罪人必须遵守法律的规定和缓刑的条件，否则会被法院判处罚金，还有可能被处以强化监禁的家庭宵禁令。缓刑分监控缓刑和无监控缓刑两种，适用于被判处刑期较短的犯罪人。监控缓刑，由惩教部负责社区矫正的官员监控，犯人每两周要向其报告。无监控缓刑要缴纳一定数额的保证金，缓刑期间不犯罪的，便不需执行原判刑罚。

2. 假释

附条件从监狱提前释放到社区以后，犯罪人需要在社区矫正官的监督下执行剩余的刑期。严重违反监管要求的，将被送回监狱服刑。

3. 社区服务令

社区服务令是法庭要求犯罪人在社区中提供无偿劳动、服务或参加相关活动的命令。处在全日拘留、定期拘留、家庭拘留状态中的犯罪人以及在社区矫正中心的犯罪人，都可以从事社区服务工作。社区服务的时间因监禁期限的不同而有所差别，对于最高监禁期限不超过 6 个月的犯罪人，可以判处最多不超过 100 小时的社区服务；对于最高监禁期限不超过 1 年的犯罪人，可以判处最多不超过 200 小时的社区服务；对于最高监禁期限超过 1 年的犯罪人，可以判处最多不超过 500 小时的社区服务。法官还可以要求犯罪人进行多种无偿公益性劳动或服务。

4. 定期拘留（监禁）

定期拘留（监禁）主要适用于不超过 3 年监禁刑期、年龄在 18 岁以上的成年犯。这是以通过适合性审查为前提，法官发布定期拘留令，将犯罪人定期拘留于监禁场所的矫正措施。在定期拘留之外的时间，犯罪人处于社区矫正之中。对未满 18 周岁的未成年犯，不能直接判处定期拘留，但可以由青少年和社区矫正部部长根据量刑官的建议决定，以全日拘留释放的方式适用。

5. 工作释放

工作释放是对监禁刑期余刑在 1 年以下的犯罪人，实行白天到外面工作、夜晚回监狱或周末释放的制度。这种制度的主要目的是，帮助犯罪人学习职业与社会生活技能，寻找释放后可以从事的职业等，为重新融入社会做准备。

6. 家庭拘留（监禁）

家庭拘留（监禁）是监禁行刑的替代措施，将犯罪人拘留在自己的住所内并实行电子监控，犯罪人接受缓刑和假释部门的监督和管理。适用于刑期 18 个月以下的犯人。在判处家庭拘留之前，法庭要对犯罪人进行适宜性评估，这种评估报告由缓刑和假释部门完成，实施谋杀、性犯罪、持械抢劫等严重犯罪的犯罪人和累犯不得适用于家庭拘留。家庭拘留的时间与判处刑期相同，犯人在家庭拘留期间佩戴电子监控器，不经允许不能离家，不可以吸毒、喝酒，要接受培训，经批准后可以工作。家庭暴力或者家人反对的不适用。

7. 补偿金

补偿金是指犯罪人给受害人的金钱补偿。

8. 罚金

罚金是法庭判决犯罪人向国家缴纳一定金钱的刑罚。当犯罪人不能按要求支付罚金时，会遭到监禁。罚金通常不考虑犯罪人的个人经济能力，容易出现刑罚无效的情形，因而常遭到人们批评。

9. 没收财产

没收财产是指在法庭认为犯罪人通过犯罪行为获利时，将财产收归国家的刑罚。但是，犯罪人有权通过财产的合法性证明取得豁免。

此外，各州还采取了少年犯管教中心令、治疗令、良好行为保证令、保证金、咨询辅导、法庭警告、限制自由等社区矫正刑罚。

三、澳大利亚社区矫正学的批判与借鉴

（一）特别法庭的设立

根据犯罪人社区矫正个别化、类型化的需要，澳大利亚设置了多种特别法庭。例如，吸收社区有关人员共同组成青少年司法会议，专门负责社区处理轻微青少年犯罪行为；为了更好地控制毒品犯罪行为，将刑事审判与戒毒康复结合起来，组成了毒品法庭；此外，还有酗酒法庭，等等。

（二）专家法庭的设立

为更好地满足犯罪人评估、社区矫正的需要，地方法院设立了服务于地方法院系统的专家法庭。根据需要，法院可以向专家法庭提出评估、咨询服务要求，专家法庭会提交一份专门报告。专家法庭提交的报告，主要围绕犯罪人个人、家庭、社会因素及其犯罪行为，着重提出犯罪预防、犯罪人矫正的专门方案。因此，专家法庭的专门报告有助于司法机关加强对当事人的了解，进而作出更有针对性的决定。

（三）犯罪人治理的人文关怀要求

对犯罪人的尊重和教育是犯罪人治理及其社区矫正工作的应有之义。为此，澳大利亚的社区矫正制度具有突出的人文关怀要求。例如，南澳大利亚州的《刑法（判决）》（1988）第45条第2款规定："不得要求当事人从事社会服务，从而影响其参加有酬劳的工作或与该工作有关的培训、指导，或中断其履行照顾家庭的义务；不得在导致当事人违反宗教纪律的情况下要求其从事社区服务。"针对未成年犯罪人，还有"可以下达社区服务令、执行罚金刑，但不能下达变卖财产令和扣押令"的要求。针对土著人口，不仅设立土著法庭，还招募土著工作人员，结合土著文化、风俗开展土著犯罪人的社区矫正和监管。

第四章　社区矫正的学科关系

第一节　社区矫正的学科属性

社区矫正学有独立的研究对象，跨及多门学科，具有突出的综合性。一方面，社区矫正学的形成与发展离不开相关学科的支撑。其中，犯罪学、刑法学、社会学、心理学等对社区矫正学具有突出的支撑、推动作用。另一方面，社区矫正学也是相关学科的重要组成部分，社区矫正学的发展有利于相关学科前沿问题的解决。

一、社区矫正的学科属性争议

社区矫正的学科属性之争主要在于社区矫正的性质和概念的分歧。它们是社区矫正学科建构的基础性问题，有助于从宏观上把握和协调社区矫正学的学科结构和体系。

（一）社区矫正性质的争议

《社区矫正法》没有明确规定社区矫正的性质。随着社区矫正学科的发展，有关社区矫正性质的研究不断深入。迄今，主要形成了以下六类观点：

1. 刑罚执行说

刑罚执行说认为，惩罚是社区矫正的本质属性，其他功能是在惩罚的基础上派生出来的。据此，社区矫正的核心是刑罚执行，工作内容是教育、帮扶等，强调惩罚和报应。这一观点得到了多数学者的支持。譬如，刘强教授等认为社区矫正是"刑罚执行或刑事执法活动"[①]，王顺安教授提出社区矫正是"行刑与矫正工作"[②]，等等。

2. 保安处分说

保安处分说认为，社区矫正措施是对犯罪人的保护管束和保护观察措施，具有限制

[①]　刘强主编：《社区矫正制度研究》，法律出版社 2007 年版，第 7 页。

[②]　王顺安著：《社区矫正研究》，山东人民出版社 2008 年版，"前言"第 2 页。

人身自由的保安处分性质。出于社会防卫的需要，作为广义刑罚体系的一部分，保安处分是法定的矫正人身危险性的处分措施。在我国以往的实践中，社区矫正确实包含犯罪人教育、矫正、管理的内容，与保安处分的理念、目的具有高度的一致性。因此，有学者认为社区矫正具有保安处分的性质。

3. 社会福利说

社会福利说认为，社区矫正是附加于刑罚执行的社会福利措施。有学者认为，社区矫正及其社会工作的价值观吸收了近代民主、公民福利等方面的思想，使之具备了社会福利、社会保障的性质。

4. 矫正和社会服务说

矫正和社会服务说认为，社区矫正不应再强调惩罚，应关注矫正和罪犯权利的保障，包括对其生活的支持与帮助。当代社会，针对犯罪人的教育、矫正及其权利保障具有更加突出的地位。与之相反，我国具有重刑主义传统，过分强调刑罚的严厉性和惩罚性。因此，社区矫正应以矫正和社会服务为本质构建更为宽缓的行刑理念，扭转重刑主义的观念和传统。

5. 综合性非监禁措施说

综合性非监禁措施说认为，社区矫正是在开放性社区中执行的、种类多样的综合性非监禁措施。社区矫正涉及不同的对象，针对每一类对象都需要采取相应的矫正方法，因而，其具有综合性的性质；另外，社区矫正是刑罚人道主义的体现，它将社区矫正对象放于开放的社区之中，而不是监狱的高墙大院之内，同时利用社区资源和力量对社区矫正对象进行矫正，因而其具有非监禁性、社区性以及社区力量参与性。综合这些特征，社区矫正被认为是一种综合性的非监禁措施。

6. 刑事执行说

刑事执行说者依据《社区矫正法》的内涵、刑罚的发展趋势与创新社会治理方式的要求，提出应将社区矫正界定为刑事执行。这种观点主要有三个方面的理由：一是可以正确对缓刑进行定性；二是刑事执行包括刑罚执行和非刑罚执行，故社区矫正属于刑事执行；三是不违反《社区矫正法》的规定。将社区矫正界定为刑罚执行存在难以区分四种社区矫正对象法律属性不同的问题，而将社区矫正界定为刑事执行可以较好地解决缓刑的属性问题。例如，将缓刑理解为刑罚执行，不仅缺乏逻辑上的证成，而且严重违反罪刑法定原则。显而易见的是，刑事执行的内涵和外延均大于刑罚执行，可以合理地反映社区矫正对象及其工作的性质。

总的来说，社区矫正性质的争议是社区矫正制度创新发展及其综合性造成的。一方面，在《社区矫正法》第 1 条作出"保障刑事判决、刑事裁定和暂予监外执行决定的正确执行"规定的基础上，社区矫正必然具有刑罚执行的性质。但是，该法条"促进社区矫正对象顺利融入社会，预防和减少犯罪"的目的性规定也意味着社区矫正必然具有刑罚执行以外的其他重要属性。另一方面，受制于我国社区矫正制度构建的阶段性局限，社区矫正研究方兴未艾，它必然具有的其他属性尚未充分彰显，因此给立法、执行及其研究等层面带来了较大的困惑。

（二）社区矫正概念的争议

概念是事物本质属性的揭示，是一个事物区别于其他事物的符号或者标签。学者普遍认为，可以将社区矫正的概念划分为狭义、广义和最广义三种类型。

狭义的概念认为，社区矫正就是社区刑罚。如美国学者大卫·杜菲（David E. Duffee）认为，社区矫正又称社区刑罚，是刑罚的一种。具体包括如社区服务、家庭监禁、复合刑罚、间歇监禁等。

广义的概念认为，社区矫正是指非监禁的行刑及其矫正活动。譬如，美国学者博姆（Robert M. Bohm）认为，"社区矫正是指在看守所和监狱环境之外监督犯罪人并向他们提供服务的一个矫正领域。"[1] 我国学者也提出，"社区矫正是一种不使罪犯与社会隔离并利用社区资源改造罪犯的方法，是所有在社区环境中管理、教育罪犯方法的总称。"[2]

最广义的观点认为，社区矫正是指依托社区对违法犯罪人员（尤其是未成年人）开展的教育矫正、制裁、帮扶活动的总称。譬如，日本的保护观察和更生保护制度从最广义的社区矫正概念出发，不仅对成年犯罪人适用暂缓判决、暂缓执行、部分缓刑制度和酌定假释、法定假释及其保护观察，还对刑满释放人员予以更生保护，甚至对未成年的"虞犯"和"非行"也给予保护观察或保护处分。

英美法系和大陆法系的社区矫正概念存在很大的差别。在英国，社区矫正亦称"在社区中的惩罚"，是有别于剥夺自由刑与监狱矫正的社区刑罚或替刑措施。而在加拿大，社区矫正则不是独立的刑罚种类，而是非监禁措施缓刑和监禁刑的监外执行部分的执行方式，更是与监狱矫正方案相配合的矫正方式与制度。两大法系国家社区矫正概念的主要区别在于以下几点：

（1）在大陆法系国家发展起来的缓刑不同于英美法系国家的"宣告犹豫制"或称"缓宣告"，而是"执行的犹豫"或称"缓执行"——既宣告其罪又宣告其刑，但暂缓其刑的执行。

（2）在英美法系中，缓刑和假释必然附带考验，而在大陆法系的刑法中，缓刑、假释与考验则分开规定，且不必然附带考验。对被裁定为缓刑和假释的犯罪人的监督与帮

---

① Robert M. Bohm, Keith. Haley. Introduction to Criminal Justice［M］. McGraro－Holl, 1977：383.

② 康树华：《社区矫正的历史、现状与重大理论价值》，载《法学杂志》2003 年第 5 期。

助，由司法机关决定，由社区矫正机构执行，是一项独立的社会内处遇措施，德国称之为"行为监督"，日本称之为"保护观察"。

（3）大陆法系国家社区矫正措施的适用对象比英美法系国家宽泛，不仅包括对犯罪人的缓刑、假释的适用，还包括对刑满释放人员的继续管护与帮助，如对因缺乏刑事责任能力而免除刑事责任追究的严重危害社会的犯罪行为实施的特别管束、医疗与救助。

（4）英美法系国家普遍规定了社区服务刑，建立了缓刑和假释的执行机构及社区矫正官。除法国外，大陆法系国家普遍缺乏专门的机构与专门的工作人员。

我国的社区矫正概念依然处于不断调整、发展的过程中。有关文件多从"非监禁刑罚执行活动"的角度把社区矫正界定为：将符合法定条件的罪犯置于社区内，由专门的国家机关在相关社会团体、民间组织和社会志愿者的协助下，在判决、裁定或决定确定的期限内，矫正其犯罪心理和行为恶性，促进其顺利融入社会的非监禁刑罚执行活动。譬如，"两高两部" 2003 年 7 月 10 日联合发布的《试点通知》规定："社区矫正是与监禁矫正相对的行刑方式，是指将符合社区矫正条件的罪犯置于社区内，由专门的国家机关在相关社会团体和民间组织以及社会志愿者的协助下，在判决、裁定或决定确定的期限内，矫正其犯罪心理和行为恶习，并促进其顺利回归社会的非监禁刑罚执行活动。"与此同时，有关文件对社区矫正的界定和指称也存在"非监禁刑罚执行方式""非监禁刑罚和非监禁刑罚执行措施"之类的表述，折射出"社区矫正"概念及其内涵的不确定性。值得注意的是，《社区矫正法》没有明确规定社区矫正的概念。学者普遍认为，这是社区矫正概念的发展性造成的。

二、社区矫正学的独立性

社区矫正学既有客观存在的人身危险性问题及其社会防卫思想基础，又有各国社区矫正立法、司法实际的经验，在批判刑法学、批判监狱学的基础上逐步形成了以开放行刑制度、犯罪人治理为核心内容的知识底蕴，具有了相当程度的学科独立性。

（一）相对独立的研究对象

是否具有独立的研究对象是某一学科独立的必要条件。社区矫正学是社区矫正理论、实践及其发展规律的知识体系，以社区矫正工作、现象及其发生、发展的规律为主要研究对象。

综合社区矫正的理论和实践，社区矫正工作、现象及其发生、发展的规律需要着重研究两个方面的内容：

1. 独特的制裁措施体系的研究

严格说来，社区矫正并不属于刑罚的体系，也不完全属于刑罚执行的活动，而是以犯罪人治理为目的，以开放行刑为条件，以惩罚、矫正为核心内容的制裁措施。以缓刑为例，它既不是法定的刑罚种类，也不是严格意义上的刑罚执行，而是典型的社区矫正活动或措施。

2. 独特的制裁方式的研究

社区矫正是施加于犯罪人的制裁措施，但有独特的制裁内容和要求。有别于监狱（监禁）行刑，社区矫正属于开放行刑的范畴，具有惩罚、矫正的要求。

（二）丰富多元的理论成果

社区矫正学研究现已积累了相当数量的理论成果。从研究广度来看，广泛涉及犯罪学、刑法学、刑事政策学、社会学、心理学、教育学、管理学、政治学、经济学等学科领域。从研究深度来看，社区矫正学的专门研究形成了以社会防卫思想为基础，以开放行刑为要求，以犯罪人治理、培养犯罪人重返社会的能力为主要目的的知识体系，凝练出社区矫正原理、社区矫正比较、社区矫正法学、社区矫正心理学、社区矫正社会工作、社区矫正评估等学科分支，形成了相对系统的学科结构，具有了相对完整的学科功能。

（三）犯罪人治理的专门要求

犯罪人治理的目标和难度决定了专门的社区矫正学研究的必要性和紧迫性。犯罪人治理是指民主、科学、系统、专门的犯罪人指引，具有很高的专门要求，离不开社区矫正学的专门研究与专业人员的全面参与。从监禁（监狱）行刑的各种顽疾出发，社区矫正要在开放行刑的条件下承担起犯罪人治理的职责，有待专门学科的专门研究。具体到社区矫正所要求的专门技术和能力，包括但不限于犯罪心理矫正、犯罪行为矫正等，非经专门研究、专门指引和专门训练难以实现。为此，《社区矫正法》第11条规定："社区矫正机构根据需要，组织具有法律、教育、心理、社会工作等专业知识或者实践经验的社会工作者开展社区矫正相关工作。"这是犯罪人治理的专门要求，也是社区矫正学专门研究的重要任务。

（四）交叉学科的独立趋势

社区矫正学是应犯罪人治理及其重返社会困难而生的交叉学科。根据交叉学科发展的规律，各国纷纷出台交叉学科独立设置的指导性意见。我国根据国务院学位委员会2021年11月17日印发的《交叉学科设置与管理办法（试行）》，交叉学科的设置具有以下几个方面的基本要求：

（1）具有新的、明确的研究对象以及需要通过多学科理论和方法交叉融合解决的新科学问题和现象，具有形成相对独立的理论、知识和方法体系的发展潜力；

（2）社会对该学科人才有一定规模的迫切需求，并具有稳定的需求发展趋势；

（3）具有结构合理的高水平教师队伍，相关学科基础扎实、人才培养条件优良，基

本形成与培养目标相适应的研究生培养体系。

根据上述要求，具有突出跨学科特性的社区矫正学既有新的、明确的研究对象，又有迫切的社区矫正专业知识、人才需求，并在相关学科分支的基础上形成了相对独立的知识体系，既符合学科的定义，也符合交叉学科设置的指导意见，具有显而易见的独立性质。

（五）社区矫正学的独特价值

1. 作为一门相对独立的学科，社区矫正学具有突出的学科价值

（1）社区矫正是犯罪人治理及其重返社会困难的迫切需求。以犯罪人重返社会的困难为标志，这是新时代中国特色社会主义建设及其社会治理的突出问题，具有突出的价值和意义。

（2）社区矫正学的专门研究将极大地促进犯罪学、刑事政策学、刑法学、刑罚及其执行学科的发展。犯罪人治理及其重返社会的困难是上述学科的共同难题。因此，社区矫正学的专门研究也将推动上述学科的共同发展。

2. 全面推进社区矫正工作具有重要性和必要性

根据习近平总书记的重要指示，"两高两部" 2014 年 5 月颁行的《工作意见》明确提出了 "全面推进社区矫正工作的重要性和必要性"：

（1）社区矫正是一项重要的非监禁刑罚执行制度，是宽严相济刑事政策在刑罚执行方面的重要体现，充分体现了社会主义法治教育人、改造人的优越性。

（2）全面推进社区矫正工作，健全社区矫正制度，是维护社会和谐稳定、推进平安中国建设的迫切要求，是完善刑罚执行制度，推进司法体制改革的必然要求，是体现国家尊重和保障人权、贯彻宽严相济刑事政策的内在要求。

第二节　社区矫正学与刑法学

一、刑法学对社区矫正学的支撑

刑法学有广义和狭义之分。广义刑法学也称刑事法学，是指所有与犯罪有关的法学学科，包括刑事实体法学、刑事程序法学、犯罪学、刑事政策学、监狱法学等。狭义刑法学仅指刑事实体法学，即规范刑法学。

（一）基本范畴的支撑

社区矫正范畴的诞生和发展离不开刑法学理论及其实践的支撑。正如《中国劳改学大辞典》的记载："罪犯矫正，是指纠正罪犯不良心理倾向和行为习惯的行刑活动。矫

正制度源于西方国家，主要指通过监禁隔离、教育感化、心理治疗和技术培训等措施，使罪犯逐步适应社会生活而进行的活动。"①

现代意义上的社区矫正范畴是从国外传入的。根据美国学者克莱门斯·巴特勒斯（Clemens L. Bartollas）在《矫正导论》一书中的解释，矫正这一术语是指"法官有权对被判有罪者进行监禁或监控机构及其所实施的各种处遇措施。"② 在西方，矫正起源于中世纪的教会僧侣拘禁制度，它是现代矫正观念或制度的根基。1553 年，雷德利说服英王爱德华六世将布莱德威尔宫赠予伦敦市政府设立了第一个矫正院或教养院，强制收容危害市区安全秩序的流浪汉、乞丐、妓女、流氓、轻微罪犯等。到 18 世纪，欧洲发生启蒙运动，启蒙思想的一个直接影响是：刑事法律的制定应该有助于矫正目的的实现和矫正实践的开展，刑罚不仅仅是使罪犯的身体遭受痛苦，而应帮助罪犯确立一条诚实和正确生活的道路。20 世纪六七十年代，许多学者对于机构（监狱）的矫正功能提出质疑，甚至进行了严重批评。人们开始重新寻求更好的矫正模式，美国总统约翰逊在 1967 年曾让相关人员成立了一个总统执法与司法行政委员会，这个委员会在一份报告中称："犯罪和偏差行为是社区解组、失败的体现……因此，矫正工作应建立或重建犯罪人与社区的关系，矫正内容需包括辅导就业、就学、保险，以及设立安置处所以帮助犯罪人重返社会。"③

在汉语中，矫正一词出自《汉书·李寻传》："先帝大圣，深见天意昭然，使陛下奉承天统，欲矫正之也。"但矫正观念的萌芽更早，可以追溯至西周时期，要比西方早 1 000 多年。西周是我国奴隶制政治、经济、文化发展的鼎盛时期，奴隶社会的国家机构、法律制度都有了很大的发展变化，监狱制度也同样超过夏商而有长足的进步——西周时期的监狱在拘禁或惩罚之外加入了强制悔改的要求。据《周礼秋官·大司寇》记载："以圜土聚教罢民。凡害人者，寘之圜土，而施职事焉，以明刑耻之。其能改过，反于中国，不齿三年。其不能改而出圜土者杀。"也就是说，对犯了刑律的罪人④，囚禁于圜土之内服劳役使其感到耻辱，能改过就释放并让其回到社会，接受三年的监督考验；对不能改过而逃出圜土者，杀之。因此，汉语中的"矫正"一词较早就有改正、纠正的意思。

---

① 中国劳改协会编：《中国劳改学大辞典》，社会科学文献出版社 1993 年版，第 621 页。

② ［美］克莱门斯·巴特勒斯著：《矫正导论》，孙晓雳等译，中国人民公安大学出版社 1991 年版，第 27 页。

③ Clear T R，Reisig M D，Turpin － Petrosino C，et al. American Corrections in Brief ［M］. Wadsworth Cengage Learning，2012：49.

④ 圜土中关押的是不够处"五刑"的犯罪人，主要矫正的对象就是"罢民"，即无户籍无身份证明的无业游民、不愿劳动的流浪汉，还有酗酒、好斗、抽拔兵器过失伤人的"过失犯"，而且是经过"三让三罚"屡教不改的"有害之人"。

（二）基本理论的支持

社区矫正的基本理论，包括但不限于社会防卫思想及其刑罚人道主义与刑罚轻缓化的理论、刑罚谦抑主义思想、刑事一体化思想，它们同属于广义刑法学的基本理论。尤其批判刑法学的研究指出了监禁（监狱）行刑的不足，进而产生了社区矫正行刑理论和实践的突出要求。

1. 刑罚人道主义与刑罚轻缓化

在广义刑法学的视野中，社区矫正学与刑罚学的关系最密切。刑罚伦理的人道主义要求与现代刑罚用刑轻缓的观念通过刑法学批判与监狱改革运动直接提出了开放行刑的诉求。其中，刑罚伦理的人道主义将自由、平等、权利意识的种子播撒到法律领域，促进了刑罚观念的变革，加大了对犯罪人（受刑人）本身及其权益的关注。与此同时，人道主义的兴起也在一定意义上引领了刑罚轻缓化的发展趋势。因此，社区矫正是刑罚人道主义与刑罚轻缓化的结果，避免了肉刑的残暴和监禁刑对自由的完全剥夺，体现了对个人生命、身体健康及其人格的尊重，是刑罚文明及其轻缓化、个别化、现代化的重要标志。

2. 刑罚谦抑主义思想

刑罚谦抑主义思想是社区矫正学的刑事政策基础。在自然法学派"人本思想"的基础上，分析法学派将实证分析的思维方法引入了法学研究，为刑法学的研究和改革铺设了"非犯罪化""非刑罚化"的进路。诚如德国学者所言："由于刑法可能对公民的个人自由予以最严厉的干涉，因此尤其需要采取特殊的预防其被滥用的措施。"[1] 在古典自由主义理念的基础上，谦抑主义隐含着个人权利保障与国家刑罚权限制的要求。在此基础上，刑罚谦抑主义思想形成了三个方面的含义：

（1）刑法的补充性。刑法是保护法益的最后手段，只有当其他法律不能充分保护法益时，才适用刑法进行保护。

（2）刑法的不完整性。刑法的作用是有限的，不能介入国民生活的各个角落。

（3）刑法的宽容性。即使出现了犯罪行为，但如果从维护社会的角度去看缺乏处罚的必要性，就不能处罚。[2]

在刑罚谦抑主义的指引下，社区矫正以开放行刑替代监禁手段，以犯罪人治理平衡刑罚报应的不足，进一步推动了刑罚文明及其"非刑罚化"进路的发展。

---

① ［德］汉斯·海因里希·耶塞克、［德］托马斯·魏根特：《德国刑法教科书》（上），徐久生译，中国法制出版社 2017 年版，第 36–37 页。

② 张明楷著：《外国刑法纲要》，清华大学出版社 1999 年版，第 8 页。

3. 刑事一体化思想

刑事一体化是指犯罪问题的整体或系统处理。鉴于犯罪原因、问题的复杂性，犯罪问题的整体处理要以刑法和刑法运行的内外协调为原则，即刑法内部结构合理与刑法运行前后制约。其中，内部关系主要指罪刑关系以及刑法与刑事诉讼的关系；外部关系主要包括两个层面：一是刑法的前后关系，即刑法之前的犯罪状况、刑法之后的刑罚执行情况；二是刑法的上下关系，即刑法之上的社会意识形态、政治体制、法律文化、精神文明等，刑法之下主要指经济体制、生产力水平、物质文明等。

从刑事一体化的思想出发，实体或刑罚层面的刑罚、保安处分，程序或刑罚执行层面的监狱行刑、社区矫正，需要共同致力于犯罪问题的整体处理。犯罪人治理仅依靠刑法的惩罚是不够的，还要通过个别化的矫正、教育改造消除犯罪人的人身危险性。对主观恶性大、人身危险性突出、罪行严重的犯罪人放在监狱内进行改造，通过隔离使其难以再犯罪；对主观恶性小、人身危险性偏弱、罪行偏轻的犯罪人更多地采用社会行刑予以矫正。相对来说，社区矫正强调减少罪犯与正常社会的疏离，积极缔造罪犯与正常社会的联系，具有克服监狱行刑局限与悖论的天然优势，有助于激励、引导犯罪人改恶从善。

二、社区矫正学对刑法学的发展

社区矫正学是刑事法学或广义刑法学的重要组成部分，是刑法学批判与监狱学批判的结果，能以开放行刑、犯罪人治理为核心内容促进一体化视野的刑法学发展。

（一）犯罪人治理目的问题

以社会防卫思想为基础的社区矫正具有突出的犯罪人治理目的。犯罪人治理具有民主、科学、系统、专门的要求，既要有利于犯罪的抗制与民生福祉的增进，也要尊重犯罪人的基本权利，通过国家、社会、家庭与犯罪人的合作，实现犯罪人自身改造与重返社会的目的。根据社会防卫思想，犯罪人治理不仅需要正常、非监禁的社会条件，更要注意到"犯罪人人格档案"的个别化因素，要对犯罪人进行系统的诊断，全面掌握他们的个人生平、生理特征、心理反应、现状、家庭、环境等方面的情况。《1858年法国刑事诉讼法典》规定：在预审阶段对重罪罪犯则必须进行社会、医学和心理学检查。这个意义上的犯罪人治理是人道主义精神的实际执行，是监禁（监狱）行刑难以企及的目标，更是刑法学目的理论的创新发展。

（二）刑罚伦理的整体改善

刑法既是公民的大宪章，也是犯罪人权利保护的大宪章。这是刑法（尤其刑罚）的本质，也是刑法正当性判断的重大伦理要求。刑罚伦理的一般理论认为，刑罚不应过分纠缠于刑罚的报应主义，更要从犯罪人治理的角度出发，努力消除人的主观恶性、人身危险性，以达到矫正犯罪人、预防犯罪的目的。以社会防卫思想为基础的社区矫正也有突出的伦理要求，注重犯罪人的个别化处遇和矫正，具有突出的人道主义要求。结合监禁行刑存在犯罪人交叉感染、再社会化困难等方面的严重不足，社区矫正也是刑罚伦理的重大改善。因此，社区矫正要注意犯罪人改造与犯罪人权利的平衡。在社区矫正实际中，不能过度强调对犯罪人本身的改造，而忽视犯罪人权利的保护，忽视对被害人的安抚。

（三）行刑社会化的发展

行刑社会化是批判监狱学的重要成果，奠定了现代社区矫正制度的基础，是刑罚执行理论和实践的创新发展。针对监禁（监狱）行刑脱离正常社会条件、不利于犯罪人再社会化的问题，刑罚执行理论及其监狱改革运动纷纷提出了慎用监禁刑、在正常社会条件下执行刑罚，最大限度吸收社会力量参与刑罚执行的观念。即便是在监禁行刑的条件下，也要将监狱看作犯罪治理的公共事业机构，将监狱行刑看作犯罪治理事业的一部分，增强社会支撑，加强犯罪人的治理、保护和救助。受行刑社会化思想的影响，美国费城在 1776 年成立了出狱人保护协会。19 世纪以后，纽约等地相继设立出狱人收容所。此后，出狱人保护引起了各国的广泛注意，各国纷纷成立保护出狱人的社会团体，开展犯罪人的预防保护、收容保护、观察保护等社区矫正措施，奠定了现代社区矫正制度的基础。

第三节 社区矫正学与社会学

一、社会学对社区矫正学的支撑

从李斯特"最好的社会政策就是最好的刑事政策"的至理名言出发，社会学对刑事法学具有整体性的支撑作用。围绕社区矫正的社会条件、社会支撑、再社会化问题，社会学对社区矫正学具有毋庸置疑的支撑作用。考虑到犯罪问题的复杂性、社会行刑的条件及其社会防卫的目的，社区矫正学尤其要认真研究社会失范、标签理论、亚文化、风险社会等理论的机理和作用。

（一）基本范畴的支撑

在社会学的视野中，"社区"（Community）范畴历史悠久、含义丰富。在古法语中，Comuneté（社群）是指人们共同拥有的事物。1887 年，德国社会学家斐迪南·滕尼斯（Ferdinand Tönnies）在《社区与社会》（又名《共同体与社会》）（Community and Society）中指出："（社区）是一种持久的和真正的共同生活，是一种原始的或者天然状态的人的意志的完善的统一体。血缘共同体、地缘共同体和宗教共同体等作为共同体的基本形式，它们不仅仅是各个组成部分加起来的总和，而且是有机地浑然生长在一起的整体。"[①] 1920 年，纽厄尔·西姆斯（Newell L. Sims）提出："任何一个共同点都会形成一个社区……我们所看到的所有共同因素，如果被共同持有，就会形成一个最完整、最强大的社区。"[②] 纽厄尔·西姆斯将"社区"界定为："共同生活的某个地方，享有共同政府，拥有相类或接近的社会地位与生活模式。"将社会学的社区范畴与刑事法学的社区矫正制度做个对比，不难看出，社会学对社区矫正学的基本范畴具有以下三个方面的支撑作用：

（1）挑明了社区矫正的共同体旨趣。

（2）暗示了积极的社会作用，包括共同生活、相互依赖、情感凝聚，等等。

（3）包含了福祉改善的要求——基于共同生活的改进而为之付出的意愿和行动。

（二）研究方法的支撑

目前，社区矫正学使用较多的研究方法有调查研究法、统计研究法、比较研究法、实验研究法、历史研究法、矛盾分析法、心理分析法、个案追踪研究法、观察研究法等。其中，调查研究法、统计研究法、比较研究法、观察研究法等都是经典的社会学研究方法。社会学的研究方法，不仅具有专门的社会研究方向特征，还可以独立贯穿相关社会研究的全过程。鉴于社区矫正学的研究对象——社区矫正工作、现象及其发生、发展的规律，也是专门的社会现象和规律，自然离不开社会学研究方法的支撑。

（三）基本理论的支持

犯罪问题是个突出的社会问题。针对犯罪与刑罚，社会学形成了一系列的理论。尽管这些理论更倾向于从社会现象及其整体规律的角度观察罪刑问题，不如刑事法学科深入，但对犯罪问题的整体抗制来说，社会学的理论和观察反而具有整体层面的优势。

1. 社会失范论

社会失范论（Theory of Social Anomie）是指关于社会成员对规范无所适从或各行其是的观点和理论。法国社会学家埃米尔·迪尔凯姆（Émile Durkheim）认为，劳动分工必然存在规则不统一、理解不一致的问题，因而可能出现协同不利、非预测性和不确定性增加等方面的问题，一旦某一部门的行动不能与其他部门的行动与期望相协调，人们

---

① ［德］斐迪南·腾尼斯著：《共同体与社会》，林荣远译，商务印书馆 1999 年版，前言第 3 页。

② Sims N L. Rural Socialization ［J］. Political Science Quarterly, 1920（35）：54 – 76.

各行其是，会进一步造成社会秩序、功能混乱、不充分，甚至解组。① 在社会变迁或转型的条件下，社会失范更加严重，势必爆发更多的社会问题，自杀率也将随之增长。美国著名的社会学家罗伯特·金·默顿（Robert King Merton）提出，文化规定的目标同社会制度规定的欲达到这些目标可采用的合法手段之间存在脱节。对不同人而言，可用来以合法手段达到文化规定的目标的设施和机会是不同的。当有人不能以常规手段达到目标时，他们对文化规定的目标和制度化手段的信奉就会削弱，从而产生行为失范。② 当目标与手段发生脱节以后，个体在社会适应上就可能采取五种方式（遵从、创新、仪式主义、退却主义和反抗）来应对。

社会失范论指出了犯罪问题存在于社会制度及其规范层面的原因。社会失范论对社区矫正学具有三个方面的支撑作用：

（1）支撑社会防卫与犯罪人治理的社会责任理论。

（2）支撑社区矫正的人道主义精神，有利于犯罪人权利的保障。

（3）有利于社区矫正社会支撑理论的构建及其社会支撑能力的建设。

2. 社会标签理论

社会标签理论（Social Labeling Theory）也称标签理论，是指以社会学家埃德温·莱默特（Edwin M. Lement）和霍华德·贝克尔（Howard Becker）为代表的社会工作理论。该理论认为，每一个人都有初级越轨，但只有被贴上"标签"的初级越轨者才有可能走上"越轨生涯"。一个人被贴上"标签"，是与周围环境中的社会成员对他及其行为的定义过程或标定过程密切相关的。社会对某人偶尔犯错的初级偏差行为给予严重之非难并贴上不良的标签，就易导致另一阶段更严重的偏差行为。将罪犯判刑并投入监狱等司法机构无疑是最深刻的标签化过程，因为"机构可能将犯罪人从身体和心理上与社会隔离开来，会割断犯罪人与学校、工作、家庭和其他支持性影响的联系，会增加向他们牢固地打上犯罪人烙印的可能性"，③ 从而不利于罪犯的自我更新。因此，社区矫正及其社会工作的一个重要任务就是要通过一种重新定义或标定的过程来使那些原来被认为是有问题的人（标签人）恢复为正常人。

3. 亚文化理论

亚文化理论是指以研究亚文化为主要内容的社会学理论。亚文化（Subculture）一词最早由美国社会学家弥尔顿·戈登（Milton M. Gordon）于 1947 年提出，他认为亚文

① ［法］埃米尔·迪尔凯姆著：《社会分工论》，渠东译，生活·读书·新知三联书店 2000 年版，第 313 – 328 页。

② ［美］罗伯特·金·默顿著：《社会理论和社会结构》，唐少杰、齐心等译，译林出版社 2008 年版，第 260 页。

③ 吴宗宪著：《西方犯罪学》，法律出版社 1999 年版，第 541 页。

化是指基于种族、经济、宗教和地区等不同社会因素而产生的差异文化。本书认为，亚文化又叫次文化、集体文化、福文化，是指相对于社会的主要文化而独立存在的社会行为和价值体系等文化现象。处于特定发展阶段的人类社会都有占统治地位的文化，即反映统治阶级意志的主文化或主流文化。与之相反，那些不占统治地位的文化，即非主流、局部的文化现象，也称为亚文化、次文化或边缘文化。

美国社会学家阿尔伯特·科恩（Albert Cohn）在20世纪50年代首先提出了"犯罪亚文化"的基本概念。通过非功利主义犯罪的研究，科恩提出：一些人认为自己的犯罪行为是正义的，这种情感上的自我认定，并不是出于对社会实际意义的认同，而是出于对自己所在群体的亚文化的忠诚，所以越轨青少年更习惯于奉行一套有悖中层社会的文化（行为）标准，陷入与主流社会格格不入的状态。因此，这个意义上的青少年违法犯罪也是一种"犯罪亚文化"或"反文化"现象。社区矫正学要以亚文化理论为基础着重开展以下三个方面的工作：

（1）重视犯罪的亚文化原因研究，改进犯罪人矫正的文化进路。

（2）整体而言，亚文化是温和的非主流文化，具有"温和协商"的行为特性，需要确立一种尊重、参与、协商的治理进路。

（3）重视亚文化的"边缘性"问题，以更为系统的社会方法解构"亚文化"的"边缘性"和"抵抗性"。

4. 社会学习理论

社会学习理论是由美国心理学家阿尔伯特·班杜拉（Albert Bandura）提出的。它着眼于观察学习和自我调节在引发人的行为中的作用，重视人的行为和环境的相互作用，着重探讨个人认知、行为与环境因素的交互作用。

根据班杜拉的观点，榜样的力量很大，人类的学习行为不是自然形成的，而是在观察别人行动的基础上，经过切身体会、临摹表现出来的。社会学习理论极大地丰富了社区矫正学的研究范围和视角，鼓励社区矫正对象以积极向上的心态面对问题、解决困难。因此，社区矫正工作要通过自我效能的合理设置，鼓励社区矫正对象的信心，避免让其产生无能的感觉。这样的矫正过程，远比单纯地说教更有说服力。

5. 社会结构变迁理论

社会结构变迁理论是由法国社会学家埃米尔·迪尔凯姆（Émile Durkheim）提出的。[1] 社会结构变迁主要体现在两个方面：

（1）社会功能性结构的变化，表现为人们为了满足生存和发展的需要，各种经济、

---

① ［美］斯蒂芬·E. 巴坎著：《犯罪学：社会学的理解》，周晓虹等译，上海人民出版社2011年版，第189页。

政治、组织、制度等结构要素的分化和组合。

（2）社会成员地位结构的变化，表现为社会成员由于其经济地位、职业、教育水平、权力、社会声望等的不同和变化，所造成的社会阶级和阶层关系的变化。在社会结构性变迁失衡时，人们就会产生挫折、紧张、焦虑等各种心理变化，在得不到有效疏解的情况下，就会产生越来越多的越轨、犯罪和其他社会问题。

二、社区矫正学对社会学的发展

犯罪问题是个社会问题。社区矫正学对社会行刑、开放行刑及其犯罪人治理的研究和推进有助于专门社会问题的认识和治理。社区矫正学扩展、发展了再社会化的理念和方法。作为社会学的范畴，社会化（Socialization）是指个人通过社会互动和学习，逐渐养成独特的个性和人格，从生物人转变为社会人，并通过社会文化的内化和角色知识的学习，逐渐适应社会生活的过程。[①] 社会化贯穿人生的始终。针对监狱（监禁）行刑存在的与社会脱节的问题，社区矫正需要着重实现社区矫正对象的再社会化。

再社会化是社会化的对称，是指再次适应社会生活及其价值的互动或学习过程。考虑到社会化的本质要求，再社会化的根本在于改变或调整社会化对象原有的世界观、价值观、行为准则和生活方式，使之更符合社会的规定与要求。社区矫正秉承开放行刑、社会行刑理念，是以社区矫正对象再社会化为核心内容的社会工作，也是社会学的重要组成部分。

第四节　社区矫正学与心理学

一、心理学对社区矫正学的支撑

1879 年，德国生理学家、哲学家威廉·冯特（Wilhelm Wundt）在莱比锡大学建立了世界上第一所心理学实验室，标志着心理学成为一门独立的学科。此后，出现了包括机能主义理论、行为主义理论、精神分析理论、格式塔学派为代表的心理学派，极大促进了心理学的发展。在此之中，精神分析理论和行为主义理论对社区矫正学起到了重要的支撑作用。

（一）精神分析理论

1899 年，西格蒙德·弗洛伊德（Sigmund Freud）的《梦的解析》的出版不仅标志着精神分析学的诞生，而且是弗洛伊德首次系统地论述潜意识的理论，并将精神分析理

---

① 郑杭生主编：《社会学概论新修》，中国人民大学出版社 2003 年版，第 83 页。

论运用于审美和文学艺术。弗洛伊德一生致力于精神分析理论研究，对心理学和其他多门学科产生深远影响。

精神分析理论对人类行为具有重要的解释力，包括人的特殊行为——犯罪。根据弗洛伊德的人格理论，虽然"本我"中的原始本能是犯罪的根源，但在一般情况下人们并不会去犯罪。"超我"是行为的重要控制系统，人们会根据现实社会的道德法律自我约束，使其符合"遵纪守法"的要求。但是，如果"超我"出现问题，行为人已有的自我控制力无法抵御本能的冲动，即"本我"突出，冲破了道德法律的约束，犯罪就可能发生。弗洛伊德精神分析理论对犯罪行为的解释力使其成为社区矫正学的重要支撑理论。

（二）行为主义理论

行为主义理论是由美国心理学家约翰·华生（John Broadus Watson）在巴甫洛夫的经典性条件反射学说的基础上创立的。该理论认为，行为就是有机体用以适应环境刺激的各种躯体反应的组合，有的表现在外表，有的隐藏在内部，人和动物都遵循同样的规律。1930年，以爱德华·托尔曼（Edward Chace Tolman）为代表的新行为主义者进一步提出，在个体所受刺激与行为反应之间存在中间变量——个体当时的生理和心理状态。行为的实际决定因子，包括需求变量和认知变量。需求变量本质上就是动机，它们包括性、饥饿以及面临危险时对安全的要求；认知变量就是能力，它们包括对象知觉、运动技能等。

巴甫洛夫的经典性条件反射和伯尔赫斯·弗雷德里克·斯金纳（Burrhus Frederic Skinner）的操作性条件反射构成了整个行为主义心理学的基础，在行为矫正领域得到广泛的应用。

1. 巴普洛夫的经典性条件反射

俄国生理学家伊凡·巴甫洛夫（Ivan Pavlov）认为，反射活动是神经系统活动的基本形式，反射包括条件反射与非条件反射两类，前者是后天形成的，需要特定的条件；后者是先天固有的，是长期生物进化过程中形成的。某些无关动因或中性刺激（如灯光、铃声等条件刺激）与非条件刺激（如食物）在出现的时间上相结合，经过若干次训练以后，单独的条件刺激也能引起与非条件刺激相同的反应，这就是条件反射。学习是条件反射的建立过程，记忆是条件反射的巩固。因此，条件反射是一种典型的联合型学习记忆模式——条件反射建立与巩固的过程就是学习记忆的过程。据此，犯罪行为具有可塑性，罪犯在特定条件下形成的有害社会的暂时神经系统是可以改变的。社区矫正可以通过有意识地对犯罪人进行行为管理训练——建立条件反射，消除不良的嗜好、培养有益的兴趣爱好、养成良好的行为习惯，从而有利于社区矫正对象顺利适应当下的社会生活。

2. 斯金纳的操作性条件反射

通过操作性条件反射实验，斯金纳认为，操作性条件反射与经典性条件反射的主要区别在于：前者是一个"反应—刺激"过程，而后者则是一个"刺激—反应"过程。在巴普洛夫看来，行为反射是在被动地接受外部刺激时产生的，条件反射的形成依赖于有机体的无条件反射；而操作性条件反射是通过训练将"随意"操作与奖赏联系起来，以引出特定的操作，它的形成依赖于有机体"随意"作出的特定动作反应。也就是说，条件刺激也能引出与无条件刺激产生的无条件反射相同的条件反射。无论有机体因为什么目的而进行任何随机活动，都可以被看作以某种方式对环境的"操作"，奖励这个"操作"，就会形成操作条件。操作条件的意义在于，我们可以主动用外力干预某种刺激或行为，进而提高或降低某种行为的发生概率。

此外，心理学还从方法和技术层面给予社区矫正学科支撑。心理矫正技术是心理健康教育、心理咨询技术、心理测量技术、心理治疗技术等的综合应用。心理分析法也在社区矫正学科中得到了广泛运用。

二、社区矫正学对心理学的发展

（一）使我国心理学研究本土化

我国心理学领域的实践相较于西方国家而言起步较晚，相关理论研究也大多是基于对国外研究成果的探索，存在本土化不足的问题。然而不论从历史来看、从现实来看，还是从将来的发展趋势来看，中国社区矫正的心理矫正都有极强的中国特色。宏观上，中国的社区矫正与西方的社区矫正在制度规律、工作趋势等方面不尽相同；微观上，心理矫正场所、心理矫正工作队伍、个别心理矫正的要求也存在方方面面的区别。因此，我国社区矫正学研究中具有理论价值和实践价值的心理学成果都成为我国心理学本土化发展的重要组成部分。

（二）拓宽了心理学运用的路径

心理学在社区矫正领域的种种应用是心理学实证的重要基础。在此之上，形成了社区心理学、社区矫正心理学等心理学分支。社区心理矫正不仅是整个心理矫正体系的重要补充，也是心理学运用路径多样化的表现。与受监禁（监狱）刑的对象相比，社区矫正对象的心理学需求有所不同，有必要打通专门的心理学应用路径。譬如，对社区矫正对象尤其是针对未成年人对象的心理教育一直是社区矫正教育活动的核心内容，社区矫正工作拓展了积极心理学教育的应用场景，也丰富了心理学教育的内容。

（三）为世界心理学发展贡献中国智慧

西方心理学在意识形态上以西方人的特点作为研究参照物，同时受制于自身文化背景的限制，以西方人的心理特征为主要研究对象，忽视了对其他地区、人种等存在跨文化特点的心理学研究。我国社区矫正学的研究在某种程度上能暴露出西方心理学理论的不足、补充西方心理学的内容。比如，我国著名心理学家钟友彬先生在弗洛伊德精神分析疗法的研究基础上，结合中国实情，提出新的心理治疗理论并创造出独特的心理治疗方法——认识领悟疗法，取得了不错的效果并逐渐得到广泛的认可。显然，中国的社区矫正学在吸纳了诸多传统西方心理学理论的同时，也能反过来给世界心理学科的完善贡献中国智慧。

第五章 社区矫正的基本原则

第一节 社区矫正基本原则概述

一、社区矫正基本原则的概念与特征

（一）社区矫正基本原则的概念

社区矫正基本原则贯彻于社区矫正立法、司法和执行的全过程，是普遍得到遵循，体现我国社区矫正的特点和基本精神，并具有全局性的共同准则。

（二）社区矫正基本原则

《社区矫正法》没有明确规定社区矫正的基本原则。但学者普遍认为，《社区矫正法》第 3 条是社区矫正工作原则的表述。该条规定："社区矫正工作坚持监督管理与教育帮扶相结合，专门机关与社会力量相结合，采取分类管理、个别化矫正，有针对性地消除社区矫正对象可能重新犯罪的因素，帮助其成为守法公民。"据此，有论者归纳出社区矫正工作的原则：科学性原则、社会力量参与原则、执行权独立原则、分类管理原则等。但是，社区矫正工作原则并不等同于社区矫正的基本原则。相对来说，社区矫正工作原则仅指社区矫正执行的根本要求和准则，二者作用范围、方式不完全相同。

要阐释社区矫正基本原则，还要辨析社区矫正基本原则与刑事执行基本原则的异同。一方面，刑事执行基本原则与社区矫正基本原则有着密不可分的关系。有学者提出，在对犯罪人施行刑罚的过程中，应当遵循刑事执行的严格性原则、人道性原则、教育性原则、个别化原则、社会化原则等。[1] 也有学者结合社区矫正的性质和《社区矫正法》第 3 条的规定，认为刑事执行的基本原则应当是：惩罚与改造相结合的原则、教育

---

[1] 力康泰、韩玉胜著：《刑事执行法学》，中国人民公安大学出版社 1998 年版，第 68 页。

与劳动相结合的原则、保护罪犯合法权益的原则、区别对待的原则和组织社会力量参与对罪犯教育的原则。[①] 然而，社区矫正并不等同于刑事执行，二者存在较大的差异。另一方面，社区矫正基本原则与刑事执行基本原则互为表里，且有重合之处。《俄罗斯联邦刑事执行法典》是世界上第一部真正意义的刑事执行法典。该法典第 8 条明确规定了刑事执行的基本原则："俄罗斯联邦刑事执行立法所依据的原则是法治、人道主义、民主，被判刑人在法律面前一律平等，执行刑罚的区别化和个别化，合理适用强制方法，改造被判刑人的手段要与他们的守法行为、惩罚与改造、感化相结合。"[②] 俄罗斯也将这一原则直接运用于社区矫正之中，作为社区矫正的基本原则。严格说来，社区矫正兼具刑罚执行、社会内处遇（社区刑罚）的本质，具有一定的复合性，具有远比刑事执行更为丰富的内涵。因此，二者的基本原则也不完全相同。

结合社区矫正制度的肇始、发展和目的，本书将社区矫正的基本原则作为社区矫正体系研究中的关键问题加以阐释，并归纳为善治原则、法治原则、人道原则和社会化原则。

（三）社区矫正基本原则的特征

为更好地理解社区矫正基本原则的内容，本书进一步概括出社区矫正基本原则的几个特征：

1. 社区矫正的基本原则应当是社区矫正活动特有的刑事法律原则

社区矫正属于刑事执行的重要组成部分，有别于其他刑事法律活动，应当具有自己特有的遵循或原则。

2. 社区矫正基本原则适用于社会矫正立法、司法、执行的全过程

社区矫正的基本原则必须贯穿于《社区矫正法》始终，具有指导和制约全部社区矫正规范的作用，是全局性、根本性的准则。社区矫正基本原则适用于社会矫正立法、司法、执行的全过程。

3. 社区矫正的基本原则体现我国社区矫正制度的特点和基本精神

我国贯彻中国特色社会主义法治道路，社区矫正作为刑事执行的重要内容，也应当符合中国特色社会主义法律体系，对国家治理水平和治理能力现代化具有重要意义。

二、社区矫正基本原则的渊源与发展

（一）社区矫正基本原则的域外渊源与发展

受西方自由主义思潮的影响，社区矫正的基本原则在西方各国已有悠久的历史，发

---

① 金鉴主编：《监狱学总论》，法律出版社 1997 年版，第 262 页。
② 黄道秀、李国强译：《俄罗斯联邦刑事执行法典》，中国政法大学出版社 1999 年版，第 16 页。

展较为成熟。结合各国社区矫正的主要情况，本书将域外国家社区矫正的基本原则整理如表 5 - 1 所示。

表 5 - 1　域外国家社区矫正的基本原则

美国	英国	加拿大	德国	日本
保障公众安全原则	人道主义原则	保护社会原则	人道主义原则	回归社会原则
社会化原则	法治原则	权利保障原则	特殊预防原则	社会参与原则
回归社会原则	谦抑性原则	社会参与原则	社会参与原则	法治原则
			罪犯自愿原则	公正原则

纵观一些国家社区矫正的基本原则，可以归纳为法治原则、人道原则、社会参与原则等。此外，国际组织也对社区矫正提出了原则性的要求。例如，联合国 1990 年发布的《联合国非拘禁措施最低限度标准规则》提出了促进采取非拘禁措施的一套基本原则，包括动员社区参与原则、平衡兼顾原则、法律规范原则、自愿矫正原则、档案保密原则等。

综合国际社会、域外国家社区矫正基本原则的渊源和发展，域外国家的社区矫正原则具有以下几个特点：

1. 降低刑罚的成本

在资本主义国家，经济衡量处于更为突出的地位。相较于监禁行刑，社区矫正成本较低。让犯罪人生活在开放社会，不仅有助于减少刑罚执行的成本，而且有利于犯罪人回归社会。

2. 帮助犯罪人回归社会

社区矫正提出之初就带有浓厚的人本主义色彩。美国的社会化原则、英国的人道主义原则、日本的回归社会原则等都强调了保护犯罪人使之更好地回归社会的目的。例如，日本的社区矫正从以人为本的观念出发，结合大社会的观念，推行"以人为中心，首先是人，其次是人，最后还是人"[①] 的理念，具有鲜明的帮助犯罪人回归社会的目的。

3. 社区矫正基本原则与社会历史文化环境等息息相关

不同国家还将不同的表述纳入社区矫正基本原则的阐释中，形成了不同的表述方式。例如，英国将谦抑性原则作为社区矫正的基本原则之一，以体现社区矫正不同于刑罚的特殊性。德国出于对非自愿社区矫正的担忧，将罪犯自愿原则作为社区矫正的基本原则加以描述。

---

① ［日］大谷实著：《刑事政策学》，黎宏译，法律出版社 2000 年版，第 35 页。

（二）我国社区矫正基本原则的渊源与发展

2003 年，"两高两部"的《试点通知》在试点工作的意义中明确提出："建立社区矫正制度，一是有利于探索建设中国特色的社会主义刑罚制度，积极推进社会主义民主法制建设，充分体现我国社会主义制度的优越性和人类文明进步的要求，为建设社会主义政治文明、全面建成小康社会服务。二是有利于对那些不需要、不适宜监禁或者继续监禁的罪犯有针对性地实施社会化的矫正，充分利用社会各方力量，提高教育改造质量，最大限度地化消极因素为积极因素，维护社会稳定。三是有利于合理配置行刑资源，使监禁矫正与社区矫正两种行刑方式相辅相成，增强刑罚效能，降低行刑成本。"这是我国社区矫正制度试点、建构的指导思想，也包含了社区矫正基本原则的要义，如社区矫正的善治原则、社会化原则等。

2014 年，"两高两部"发布的《工作意见》用"六个必须"规定了全面推进社区矫正工作的基本原则："必须坚持党的领导，立足我国基本国情，探索建立完善中国特色社区矫正制度，不照抄照搬国外的制度模式和做法，坚持社区矫正工作正确方向；必须坚持从实际出发，与本地的经济社会发展水平相适应，充分考虑社会对社区矫正工作的认同感，充分考虑本地社区建设、社会资源、工作力量的承受力；必须坚持依法推进，严格按照刑法、刑事诉讼法的规定开展工作，严格遵守和执行法定条件和程序，充分体现刑罚执行的严肃性、统一性和权威性；必须坚持把教育改造社区服刑人员作为社区矫正工作的中心任务，切实做好社区服刑人员的监管教育和帮困扶助工作，把社区服刑人员改造成守法公民，预防和减少重新犯罪；必须坚持统筹协调，充分发挥各部门的职能作用，广泛动员社会力量参与社区矫正工作，为社区服刑人员顺利回归社会创造条件；必须坚持改革创新，用创新的思维和改革的办法解决工作中的困难和问题，不断实现新发展、取得新成绩。""六个必须"分别规定了全面推进社区矫正工作的几个基本原则，包括坚持党的领导、中国特色方向、法治方法、中心任务、社会参与等方面的内容，对社区矫正基本原则的形成和发展具有重要的指导意义。

《社区矫正法》第 3 条规定："社区矫正工作坚持监督管理与教育帮扶相结合，专门机关与社会力量相结合，采取分类管理、个别化矫正，有针对性地消除社区矫正对象可能重新犯罪的因素，帮助其成为守法公民。"该规定对社区矫正工作提出的"专门机关与社会力量相结合，采取分类管理、个别化矫正"的要求，体现了社区矫正工作的科学性和民主性。尽管社区矫正工作原则并不等同于社区矫正基本原则，但社区矫正工作原则内容（科学性和民主性的要求）势必对社区矫正基本原则的发展和凝练起到了重要的支撑作用。

各试点省份基于社区矫正试点工作实际也提出了具有基本原则性质的要求。例如，北京市在试点工作中提出了社区矫正工作应坚持"改革创新、以人为本、社会参与、维

护稳定"[1] 的十六字基本原则。改革创新是开展社区矫正工作的前提和重要体现；以人为本是社区矫正工作的基本出发点；社会参与是社区矫正的突出特点；维护稳定是社区矫正的根本目的。上海在社区矫正试点工作一开始就提出了社区矫正五项工作原则：

（1）坚持分工协作、形成合力的原则；

（2）坚持政治效果、法律效果和社会效果相统一的原则；

（3）坚持解放思想、实事求是的原则；

（4）坚持改革创新的原则；

（5）坚持社区矫正与狱内矫正相结合的原则。[2]

综合社区矫正基本原则的渊源和发展，我国的社区矫正事实上形成了四个方面的中国特色社区矫正基本原则：善治原则、法治原则、人道原则和社会化原则。

第二节　善治原则

一、善治原则的思想基础

党的十八届四中全会审议通过的《中共中央关于全面推进依法治国若干重大问题的决定》指出："法律是治国之重器，良法是善治之前提。建设中国特色社会主义法治体系，必须坚持立法先行，发挥立法的引领和推动作用，抓住提高立法质量这个关键。"党的二十大报告进一步强调："以良法促进发展、保障善治。"这一科学论断不仅明确指出了善治目标的根本地位和作用，还阐明了良法、善治的内在逻辑和辩证关系。

在西方语言中，善治是政治（Policy，即城邦）的本义。亚里士多德在《政治学》中指出："城邦的长成出于人类'生活'的发展，而其实质的存在却是为了'优良的生活'……又事物的终点，或其极因，必然达到至善，那么，现在这个完全自足的城邦正该是（自然所趋向的）至善的社会团体了。"[3] 因此，政治具有善治的本质和要求。基于人类追求美好生活的本性，中国古代也有善治的理念和要求。例如，董仲舒在《对贤良策》中写的"汉得天下以来，常欲善治而至今不可善治者，失之于当更化而不更化也"。20 世纪 90 年代，国内加大了善治理论的专门研究。俞可平在将善治定义为"使公共利益最大化的社会管理过程，其本质特征在于它是政府与公民社会对公共生活的合作管理"的基础上，进一步提出善治主要由以下十个要素组成：合法性、透明性、责

---

①　北京市司法局编：《北京市社区矫正工作培训教材》（2004 年修订本），第 35 页。

②　司法部基层工作指导司编：《社区矫正试点工作资料汇编》（二），第 82 页。

③　[古希腊] 亚里士多德著：《政治学》，吴寿彭译，商务印书馆 1965 年版，第 7 页。

任、法治、有效、回应、参与、稳定、公正和廉洁①。善治目标的确立及其理论的推进奠定了善治原则的基础。

善治原则和共同体理论本质相通。为了更好的生活，人们生活在一起组成家园、市场和国家，建立公共权威、形成共同体。这个意义上的共同体就是政治国家，是为了保护个人权利、实现美好生活、增进民生福祉的善治事业。结合开放行刑减少交叉感染、降低行刑成本、有利于犯罪人重返社会等方面的作用，社区矫正也是社会力量共同增进民生福祉的共同事业，具有显而易见的善治目的和要求。

二、善治原则的基本内容

《社区矫正法》第 1 条明确规定："为了推进和规范社区矫正工作，保障刑事判决、刑事裁定和暂予监外执行决定的正确执行，提高教育矫正质量，促进社区矫正对象顺利融入社会，预防和减少犯罪，根据宪法，制定本法。"这是社区矫正目的的规定，反映了国家推行社会行刑以更好地防卫社会、促进犯罪人重返社会的良好意愿。就此而言，社区矫正称得上犯罪人治理的善治事业。结合新时代中国特色社会主义建设的根本目的与本质要求，社区矫正的善治原则包含以下几个方面的基本内容：

（一）以公平的社区矫正制度建设为前提

从良法善治抑或"法律是治国之重器，良法是善治之前提"的要义出发，社区矫正的善治原则需要公平的社区矫正制度。公平的社区矫正制度具有以下两个方面的要求：

1. 犯罪原因的系统存在决定了社会行刑的社会责任

为此，社区矫正制度要有一定的担当精神，要从社会责任的角度参与犯罪人教育矫正的任务。

2. 改善流动人口平等享有社会内行刑的权利和机会

从现实的情况来看，流动人口涉罪大多因居无定所难以获得社会内行刑的机会。但从社会防卫的角度看，流动人口的社会内处遇具有突出的重要性。

（二）善治原则的科学属性

善治必须建立在科学的基础之上。善治的科学属性主要体现在两个方面。

1. 合规律性

法律是一种有确定性、普遍性的行为规范，它是建立在能够鉴别、判断、评价基础之上的高度自觉行为。社区矫正要以合乎规律的教育矫正理念、方法、技术改善社会防卫及其犯罪人治理的确定性，显著提升犯罪人重返社会的能力，降低再犯率。

---

① 俞可平主编：《治理与善治》，社会科学文献出版社 2000 年版，第 8 页。

2. 渐进性

科学以知识积累为本义，犯罪与犯罪人治理是具体社会条件下的渐进事业，不可一蹴而就，需要树立从细微处着手、渐进改善的理念。

（三）善治原则的治理范式

一方面，善治原则应当以最广大人民的利益为根本导向，从人民群众最关心、最直接、最现实的利益问题入手，贯彻人民群众路线，表达人民群众意志。另一方面，善治原则要以广大人民群众的广泛参与实现最大限度的社会共治，支持社会力量在供给侧发力，在基层社会治理中充分发展基层自治的能力等。

三、善治原则的根本要求

结合我国社区矫正制度发展的实际，善治原则的实现还要进一步落实以下几个方面的要求：

（一）中国特色社会主义的要求

中国特色社会主义是科学社会主义与中国实际相结合的产物，具有鲜明的时代特征和中国特色。中国共产党领导是中国特色社会主义最本质的特征。社区矫正是我国刑罚执行制度的重要内容，是中国特色社会主义司法制度的有机组成部分。社区矫正善治原则的实现，要在党的领导下，结合科学社会主义和新时代中国特色社会主义建设的实际，坚持和完善中国特色社区矫正制度，贯彻宽严相济刑事政策，加强和创新社会治理，以刑罚执行制度的改革完善促进中国特色社会主义犯罪人教育矫正事业的全面发展。为此，司法行政机关要从党和国家工作大局和社会主义民主法治建设全局的高度来认识、把握、谋划和推进中国特色社区矫正事业的发展，确保正确的政治方向，确保社区矫正理念和目的的实现。

（二）治理现代化的要求

党的十九大报告明确提出，要着力打造共建共治共享的社会治理格局。《社区矫正法实施办法》第2条规定："社区矫正工作坚持党的绝对领导，实行党委政府统一领导、司法行政机关组织实施、相关部门密切配合、社会力量广泛参与、检察机关法律监督的领导体制和工作机制。"在此基础上，《社区矫正法》还要求司法行政机关、人民法院、人民检察院、公安机关等按照各自职责，依法做好社区矫正工作。其中，社会力量的广泛参与不仅可以极大地扩大社区矫正的力量体系，还可以改进社区矫正的方法体系，是社区矫正治理现代化的重要标志。对照国家治理体系和治理能力现代化及其共建共治共享的社会治理格局的要求，社区矫正既要强化社会参与的体系和能力，也要防范社会参与的泛化，要以人民主治的要求保证社区矫正力量体系的方向。社区矫正的人民主治，既要充分考虑到犯罪人的地位和要求，体现民主治理的范式，促进社会和谐及社区矫正的顺利进行，也要防范外部势力的侵蚀。

（三）犯罪人治理的要求

社区矫正善治原则要以犯罪人治理为核心，客观分析犯罪的原因、重视犯罪人的利益、维护犯罪人的权益，并以犯罪人与社会防卫的协同治理推动社会行刑理论与实践的发展。犯罪人治理是以社会防卫为目的，从尊重犯罪人利益的角度出发，教育矫正犯罪人的社会活动。因此，犯罪人治理包括犯罪人的教育矫正、犯罪人利益的尊重、犯罪人对社区矫正的认可、犯罪人参与社区矫正、犯罪人重返社会能力等方面的内容。

（四）刑罚现代化的要求

刑罚现代化包括刑罚种类、执行的现代化，是社区矫正善治原则的重要组成部分。考虑到监狱（监禁）行刑的痼疾，社区矫正制度的改革和发展是刑罚（尤其刑罚执行）现代化的关键所在。一方面，刑罚现代化要以社区刑罚的发展改造刑罚的结构，形成更加多元化、有针对性的刑罚体系。另一方面，要以社会行刑、开放行刑的发展改善刑罚执行的体系和效用。尽管监狱（监禁）行刑也处在不断调整、改革的过程中，但存在与社会脱节、再社会化等方面的困难决定了刑罚执行体系改革的必然性质。

第三节　法治原则

一、法治原则的思想基础

近现代以来，政治哲学家、法律哲学家哈林顿和洛克的民主主义和人权思想为近代法治思想奠定了理论基础。哈林顿法治思想的核心是："怎样才能使一个共和国成为法律的王国，而不是人的王国。"洛克发展和完善了哈林顿的法治共和国思想，以保障公民自由和限制政府权力作为法治的两个基点。洛克认为，法律首先是自由的宣言和保障，其次才是对自由的界定和约束——"法律按其真正的含义而言，与其说是限制还不如说是指导一个自由而有智慧的人去追求他的正当利益。"① 在此基础上，洛克提出了法治思想的三个层面：人民是国家主人的基本观念、法律面前人人平等、分权原则。

依法治国是党领导人民治理国家的基本方略，是发展社会主义市场经济的客观需要，是社会文明进步的重要标志，是国家长治久安的重要保障。中国共产党第十六次全国代表大会的报告强调，要把坚持党的领导、人民当家作主和依法治国有机统一起来。中国特色社会主义法治国家的建设奠定了中国特色社会主义社区矫正制度的法治基础。

---

① ［英］洛克著：《政府论》（下篇），叶启芳、瞿菊农译，商务印书馆 2009 年版，第 80 页。

二、法治原则的基本内容

法治原则的基本内容应当包括法律主义的形式要素，也应当包括法治理念的实质要素。结合当代中国的法治实践，社区矫正的法治原则应当包括法律至上，法律的公开、明确、可预期性，正当法律程序，良法之治等几个方面的内容。

（一）法律至上

任何社会都存在法律，但未必有法治。作为与人治相对立的概念，法治意味着法律拥有至上的权威，是为所有人、组织与国家机构所应遵循的。因此，法治原则存在两个方面的突出要求：一方面，法律活动应当在宪法和法律范围内活动，法律具有优先性。另一方面，行为应当在法律框架内具有统一性。这要求法律内部之间应当有统一的规律以确保法律的稳定性和权威性。

（二）法律的公开、明确、可预期性

1. 公开性是法律的一个本质要求

从纯粹规范功能的视角来说，法律公开的基本目的是使法律为人们所知晓，以指引人们的行为。

2. 法律也应当具有明确性

如果法律要指引人们的生活，那么就需要被人们所理解，其规定应当清晰，而不能模糊不清或晦涩难懂。当然，法律的明确性并不是不允许模糊性用语的存在。所谓的模糊，是指法律原则概念含义的边缘部分模糊不清，而在其最核心最典型意义上的含义上却相对比较清楚，人们在这一领域对原则的含义达成共识并不困难。

3. 法律应具有预期性

即法律应面向未来，而不是面向过去。当然，这并不意味着追溯性法律应当绝对禁止。在某些情形或某些特定领域，追溯性法律的存在并不一定违反法治原则。

（三）正当法律程序

程序正当是与实体正当相并列的重要环节，主要通过以下方式予以保障：

1. 未经正当程序不得剥夺任何人的权利和自由

应当告知社区矫正对象享有的权利和义务，法律无明文规定的，不能随意剥夺。

2. 对矫正主体来说，未经正当程序，不得行使未授予的职权

遵守正当法律程序是为了保障法律在一定犯罪内的有效性，同时也限制司法、行政机关在规定范围内行使职权，从而有效推动制度的落实，确保程序正义的实现。

（四）良法之治

良法是法治的前提。良法必须是以人为本并符合公共事务规律要求的法律。社区矫

正是刑罚执行人道主义思想的产物，是以犯罪人教育矫正为根本任务的社会处遇措施，具有突出的人文关怀和人本主义。社会矫正还是监狱（监禁）行刑制度改革的必由之路，符合行刑事务的规律。

三、法治原则的具体实现

鉴于人身危险性矫正的困难程度及个别化行刑的专门要求，社区矫正法治将成为刑事法治水平的标尺。"两高两部"2014 年出台的《工作意见》强调："必须坚持依法推进，严格按照刑法、刑事诉讼法的规定开展工作，严格遵守和执行法定条件和程序，充分体现刑罚执行的严肃性、统一性和权威性。"结合新时代中国特色社会主义的主要矛盾与社区矫正制度改革的实际，社区矫正的法治原则的实现需要着重注意以下几个方面的内容：

（一）法治原则的法律依据

重大制度改革容易出现突破法治框架推行改革的问题。社区矫正制度改革方兴未艾，尤其要注意法治和改革的辩证关系。2014 年 2 月 28 日，习近平总书记在中央全面深化改革委员会第二次会议上的讲话中明确提出："凡属重大改革都要于法有据。在整个改革过程中，都要高度重视运用法治思维和法治方式，发挥法治的引领和推动作用，加强对相关立法工作的协调，确保在法治轨道上推进改革。"① 社区矫正的法治原则要遵循法制主义的要求，使社区刑罚与刑罚的执行于法有据，自创矫正措施务必要遵循"助人自助""案主自决"的原则，依法、自愿实施。

（二）法治原则的程序遵守

《社区矫正法》对机构、人员职责、监督管理、教育帮扶等都作出了明确规定，要求有关机关严格依法按程序要求履行社区矫正职责、开展社区矫正工作。为确保社区矫正工作规范运行，社区矫正工作制度覆盖了调查评估、交付接收、管理教育、考核奖惩、收监执行、解除矫正等各个环节。各地、各机关同时出台了一些管理办法，对执法机制、流程等作出相应的规定，司法当局或其他独立的主管当局在本着充分负责的精神和以法律规则为唯一准则的基础上，在诉讼程序的各个阶段中行使其酌处权。这一系列法律规章的实施都显示了遵守法律程序的重要意义。

（三）法治原则的善治宗旨

本书将善治原则与法治原则相并列，并不否定法治原则的善治宗旨。论及法治与善治的辩证关系，张文显教授提出："法治是从依法而治向良法善治的转型，因此要让法

---

① 习近平：《把抓落实作为推进改革工作的重点，真抓实干，蹄疾步稳，务求实效》，载《人民日报》2014 年 3 月 1 日，第 1 版。

律止于至善，让社会臻于至善。"① 因此，善治与法治之间并不是从属关系，两者处于不同的位阶。结合社区矫正法治原则的落实：第一，要从人民群众日益增长的美好生活需要界定社区矫正的目的和本质。第二，必要时，要排除机械的罪刑法定主义的影响，从社会防卫、犯罪人治理的根本需求出发，以善治为指引，衡平社区矫正的法治进路。

第四节　人道原则

一、人道原则的思想基础

人道主义是起源于欧洲文艺复兴时期的思想体系。最早可以追溯到 14 世纪到 16 世纪，其核心是对人的主体性的承认与尊重。提倡关怀人、爱护人、尊重人，做到以人为本、以人为中心的世界观。资产阶级革命时期，又把人道主义的内涵具体化为"自由""平等""博爱"等口号。迄今，人道主义具有两个方面的主要含义：一是作为世界观和历史观的人道主义；二是作为伦理原则和道德规范的人道主义。结合社会制度类型，形成了资本主义的人道主义、无产阶级或马克思主义的人道主义等类型。

资产阶级的人道主义在反封建的革命斗争中起到了重要的推动作用。但是，受资产阶级利益的影响，资产阶级的人道主义思想回避了人的社会性和阶级性，离开人的社会发展条件，抽象地解释人的共同本质。与之相反，社会主义的人道主义建立在社会主义经济基础之上，以马克思主义世界观和历史观为理论基础，通过对剥削阶级人道主义和人道主义精神的批判、继承和发展，转向了真实、具体、现实的人道主义路线，是人道主义理论和实践的新境界。根本理由在于，只有在社会主义条件下，人民才有真正当家作主的可能性，才具有待广大人民群众以人道并在社会不断发展的基础上真正实现人民群众自己的"自由""平等"和"博爱"。

二、人道原则的基本内容

《试点通知》在"社区矫正的适用范围和任务"部分规定了社区矫正人道主义原则的根本内容在于："帮助社区服刑人员解决在就业、生活、法律、心理等方面遇到的困难和问题，以利于他们顺利适应社会生活。"这是社会主义人道主义本着真实、具体、现实的人道主义路线，从再社会化的根本目的出发，切实解决犯罪人或社区矫正对象的实际困难，远比资本主义人道主义的口号更有价值和意义。在此基础上，《社区矫正法》第 4 条进一步从"尊重和保障人权"的角度提出了社区矫正人道主义的基本要求：

---

① 张文显：《和谐精神的导入与中国法治的转型——从依法而治到良法善治》，载《吉林大学社会科学学报》2010 年第 3 期。

"社区矫正工作应当依法进行，尊重和保障人权。社区矫正对象依法享有的人身权利、财产权利和其他权利不受侵犯，在就业、就学和享受社会保障等方面不受歧视。"

结合中国社会发展的实际和社区矫正的根本目的，本书着重阐述社区矫正人道原则以下四个方面的内容：刑罚人道主义、美好生活追求、特殊群体关怀和多元价值实现。

（一）刑罚人道主义

刑罚人道主义是人道主义思想在刑罚领域的贯彻和运用。早在18世纪，安塞尔就源于人道主义提出了"让犯罪人改头换面，脱胎换骨，以全新的面貌重新迎接这个世界，是最高的人道主义"的论断。基于该论断，人们认为：罪犯也是一个人，并不是工具，也不是野兽，其有自身基本的权利以及尊严，也需要得到一定的尊重，不能对其施以酷刑，使其失去基本的自我尊严。因此，要保障罪犯基本的物质生活需要，重塑罪犯扭曲失调的人生观、价值观和世界观，使其拥有健全的人格，更好地融入正常社会。在社区矫正制度中，要重视刑罚人道主义的预防价值，让罪犯从监狱环境回到自己熟悉的社会环境中，通过社会各界的帮助使罪犯理解人性和宽容。

（二）美好生活追求

社区矫正人道主义原则（简称人道原则）既是社会防卫思想及其犯罪人治理的人道主义要求，也是犯罪人抑或社区矫正对象的人道主义要求。考虑到犯罪人抑或社区矫正对象人道主义要求的底线性质，社区矫正人道主义原则的根本在于犯罪人抑或社区矫正对象人道主义的底线要求。因此，社区矫正人道主义要从美好生活追求的善治目的出发，坚守犯罪人人道主义的底线要求，优先解决犯罪人再社会化及其就业、生活、法律、心理等方面的困难和问题。

具体说来：一方面，社区矫正人道主义原则要从"人是目的而不是工具"的伦理要求出发，基于犯罪行为对行为人进行刑罚处罚，其目的不仅限于惩罚犯罪人，也是为了巩固、丰富社区矫正人道主义制度的伦理基础；另一方面，树立民权主义的刑事政策观，以犯罪人的主动参与、自动约束为根本特征形成社区矫正工作的基本方式。

（三）特殊群体关怀

社会主义人道原则强调在关心每个人的同时，尤其要关心社会上的弱势群体，使他们在生活、工作、学习、就业等各个方面，更多地得到社会的同情、关心、爱护和帮助。这里所说的特殊群体，不仅是指我国传统意义上的"老弱病残孕"，还包括因为犯罪行为而转变成的社区矫正对象。刑罚人道原则不以抽象的人道主义争议为主要内容，更强调从尊重人、关心人和爱护人的角度提升制度伦理，改善人际条件。对于一切有条件教育改造的分子，尽可能采用尊重人格、感化教育、劳动改造等方法，促使他们重新做人。

（四）多元价值实现

随着社会的不断进步，越来越多的国家放弃了严酷的司法理念，不断推动更有利于多元价值实现、更有效用的社会处遇制度改革。

在社区矫正人道主义原则的系列要求中，犯罪人的人道主义底线（以自由权和美好生活目的渐进实现为核心）是社区矫正价值的标尺，标志着社区矫正的价值高度。此外，社区矫正的人道主义原则还包括被害人赔偿与救济、未成年人社区矫正的任务等方面的价值追求。

三、人道原则的具体实现

人道原则的具体实现主要是通过立法体现和司法适用两种方式。结合我国社区矫正理论和实践的情况，中国特色社会主义社区矫正人道主义原则要着重解决好以下几个方面的问题——非监禁行刑社会化、制定人道主义原则与社区矫正对象权利清单、突出被害人赔偿与救济、促进未成年人社区矫正工作发展等。

（一）非监禁行刑社会化

非监禁行刑提供了犯罪人再社会化的正常社会条件，从根本上改变了监狱（监禁）行刑与再社会化之间的"目的——条件悖论"。考虑到再社会化的根本目的，非监禁行刑需要以人道原则的切实履行最大限度地获得社区矫正对象的认可与合作，与社区矫正机构、志愿者、其他社会力量等共同形成社区矫正执行的力量系统，增强教育矫正的合力。

区别于监禁行刑方式，非监禁行刑要结合人道原则的要求给予社区矫正对象必要、合理的自由程度。在社区矫正对象基于人道主义提出治疗、养家、照顾老人等需求的时候，原则上要予以满足。非监禁行刑的人道化还需要广泛动员社会工作者、志愿者、社会组织、所在单位学校、家庭成员等各种社会力量，及时发现并准确指出社区矫正对象的人道主义要求，以底线保障的思维满足社区矫正对象的人道主义要求。

（二）制定人道主义原则与社区矫正对象权利清单

《社区矫正法》第 4 条强调社区矫正对象依法享有的人身权利、财产权利和其他权利不受侵犯，在就业、就学和享受社会保障等方面不受歧视。在实施社区矫正的过程中明确规定，社区矫正的措施和方法应当避免对社区矫正对象的正常工作和生活造成不必要的影响；非依法律规定，不得限制或者变相限制社区矫正对象的人身自由。社区矫正机构须严格保密社区矫正对象的身份信息、位置信息和个人隐私。考虑到基层社区矫正机构有待发展、完善，社会力量及其社会工作参与不足等方面的影响，有必要制定社区矫正人道主义原则与社区矫正对象权力清单，加强社区矫正人道主义原则的指引。

（三）突出被害人赔偿与救济

被害人赔偿与救济对社区矫正对象的再社会化具有重要的作用，一方面，可以培养社区矫正对象的责任意识和能力；另一方面，可以消解社区矫正对象重返社会的矛盾。为此，社区矫正机构要创造条件让社区矫正对象通过社区矫正获得收入，承担被害人赔偿的责任。国家和社会有必要组建、发展被害人救济机制，助力社区矫正对象、被害人社会关系的恢复。

（四）促进未成年人社区矫正工作发展

未成年人社区矫正具有更加突出的地位和作用。针对未成年社区矫正对象的特殊需要，《社区矫正法》不仅规定了未成年人社区矫正指导思想，还提出了对未成年人社区矫正对象予以特殊保护的规定。如《社区矫正法》第 52 条第 1 款规定："社区矫正机构应当根据未成年社区矫正对象的年龄、心理特点、发育需要、成长经历、犯罪原因、家庭监护、教育条件等情况，采取针对性的矫正措施。"第 57 条进一步规定："未成年社区矫正对象在复学、升学、就业等方面依法享有与其他未成年人同等的权利，任何单位和个人不得歧视。有歧视行为的，应当由教育、人力资源和社会保障等部门依法作出处理。"

我国高度重视对未成年犯罪人的社区矫正工作。从社区矫正试点工作开始，一直把未成年社区矫正工作作为重点予以开展。针对未成年社区矫正对象，不仅要建立专门的司法机构和程序，还要开展专门的保护处分制度研究，完善少年司法社会工作，发展特殊的矫正治疗技术，包括但不限于精神疗法、现实疗法、行为矫正法、环境矫正疗法、家庭审议方法等。

第五节　社会化原则

一、社会化原则的思想基础

德国社会学家 G·齐美尔 1895 年发表的《社会学问题》一文较早提出了社会化的范畴。20 世纪 30 年代以后，随着心理学、人类学和社会学理论研究的发展，社会化的研究日趋成熟。1936 年，中华书局出版的《辞海》曾对社会化的做如下解释：社会化（Socialization）有两种含义：

（1）人类互相接触，其思想、感情、信念等逐渐趋于同化，而协力合作之事，是为社会化。即由分离之个人，递演结合而成社会，个人生活转化为社会生活之意。

（2）社会主义者谓一切产业应从个人所有转化为社会全体所有，由社会公共团体管理之，亦称社会化。

　　结合社区矫正工作的性质和任务，社会化是指在特定的社会与文化环境中，个体学习、掌握一般社会行为方式，形成满足大众文化要求的性格，适应社会公共生活的过程。与强调个体差异或特殊性的个性相反，社会化是社会生活的共性要求。社会化与个性具有辩证统一的关系。社会化是个体走向社会公共生活的起点。一方面，个体的自然成长与共同生活离不开具体的社会环境，需要接受社会群体的信仰与价值观，学习一般性的生活、生产技能和行为规范，以适应特定社会环境；另一方面，个体（尤其精英个人）可以通过自己的信仰、价值观、人格特征反作用于社会，影响其他的人和社会力量，塑造新型的社会关系和要求。因此，对个体来说，社会化是一个社会适应的过程；对社会而言，社会化是一个约束和控制的过程。

　　再社会化是社会化原则的重要思想基础之一。社区矫正对象通过再社会化，可学得一定的劳动技能，树立法治观念，加强社会责任感，改变过去的恶习和生活方式等，促使其由被迫接受改造向自我约束、自我教育的状态过渡。

　　犯罪人再社会化的思想就是从近代学派开始萌发的。刑事近代学派对古典学派的刑法理论弊端进行了深刻的反思，对过于推崇监禁刑的观念提出了批评。他们认为，刑罚的最终目的是对罪犯进行矫正以保护社会，而不是报复罪犯和威慑社会。德国法学家李斯特提出了以目的刑和教育刑为核心的刑法理论——刑法的功能不仅是机械的报应，报应以外还应有另外的目的，即通过教育改造罪犯，消除危害性，使罪犯最终回归到普通市民的生活中去，达到预防再次犯罪的目的，这为犯罪人再社会化思想的形成奠定了理论基础。①

　　标签理论对社会化原则具有重要影响。简言之，标签理论是用来解释说明一个人在第一次犯了错误之后，第二次、第三次甚至更多次地犯下了同样错误的理论。标签实际上是指一种自我形象的界定与评价。② 标签理论背后的理念是社会创造角色和人们通常期望人们适应和执行的行为。依据标签理论的观点，当一个人出于偶然的机会，犯了错误或者是实施了犯罪行为，然后被他认为十分在意的人（如亲友、同学、法官等）贴上"犯错者"或者"犯罪人"的标签，这很有可能导致其第二次、第三次乃至更多地犯下同样的错误或者是同样的犯罪行为，最终走上犯罪的歧途。社会标签的印记往往会对罪犯在社区矫正中的言行举止产生影响。社区矫正的社会化原则实际上就是一个罪犯在社会中通过自身努力和社会评价去除不良"社会标签"的过程。

　　犯罪原因多元化构成社会化原则的责任基础理论。犯罪学是刑法学重要的概念，与

---

① ［美］戴维波诺普著：《社会学》（第11版），李强等译，人民大学出版社2007年版，第176页。

② 吴宗宪著：《西方犯罪学》，法律出版社1999年版，第715页。

社会学紧密相关。犯罪原因理论指出影响犯罪行为发生的事物和现象。不同流派、不同法学家关于犯罪原因的解释都有各自独特的想法，但是从总体规律和趋势上看，犯罪原因理论越来越走向多元化。社会法学派否定了犯罪人的自由意志是导致犯罪发生的主要原因，认为引起犯罪的原因是多方面的，主要是来源于犯罪人的社会环境，如犯罪人从小长大的家庭环境、学习环境等。因此，社会因素是最重要的犯罪原因，社会也需要承担犯罪人治理的责任。

二、社会化原则的基本内容

社会化是一个十分复杂的过程。现实社会生活内容的广泛性和复杂性决定了社会化内容的广泛性和复杂性，以至于要全面描述社会化原则的每一项具体内容，或以若干类目完全概括它，都很困难。本书以社区矫正理论和实践为基础，根据社区矫正对象的基本情况，将社区矫正社会化原则归纳为社区矫正对象社会化四个方面的内容，即生活技能社会化、行为规范社会化、思想教育社会化和个体角色社会化。

（一）生活技能社会化

人要在社会中生活，就必须通过社会化过程掌握社会生活的基本技能，包括生活自理能力和职业能力两个方面。生活自理能力是指一个人在日常生活中通过学习内化，逐渐掌握自我料理生活的能力。个体在进一步的成长过程中，还必须学习科学文化知识，逐渐调适各种人际关系，掌握各种职业技能。职业技能是指个体在参与社会生活的过程中能从事某项工作或者某项职业的能力。人只有具备一定的生活经验，掌握一定的科学文化知识和相应的职业技能，才能适应社会生活的需要，在与社会的互动中得以生存。

（二）行为规范社会化

任何社会都是在相应的社会规范的约束和指导下正常运转的。社会规范是指一个社会对其全体成员提出的，要求人们必须遵守的行为规则的总和，包括约定俗成的社会规范。对于个体来说：一方面，为满足自身各方面的需求，有参与社会生活各领域的欲望；另一方面，个体只有学习和掌握各种社会规范，才能与社会实行良性互动。一个人出生后就在不断接受来自各方面的各种规范的训练和影响。反过来，个体也正是通过各种渠道和形式学习社会文化，掌握不同形式和内容的行为规范，并将其内化成个人的价值观念，从而自觉地控制自己的行为，以保持与社会的一致性。

（三）思想教育社会化

这是社会化原则在社区矫正领域的特殊体现。刑罚执行社会化致力于减少刑罚执行封闭化的负面效应，试图从教育时间和教育渠道两方面提高监狱刑罚执行的效果，帮助罪犯重塑正常人格。① 一方面，思想教育社会化的最终目标是矫正罪犯以世界观、价值观和人生观为核心的不良人格，为其重塑正确的观念体系，养成符合社会期待的人格，从而自觉抵制犯罪动机；另一方面，犯罪是受外因影响的产物，仅凭正确的观念体系不可能预防犯罪。因此，罪犯思想教育的社会化还应着力解决罪犯回归社会后面临的现实生活问题，主要是生存和生活方面的必要技能。为实现此目标，在现有罪犯思想教育内容的基础上，应当更加注重文化知识教育和专业技能教育，解决这些罪犯回归社会后的燃眉之急。

（四）个体角色社会化

美国心理学家米德把角色解释为符合一个人的社会地位及其权利义务要求的一种行为模式。角色代表社会期望，社会总是期望它的成员在社会生活中担当一定的角色，按照相应的角色规范行事。当然，社会成员也总是通过各种行为规范的学习，要求自己努力表现出符合这种期望的行为。在不同的年龄阶段及不同的社会生活领域，个人扮演着不同的社会角色，包括男女性别角色、家庭成员角色、社会交往角色等。个体对角色的学习，不仅是个体由自然人向社会人过渡过程中社会化目标的集中体现，而且是个性发展所要达到的一项基本要求。因此，社会角色在个体社会化过程中占有非常重要的地位。

生活目标的社会化包括两个方面的内容：一方面，要把社会目标内化为个体的生活目标；另一方面，要造就出成千上万胸怀大志，努力将自己的知识、技能、才智和创造力等能动地外化于社会、为社会造福的人，使其成为社会文化的承上启下者。对社区矫正对象来说，其本身就包含重返社会的良好愿望。生活目标的社会化有利于社区矫正对象更好地融入社会，满足自身精神需求。

三、社会化原则的具体实现

社区矫正社会化原则的具体适用是一个复杂的系统工程，需要付诸大量社会资源。其社会化的基本路径是让罪犯接触更多的社会人士、社会信息和社会知识。在高度封闭、与世隔绝的监狱内，罪犯无法与社会接触，更无法与社会保持同步发展，往往会形成监狱人格，从而难以顺利融入社会。2014 年，司法部办公厅转发司法部、中央综治办、教育部等五部门联合下发的《关于组织社会力量参与社区矫正工作的意见》（司发〔2014〕14 号，以下简称《社会力量参与意见》）对社会力量参与社区矫正工作作出了指导性意见。结合上述材料，将社会化原则的具体实现归纳为教育帮扶社会化、社会参

---

① 王曲：《刑罚执行社会化与罪犯的再社会化探讨》，载《中国人民公安大学学报（社会科学版）》2015 年第 5 期。

与社会化、社会责任社会化等几个方面的途径。

（一）教育帮扶社会化

教育帮扶具有突出的社会福利性质。《社区矫正法》首次明确提出了教育帮扶的概念，旨在利用多种形式，对社区矫正对象进行法治、道德等教育，激发其内在的道德素质和悔罪意识，消除可能重新犯罪的因素，充分体现了保障人权、因人施教、修复融入等现代刑罚执行精神。结合社区矫正的教育矫正任务与犯罪人治理目的，教育帮扶是社区矫正社会化原则的根本途径。

社区矫正教育帮扶社会化就是全社会广泛参与社区矫正对象治理及教育矫正任务的过程。教育帮扶包括教育和帮扶两个方面的内容和要求。社区矫正对象的教育体系包括思想政治教育、基础文化教育和职业技能教育。社区矫正对象的帮扶体系包括心理健康矫正和社区矫正对象的社会保障。

（二）社会参与社会化

《社会力量参与意见》不仅明确提出，"社会力量广泛参与"是社区矫正的显著特征，还指出了专门国家机关主导，相关人民团体、社会组织和社会志愿者协助的参与模式。在此基础上，《社区矫正法》进一步归纳出"专门机关与社会力量相结合"的社区矫正工作原则。

社区矫正不仅意味着"在社区中"进行矫正工作，而且包含着"依靠社区"开展矫正工作的内容。社区矫正对象生活和工作在社区中，不依靠社区社会力量，无法保证社区矫正工作的顺利进行。在各种社会力量中，广大社会力量与志愿者不仅可以有效解决专职人员监控不到位的问题，还可以监督国家专门机关的活动；专业人士的参与可以弥补专门国家机关知识、能力不足的问题。与此同时，社区矫正的社会参与也是基层社会治理现代化的要求，体现公众参与社会治理的意愿和能力，有助于社会治理共同体的发展和完善。

结合社区矫正的域外经验，就社会内处遇的本质而言，社会力量具有未必低于专门国家机关的地位和作用。本书认为，为充分发挥社会力量的作用，社区矫正应当倡导最大程度的社会参与，分阶段实现社会主导的社区矫正社会参与。

（三）社会责任社会化

社会责任实际是更高层面的社会需求，是社区矫正对象得以顺利融入社会的基础，也是社会面、国家面的美好愿望。社区矫正机构在具体适用中，会根据社区矫正对象的个人特长，组织其参加公益活动，修复社会关系，培养社会责任感。公益活动的内容包括社区服务、环境保护、知识传播、公共福利、帮困扶助、维护良好秩序、慈善、社团活动、专业特色服务、文化艺术活动等。除相关职能部门外，《社区矫正法》第12条规定："居民委员会、村民委员会依法协助社区矫正机构做好社区矫正工作。社区矫正对象的监护人、家庭成员、所在单位或者就读学校应当协助社区矫正机构做好社区矫正工作。"在这一层面上，一些社会主体应当在社区矫正中承担一定社会责任，以更好地帮助罪犯适应和融入社会。同时，企事业单位、社会组织、志愿者等社会力量也可参与社区矫正工作，承担一定社会责任。

第六章 社区矫正的中国特色

第一节 中国特色社会主义的本质要求

一、共享发展的要求

共享是发展的目的，是中国特色社会主义的本质要求，是社会主义制度优越性的集中体现。贯彻落实共享发展理念，要坚持我们党全心全意为人民服务的根本宗旨，按照人人参与、人人尽力、人人享有的要求，坚守底线、突出重点、完善制度、引导预期，实现全体人民共同迈进全面小康社会。社区矫正也是社会主义共享发展的要求。

中国特色的社区矫正制度是以马克思主义为指导，立足我国国情，继承我国原有非监禁刑罚执行制度，贯彻宽严相济刑事政策，在吸收借鉴国外社区矫正有益做法的基础上建立起来的，也是中国刑罚执行制度的探索、改革和完善。因此，要从人民的需求出发开展社区矫正工作，要坚持社区矫正的普惠性、可持续性方向，创新公共服务方式，满足广大人民群众的需求，惠及全体人民。

二、民生福祉的增进

《尚书·五子之歌》记载："民惟邦本，本固邦宁。"民生福祉的增进就是要让人民群众的生活更加幸福，这是我们党立党为公、执政为民的本质要求。

社区矫正具有民生福祉增进的根本属性。在全面推动社会资源均衡发展的过程中，社区矫正是在开放的社会环境中执行刑罚，通过监督管理、教育矫正和社会适应性帮扶三项任务，完成社区矫正对象再社会化的职责，实现社会防卫思想及其人道主义原则的要求。因此，社区矫正从三个方面实现了"人民日益增长的美好生活需要"。

（一）人道的再社会化矫正抑或犯罪人治理是越轨者的福祉

社区矫正需要从矫正对象的人格、生理、心理特征及其自我控制能力出发，施行人

道、个别化的教育矫正措施，这是社区矫正对象融入社会抑或再社会化的桥梁。

（二）社会防卫的公共福祉意义

社区矫正是社会防卫思想的产物，具有突出的社会防卫目的，是社会治理及其公共福祉的要求。

（三）监狱制度批判的福祉

整体而言，监狱行刑存在交叉感染、与社会隔离等方面的弊端。从监狱制度批判出发，社区矫正制度具有开放行刑、打通社会隔阂等方面的天然优势，是犯罪人教育矫正制度的重大进步。

三、文化自觉的体现

文化自觉是指文化的自我觉醒、自我反省和自我创建。费孝通先生认为，文化自觉主要有三层内蕴：第一，文化自觉建立在对"根"的找寻与继承上；第二，文化自觉建立在对"真"的批判与发展上；第三，文化自觉建立在对发展趋向的规律把握与持续指引上。[①] 因此，文化自觉也是对文化地位作用的深刻认识、对文化发展规律的正确把握和对发展文化历史责任的主动担当。

（一）社区矫正的文化自觉是社会行刑文化自我觉醒的过程

只有在深刻认识自己的文化，充分比较相关文化的基础上，才能在多元文化的基础上找准自己及其文化的位置。在我国，社区矫正是一个新事物，是我国刑罚执行制度的改革和完善，也是监狱（监禁）行刑批判、社会防卫思想中国化的结果，是社会行刑文化自我觉醒、自我反省和自我创建的过程，来之不易、任重道远。

（二）社区矫正的文化自觉是监狱（监禁）文化自我反省的结果

监狱（监禁）行刑文化具有普遍性和规律性，现存于监狱（监禁）行刑体系的交叉感染、社会化隔阂是监狱（监禁）行刑制度本身的不足造成的。作为监狱（监禁）行刑批判的结果，社区矫正文化是监狱（监禁）文化批判或自我反省的结果。因此，社区矫正的文化自觉要以资本主义监狱（监禁）行刑的批判、反省为核心，着重解决交叉感染、社会化隔阂等方面的问题。

（三）社区矫正的文化自觉是社会主义社区矫正文化自我创建的要求

从社会主义社区矫正文化自我创建的角度看，社区矫正制度要从人民主权思想出发，坚决贯彻党委领导、政府负责、民主协商、社会协同、公众参与、法治保障、科技

---

① 费孝通：《"美美与共"和人类文明》，载《费孝通全集》（第17卷），内蒙古人民出版社2009年版，第537、542、543页等。

支撑的中国特色社会主义治理体制，逐步实现中国特色社会主义社区矫正治理体系和治理能力的现代化。

四、群众路线的保证

群众路线要求我国在各方面的工作指导思想上坚持树立群众观念、强化群众立场，在工作内容上要反映群众愿望、满足群众需求，在工作作风上要增进群众感情、拉近同群众的距离，解决好"我是谁""为了谁"和"依靠谁"的问题。只有这样，我们才能找准前进的方向和力量源泉，也只有这样，我们才能找到自己正确的定位。社区矫正工作也存在"我是谁""为了谁"和"依靠谁"的问题，也要树立一切为了群众、一切依靠群众，从群众中来、到群众中去的群众路线。

社区矫正制度和群众路线存在高度的契合。社区矫正的对象是出现了社会适应性困难的民众，要通过适当的教育矫正再回到人民群众中。因此，他们既是教育矫正的对象，也是教育矫正主体的一部分。因此，社区矫正制度的群众路线，既要重视广大人民群众的智慧和能力，充分发挥他们决策、参与、监督的职能，又要从社区矫正对象的个别化情形出发，共同应对犯罪人的不良人格，帮助他们重返社会。

第二节　社区矫正的本土实践

在我国，尽管社区矫正制度是新近颁行的制度，但从开放行刑、犯罪人治理的角度来看，社区矫正的本土实践其实具有丰富的历史。

一、清末初创缓刑、假释等制度

1903 年，清廷下诏实行法律改革。1910 年，清政府颁行《大清新刑律》等法律，创设了缓刑、假释制度。以《大清监狱律草案》（以下简称《草案》）第 13 章"特殊减刑及假释"的规定为例，《草案》第 228 条规定："受恩赦或假释者，须于其裁可状或许可书到监狱后二十四小时内释放之。"《草案》第 240 条第 2 款进一步规定："精神病人、传染病人释放之际并须知照本人居住地之警察官署。"

尽管清末立法创设了缓刑、假释制度，但从当时的社会发展、管控条件来看，尚不具备社会行刑的思想基础和社会条件。关于假释的执行，《草案》仅规定"知照本人居住地之警察官署"，明显过于粗略。严格说来，这只是一种有条件释放犯罪人的制度，算不上真正意义上的社会行刑。

二、民国时期的社区矫正制度

国民政府通过《中华民国刑法》（1935 年）、《出狱人保护事业奖励规则》（1913

年)、《假释管理规则》(1913 年)、《重病犯保外就医治疗办法文》(1914 年)等法律文件规定了赦免、假释、保外就医、保安处分、刑释犯安置保护等涉及开放行刑的规定。例如,《假释管理规则》第 1 条规定:假释者须受居住地该管警察署之监督。第 13 条规定:监督警察署关于假释者行状之良否、职业生计之种类及勤惰亲族之关系等每 6 个月一次作调查书并向官署报告,将证书交付监狱。

1913 年,孙中山先生领导的国民政府颁布了《出狱人保护事业奖励规则》。该规则第 1 条规定:经营出狱人保护事业者该当下列各项时得给予奖励:①经营事业在十年以上功绩卓著者;②捐款万元以上者。出狱人保护事业注重吸收民间力量共同预防犯罪人再犯罪,也具有了一定的行刑社会化性质。

1935 年修订的《中华民国刑法》增设了保安处分制度。保安处分制度是大陆法系国家用以防卫社会并以犯罪人人身危险性治理为主要内容的刑罚(广义)制度。有别于监禁、报应式的刑罚制度,保安处分具有突出的预防性质,更接近社会行刑的目的和方式。该刑法典在第 12 章专门规定了感化教育、监护、强制工作、强制医疗、保护管束、禁戒处分、驱逐出境等保安处分制度。

三、中国共产党的社区矫正创新

中国共产党全心全意为人民服务的初心和宗旨决定了其行刑理念、目的和方式的根本不同和重大变化。早在中华人民共和国成立之前,中国共产党就从一切为了群众、一切相信群众、一切依靠群众,从群众中来、到群众中去,密切联系群众的群众路线出发,创制出一系列颇有成效的社会行刑方式。

(一)回村执行

在抗日战争期间,中国共产党领导下的边区人民政府创造了回村执行的行刑方法。回村执行,亦称"回村服役"或"交乡执行",是指将被判处短期有期徒刑的犯罪人,有条件交由当地基层政府监督执行的行刑方式。例如,1938 年 9 月 9 日颁行的《陕甘宁边区高等法院第五号通令》指出:"凡是群众,刑期在一年以下者,各机关部队如需要苦役,可分送至各机关部队做劳动工作,否则遣送各区乡,由区乡政府执行,限令帮助抗日军人家属,或工作人员家属,做劳动工作。"后来,该制度还通过晋察冀边区行政委员会《关于处理监押犯之决定》(1943 年 4 月 15 日)、晋绥边区《人犯监外执行暂行办法》(1946 年 5 月 21 日)等法令在各抗日民主根据地得以发展和完善,并取得了良好的实际效果。

(二)管制

在回村执行等制度的基础上,中国共产党创造出管制(即管制刑)这种开放行刑的制度——在对被管制的对象进行登记后,不予关押,在司法机关的指导下,由当地政府和群众加以监督改造的制度。在管制行刑期间，管制对象的政治权利被剥夺，行动自由受到限制，同时还要严格遵守政府法令和各种管制规则，积极参加劳动改造，并视改造表现，决定解除或者延长管制期限。1948 年 11 月 15 日，中共中央发布的《关于军事管制问题的指示》中就有了实行管制的明确规定。管制行刑在调动广大人民群众革命热情，监督、改造罪犯，帮助专门机关提高打击、预防犯罪中起到了重要作用。在中华人民共和国成立以后，管制行刑得到了更大范围的适用。在中央（机关）制发的文件中，如《中央公安部关于新区匪特暴乱抢粮情况的综合报告》（1950 年 4 月）、《中央公安部关于处理女犯、少年犯及老年犯的指示》（1951 年 10 月），都规定了管制的有关问题。1952 年 4 月 21 日，中央人民政府公布的《中华人民共和国惩治贪污条例》将管制明确规定为六种主刑之一，排列在死刑、无期徒刑、有期徒刑、拘役之后，罚金之前。

1979 年颁布的《中华人民共和国刑法》第 28 条进一步将管制规定为五种主刑之一。在认真总结采用管制方法惩罚和教育改造犯罪分子经验的基础上，该刑法典还用四个条文对管制的性质、对象、内容、期限以及管制的执行都作了系统、明确的规定。

（三）机关管制

机关管制是对机关单位工作人员适用的，受机关管制人员留在机关戴罪工作，不担任职位并剥夺政治权利，但给予学习机会，保障其必要的生活供给的刑事处分。1952 年 3 月 8 日，政务院批准的《中央节约检查委员会关于处理贪污、浪费及克服官僚主义错误的若干规定》规定了机关管制的刑事处分方式。该规定第 3 条规定："刑事处分，除免刑者外，采用机关管制（一年至二年）、劳役改造（二年至四年）、有期徒刑、无期徒刑、死刑五种办法……受机关管制处分者，留在机关中戴罪工作，在其被管制期间，不述职位并剥夺其政治权利，但给以学习机会，保障其必要的生活供给。"

第三节　社区矫正的融通发展

融通是指融会贯通。社区矫正的融通发展是指我国的社区矫正制度要在立足国家实际的基础上，遵循社区矫正制度的规律、借鉴世界社区矫正工作的经验、顺应社区矫正工作的趋势，科学选择中国特色社区矫正制度的发展路径，形成开放、自主的开放行刑理念、目的和方法体系。

一、遵循社区矫正制度的规律

社区矫正是基于社会防卫思想的犯罪人治理制度，也是基层社会发展、治理的产物，存在人道主义思想、开放行刑方法、犯罪人治理目标、行刑成本节约等方面的属性或规律。

（一）人道主义孕育了社区矫正制度的思想基础

社区矫正是监狱制度批判的结果，着重解决受刑人重返社会的困难问题，存在突出的人文基础和要求，要以人道主义改善刑罚的结构和行刑方式，确立社区矫正的思想基础。

（二）监禁行刑批判形成了开放行刑的内生动力

监禁行刑手段及其犯罪人改造目的的背离奠定了监禁行刑批判的现实基础，形成了开放行刑的迫切需求，内化为社区矫正制度发展的动力。例如，美国犯罪学家马丁森（R. Martinson）1974 年发表的著名的马丁森报告①，指出了"矫正无效"的问题，产生了巨大的反响，引发了监狱监禁（矫正）制度改革的强大吁求。

（三）社区矫正制度契合社会治理的理论和条件

现代意义上的社区矫正制度也是社会治理理论和条件的产物。一方面，社会治理与犯罪人治理具有统属关系，犯罪人治理也是社会治理的重要层面；另一方面，社区矫正制度有待基层社会的组织与执行，受社会治理体系和治理能力的影响较大，并以社会防卫与犯罪人治理体系和治理能力的系统改善巩固社会发展的成果，推动社会治理的发展。

（四）行刑成本节约推动社区矫正制度的可持续发展

监狱监禁行刑还存在突出的司法成本问题。随着犯罪数量的增长，各国都面临修建监狱并维持监狱运转的经济压力。在美国，每年花费在每个囚犯身上的费用为 1 万~1.5 万美元，每年为此需要花费约 300 亿美元。在加拿大，每年花费在每个囚犯身上的费用约为 6 万加元。② 与之相比，开放行刑具有显著的成本节约优势。

二、借鉴世界社区矫正工作的经验

（一）社区矫正的理念环境

在社会防卫思想之外，社区矫正制度的发展还具有突出的恢复性司法理念。恢复性司法的恢复性（Restoration）是指要通过刑事司法活动，努力恢复被犯罪行为所造成的破坏、侵害。整个恢复性司法模式都是围绕恢复运行和发展的。这种恢复并不仅仅是向后看，而且关注在目前和未来建设一个更好的社会。

在恢复性司法实践中，社区矫正就是从社会环境的角度着眼，对犯罪行为的处理要有社会各方的参与，还要从社会环境的角度出发，预防未来的犯罪。社区矫正不是将犯

---

① Martinson R. What Works? —Questions and Answers about Prison Reform [J]. The Public Interest, 1974（35）：22.

② 刘强：《刑罚适用模式的比较研究》，载《中国监狱学刊》2001 年第 4 期。

罪人与社会环境隔离开来，而是通过将犯罪人重新整合进社区生活中，通过建立有效社区（Working Community），预防他们重新犯罪。与传统司法观念不同，恢复性司法并不把犯罪行为完全看成犯罪人个人的问题，并不仅仅从犯罪人身上寻找犯罪的原因，并不脱离开社会环境，仅由司法部门关起门来处理犯罪问题。

（二）社区矫正的社会基础

政治国家（亦即政治社会）与市民社会是人类社会历史上的两种社会结构形态。近代以来，人类社会经历了由一元结构向二元结构的演变过程。在前资本主义时代，政治国家与市民社会是高度融合的，呈现出一个以专制和集权为特征的一元结构。在这种一元结构中，国家垄断了一切社会权力，政治权力的影响无所不及，社会完全丧失了独立的品格，沦为政治国家的附属物。与一元结构相对应的是国家对刑罚权的高度垄断，行刑制度具有突出的残酷性和封闭性。随着资本主义社会和市场经济的兴起，政治国家、市民社会逐步分立，政治国家的权力疆界有所收缩，市民社会获取了相对独立的空间和地位，从而形成了以民主和法治为基础的现代社会的二元结构。与二元结构相对应的是国家对刑罚权的适度调整，即由"国家本位"向"国家—社会"双本位过渡，行刑制度的特征表现为人道性与开放性。而正是在二元结构的社会里，社区矫正才有可能产生并得到进一步发展。

因此，社区矫正也是权力社会化的标志。权力社会化表现于立法权的社会参与，立法的民主化和透明度增强；行政权部分向社会转移，公民参政、督政的范围和深度扩大，"小政府、大社会"的格局形成；还有司法权的社会化，如陪审制表明了司法审判过程的社会参与，而民间的调解与仲裁等属于体现社会权力的准司法行为。在多元化与社会化趋势中，社区矫正制度有了深厚的现代社会基础。

（三）社区矫正的刑事政策

从世界范围来看，社区矫正也是两极化刑事政策的产物。所谓两极化刑事政策，是指"对于重大犯罪及危险犯罪，采取严格对策之严格刑事政策；对于轻微犯罪及某种程度有改善可能性者，采取宽松对策之宽松刑事政策。如此之刑事政策，亦称刑事政策之二极分化"。[1] 尽管存在不同的意见，但各国刑事政策轻重两极抑或宽严相济的特征非常明显。社区矫正也是"轻轻"抑或"轻其轻者"政策的产物，符合从宽应对轻微犯罪的法理要求，具有宽广的应用前景。

三、顺应社区矫正工作的趋势

《社区矫正法》颁布后，各地深入宣传贯彻《社区矫正法》，从依法设立具有独立

---

[1] 许福生著：《刑事政策学》，中国民主法制出版社 2006 年版，第 31 页。

执法主体资格的社区矫正机构到加快推进"智慧矫正",再到调动更多社会力量参与,一系列举措不断推动社区矫正工作的规范化、信息化、社会化水平。

（一）规范化

社区矫正工作具有突出的法治要求。《社区矫正法》出台后,还要全面梳理社区矫正工作的制度规范,制定社区矫正权力清单、机构职责清单、矫正对象义务清单,规范执法标准、权力和责任,推动执法规范化。

（二）信息化

从加强社区矫正信息化平台建设,到推进"智慧矫正"中心创建,再到全面开展与法院系统联网工作,司法部加强顶层设计,积极推进"智慧矫正"信息化体系建设。社区矫正对象是罪犯,即使是在疫情防控时期,对其加强教育和监管也绝不能耽误。新冠肺炎疫情暴发后,各级司法行政机关按照《社区矫正法》的要求,加快推进"智慧矫正"建设,不仅确保了疫情防控期间教育不断档、监管不缺位,还有效推动了社区矫正教育管理水平全面提档升级,使"智慧矫正"的效能不断释放。

（三）社会化

各地全面落实《社区矫正法》的规定,积极组织、引导社会力量参与社区矫正工作,完善社会工作者管理制度,加强专业培训,推动社区矫正监督管理、教育帮扶任务有效落实。上海、安徽、福建等省出台文件明确了村（居）民委员会依法协助社区矫正工作的职责。内蒙古司法厅与自治区妇联合作,成立了妇女维权与心理健康服务中心,推动妇联组织深度参与社区矫正工作。在此基础上,江苏、浙江、河南、云南等地突出分类管理、因人施策的精准矫正方法,打造学习教育、公益活动、职业技能培训"菜单式"教育模式。2022 年 8 月 1 日,云南省施行的《云南省贯彻〈中华人民共和国社区矫正法实施办法〉实施细则》（以下简称《云南实施细则》）第 61 条第 1 款规定:"地县级社区矫正机构或者受委托司法所应当根据社区矫正对象的矫正阶段、身体年龄情况、考核奖惩结果、风险性评估等级等确定严管、普管、宽管三个管理类别。"

第四节　社区矫正的创新发展

从我们的国家性质和政权本质出发,中国特色的社区矫正制度是一切为了人民、一切依靠人民的刑事法律制度,具有增进民生福祉的真实性和有效性,和一切私有制条件下的社区矫正制度存在根本性的差别。中国特色的社区矫正制度不仅要遵循社区矫正制度的规律、借鉴世界社区矫正工作的经验、顺应社区矫正工作的趋势,还要通过创新发展充分显示中国特色社会主义制度的优越性。

一、轻微罪一体化的要求

轻微罪一体化是整体社会防卫思想的产物，也是微罪司法化、犯罪人治理系统化的要求。轻微罪一体化势必提出轻刑一体化的要求，要在罪刑阶梯思想的指引下扩大社区刑罚体系，提升社会防卫的能力。

社区刑罚体系的扩大包括但不限于社区刑罚的增设和管制刑的扩大适用。一方面，社区矫正也有社区刑罚的性质，社区刑罚的增设并不违背社区矫正制度的本质；另一方面，管制刑是我国唯一具有社区矫正性质和要求的主刑，它的扩大适用有利于轻微罪防卫的系统化。

二、刑罚执行的创新发展

刑罚执行的创新发展，就是要推进刑罚执行的一体化建设，统筹各类司法行政资源，进一步推动惩罚与教育、管理与矫正、回归与帮扶等环节相互贯通、衔接、促进，不断提升教育改造质量，降低再犯罪风险，实现政治效果、法律效果、社会效果的有机统一。在现有的条件下，刑罚执行的创新发展存在以下几个方面的要求：

（一）加强矫正处遇制度的建设

要以政治改造为统领，统筹推进政治改造、监管改造、教育改造、文化改造、劳动改造的矫正处遇制度体系建设。要以监狱罪犯和社区矫正对象的分级、分类管理制度为重点，强化分级矫正处遇制度体系的改革和完善。要开展重点人员转化攻坚和心理矫正的专门研究，提升转化率，降低危险性。要建立社区矫正对象到监狱接受警示教育的制度，打造更为系统的社区矫正教育帮扶基地。

（二）提升刑罚执行的规范化水平

受投入、专门化建设不足等因素的影响，我国刑罚执行体系的规范化水平亟待提高。刑罚执行规范化的提升关键在于统一执法标准，严格依法依规办理减刑、假释、暂予监外执行案件，提升刑罚执行的公平性。减刑、假释、暂予监外执行案件与社区矫正制度存在密切的联系，也是刑罚执行规范化的薄弱环节。为此，要深化减刑、假释、暂予监外执行协调平台的应用，要以公开、公正的减刑、假释、暂予监外执行制度作为提升刑罚执行规范化建设的抓手。

刑罚执行的规范化还要着重改善监禁行刑与社会行刑的衔接和统一。监禁行刑与社会行刑的衔接和统一包括两方面的内容，即行刑理念、目的的统一和行刑方法的衔接。要建立选派监狱警察参与社区矫正工作常态化机制，规范社区矫正工作人员的建制，改善监禁刑和非监禁刑的一体化设计和融通式执行。

（三）推进"智慧矫正"建设，加强大数据智能化应用

大数据、人工智能技术对司法制度改革具有深远的影响。加快智慧司法及智慧矫正的建设，会极大地推动社区矫正的智能水平，解决相当一部分现存于机构协调、职能协同、公开监督等方面不足的问题，还可以缓解社区矫正工作人员数量不足、专业技术应用不足的问题。

社会主义制度具有集中资源办大事的优势。因此，要结合社区矫正实际，加快建设司法加密网、大数据中心、智能化综合管理和指挥调度平台，健全完善监狱和社区矫正信息库，推动政法各部门刑罚执行"区块链"建设，实现部门间信息推送和信息共享，不断提升安防、执法、改造、保障、指挥协同和队伍建设智能化水平。

三、保安处分制度的系统构建

以犯罪行为治理为中心，传统刑罚结构存在惩罚有余矫正不足、犯罪人刑法及其治理缺位等方面的问题。围绕人身危险性的预防，保安处分制度从社会防卫思想和犯罪人治理的目的出发，契合社会治理的要求，弥补了传统刑罚结构的不足，具有重要的刑事法律体系、地位和作用。但是，人身危险性的判断远比犯罪行为的认定复杂，并带有更多的主观特征，具有较大的滥用风险，更容易发生因此侵犯人权的问题。为此，各国对保安处分制度的规定和适用都很谨慎。

社区矫正制度和保安处分制度具有相当程度交叉融合的性质。

（1）二者都属于以犯罪人治理为主要任务的刑事法律制度，具有共同的目的和任务。

（2）二者都具有广义刑罚、量刑、行刑的综合性质，本质层面也很接近。

（3）保安处分制度的系统构建可以化解社区矫正制度的争议，并以更为系统的思维和方法改善开放行刑的体系。

四、缓刑、假释的扩大适用

在我国，缓刑、假释的适用率偏低。缓刑、假释适用率低，根本原因在于最高人民法院 2016 年出台的《关于办理减刑、假释案件具体应用法律的规定》（法释〔2016〕23 号，以下简称《减刑假释规定》）第 22 条"没有再犯罪的危险"的规定。这条法律规定："办理假释案件，认定'没有再犯罪的危险'，除符合刑法第 81 条规定的情形外，还应当根据犯罪的具体情节、原判刑罚情况，在刑罚执行中的一贯表现，罪犯的年龄、身体状况、性格特征，假释后生活来源以及监管条件等因素综合考虑。"但司法解释未具体就谁来负责评估、如何评估、如何检验评估结果的可信性等进行明确阐释，缺乏标准和细化。实践中，"没有再犯罪的危险"评估普遍由监狱机关完成。监狱根据罪犯服刑期间的考核情况，结合罪犯改造质量评估、罪犯危险性评估、社区矫正机关回函结果，对拟假释罪犯"没有再犯罪的危险"作出评估。罪犯考核、罪犯改造质量评估、罪犯危险性评估等仅针对和适用于监禁条件下罪犯的刑罚执行，而假释后，罪犯将在非监禁条件下参与社区矫正，监管基础条件发生变化后，监狱对拟假释罪犯所开展的"没有再犯罪的危险"评估的针对性不足。

犯罪是综合性社会问题，导致犯罪的因素是多方面的。但"没有再犯罪的危险"评估主要是基于罪犯在行刑过程中的改造表现，客观上，人的行为往往具有不可预测性，犯罪分子在行刑过程中有了悔罪表现，并对自己的罪行进行反思，并不能保证他将来就不再犯罪。认定"没有再犯罪的危险"，亦即监狱通过评估，确定罪犯假释后不会再犯罪由监狱作出初步的判断后，进而由人民法院作出终局认定。该判断是一个定性标准，而非定量标准，同时，该判断又是一个客观判断，监狱和法院办案人员都难以对他人的未来作出准确判断。故作出"没有再犯罪的危险"评估的客观性、科学性存疑。

要建立犯罪人格调查制度，量化"再犯危险"的判断，扩大缓刑、假释和社区矫正的适用。根据最高人民法院《减刑假释规定》"没有再犯罪的危险"包含了四大因素：

（1）犯罪的具体情节。

（2）原判刑罚情况。

（3）在刑罚执行中的一贯表现。

（4）罪犯的年龄、身体状况、性格特征，假释后的生活来源以及监管条件。

如表6－1再犯罪危险评估表预测因子所示：《再犯罪危险评估表》应将以上四大因素细化为几个预测因子，每个预测因子都应当列明在表中，不同的预测因子可以给出不同的权重值，预测犯罪分子是否具有再犯罪的危险。

表6－1　再犯罪危险评估表预测因子

预测因子	项目内容
犯罪的具体情节	犯罪性质
	犯罪手段
	社会影响
刑期情况	原判刑期
	是否属于可宽宥群体
狱内表现	遵规守纪情况
	教育改造情况
	劳动改造情况
	是否立功/重大立功
	是否受禁闭、记过

续表

预测因子	项目内容
罪犯年龄	犯罪时年龄
	现年龄
既往生活习惯	无不良嗜好
	吸毒史

第七章 社区矫正的制度体系

第一节 社区矫正的立法渊源

一、社区矫正立法渊源概述

社区矫正立法渊源是指社区矫正法律规范的形式。社区矫正法律规范广泛涉及《中华人民共和国宪法》（以下简称《宪法》）、《刑法》、《中华人民共和国刑事诉讼法》（以下简称《刑事诉讼法》）、《中华人民共和国监狱法》（以下简称《监狱法》）、《社区矫正法》等法律法规，内容丰富，实践性强。

2003年7月10日，"两高两部"联合下发的《试点通知》是我国社区矫正制度渊源的肇始。为加强对社区矫正试点的指导，司法部在2004年5月9日出台了《司法行政机关社区矫正工作暂行办法》（司发通〔2004〕88号，以下简称《暂行办法》），全面规定了社区矫正的定义、基本任务、适用范围、组织机构、社会力量参与、监督管理、教育矫正、社会适应性帮扶等内容。2005年1月20日，"两高两部"《关于扩大社区矫正试点工作范围的通知》（司发〔2005〕3号，以下简称《扩大试点通知》）进一步扩大试点。2009年9月2日，"两高两部"发布《试行通知》，标志着社区矫正在全国范围开始试行。在此基础上，2011年2月25日，第十一届全国人民代表大会常务委员会第十九次会议通过的《刑法修正案（八）》明确提出了"依法实行社区矫正"的规定。这是社区矫正首次进入国家立法，获得了正式的立法渊源。

2012年1月10日，"两高两部"印发《社区矫正实施办法》进一步规范社区矫正工作，加强和创新特殊人群管理。2012年3月14日，第十一届全国人民代表大会第五次会议通过的《关于修改〈中华人民共和国刑事诉讼法〉的决定》对社区矫正的执行主体、适用对象等程序性问题进一步作出了规定。2013年11月12日，党的十八届三中全会通过的《中共中央关于全面深化改革若干重大问题的决定》明确提出："废止劳动教养制度，完善对违法犯罪行为的惩治和矫正法律，健全社区矫正制度。"这是社区矫正专门立法的政策指引。在此基础上，2014年召开的党的十八届四中全会通过的《中共中央关于全面推进依法治国若干重大问题的决定》进一步明确提出了"制定社区矫正法"的要求，体现出党中央对前期社区矫正试点工作的肯定和对尽快制定社区矫正法的高度重视。在党中央高度重视和指引下，2019年12月28日，十三届全国人大常委会第十五次会议表决通过《社区矫正法》。2020年7月1日，《社区矫正法实施办法》正式实施。

我国《社区矫正立法》的出台是先由部委规章做指引，推动社区矫正在上海、北京等大城市试点，在不断扩大试点和总结经验的基础上，再进一步凝聚社会共识，逐渐上升为党和国家的施政方略和治理措施，进而形成全国范围内统一的政策指引，并推动立法部门开展社区矫正立法起草工作。立法机关也没有急于求成、一蹴而就，而是采取较为审慎的态度，基于出台一部良法的目标，循序渐进地推进有关制度修订、补充，为《社区矫正法》的出台做了较为充分的酝酿。全国人大在立法中也并没有急于出台一部社区矫正法，而是先解决作为其上位法的《刑法》和《刑事诉讼法》在实体和程序制度设计中体现社区矫正的内容。2011年2月25日，第十一届全国人民代表大会常务委员会第十九次会议通过的《刑法修正案（八）》将判处管制、拘役、缓刑、假释的犯罪分子的监管内容做了修改，不仅增加了社区矫正的内容，还将"由公安机关执行"的规定修改为"依法实行社区矫正"。2012年3月14日，第十一届全国人民代表大会第五次会议通过的《全国人民代表大会关于修改〈中华人民共和国刑事诉讼法〉的决定》进一步指出："对被判处管制、宣告缓刑、假释或者暂予监外执行的罪犯，依法实行社区矫正，由社区矫正机构负责执行。"

社区矫正立法还得到了党中央的高度关注。2013年11月，中国共产党第十八届中央委员会第三次全体会议通过的《中共中央关于全面深化改革若干重大问题的决定》明确提出要"健全社区矫正制度"。2014年10月23日，中国共产党第十八届中央委员会第四次全体会议通过的《关于全面推进依法治国若干重大问题的决定》明确提出了"制定社区矫正法"的要求。2014年4月21日，习近平总书记在听取司法部工作汇报时明确指出："要持续跟踪完善社区矫正制度，加快推进立法，理顺工作体制机制，加强矫正机构和队伍建设，切实提高社区矫正工作水平。"根据习近平总书记的重要指示，"两高两部"2014年5月颁行《工作意见》，正式、全面地推行社区矫正制度。

概而言之，社区矫正立法是社会防卫与社会治理体系现代化的要求，是贯彻落实党的十九届四中全会提出的"系统治理、依法治理、综合治理、源头治理，不断完善社会主义法治体系"要求的体现。社区矫正立法是落实宽严相济刑事政策、实现惩罚与教育的刑罚目的，以实践和理论结合，探索符合中国国情、符合现代法治理念的，谋求国家长治久安的法治实践。

二、社区矫正立法的主要渊源

（一）社区矫正立法的宪法依据

《宪法》第 28 条规定："国家维护社会秩序，镇压叛国和其他危害国家安全的犯罪活动，制裁危害社会治安、破坏社会主义经济和其他犯罪活动的人，惩办和改造犯罪分子。""改造犯罪分子"是宪法层面的任务和目的，因此，以教育矫正犯罪人为主要目的社区矫正制度具有宪法依据。

（二）社区矫正立法的国际法渊源

我国政府历来重视人权保障，并在社会行刑、刑事执行等方面不断加强国际合作。我国政府签订、加入或承认的国际条约和作为联合国安理会常任理事国参与起草的有关社区矫正的法律文件，根据"条约必须遵守"的原则，也是我国社区矫正立法的渊源。如《联合国少年司法最低限度标准规则（北京规则）》《联合国非监禁措施最低限度标准规则（东京规则)》，等等。

（三）社区矫正立法的刑法渊源

《社区矫正法》第 2 条规定："对被判处管制、宣告缓刑、假释和暂予监外执行的罪犯，依法实行社区矫正。"因此，《刑法》对管制、缓刑、假释的规定构成社区矫正立法的刑法渊源。

1. 管制适用的刑法依据

管制是对犯罪人不予关押，但限制其一定自由，依法实行社区矫正的刑罚方法。判处管制的犯罪人仍然留在原工作单位或居住地工作或劳动，在劳动中应当同工同酬。管制的期限为 3 个月以上 2 年以下，数罪并罚时不得超过 3 年。

《刑法》第 38 条第 2 款规定了管制刑执行中的禁令："判处管制，可以根据犯罪情况，同时禁止犯罪分子在执行期间从事特定活动，进入特定区域、场所，接触特定的人。"第 3 款规定对管制对象依法执行社区矫正："对判处管制的犯罪分子，依法实行社区矫正。"第 4 款进一步规定了违反禁令的后果："违反第二款规定的禁止令的，由公安机关依照《中华人民共和国治安管理处罚法》（以下简称《治安管理处罚法》）的规定处罚。"

2. 缓刑适用的刑法依据

缓刑指对被判处一定刑罚的犯罪人，在一定期限内附条件地不执行所判刑罚的制度，是对刑罚的暂缓执行。需要特别注意的是，缓刑兼有刑罚裁量、执行的含义，既是重要的量刑制度，也是重要的行刑制度。

《刑法》第76条规定："对宣告缓刑的犯罪分子，在缓刑考验期限内，依法实行社区矫正，如果没有本法第七十七条规定的情形，缓刑考验期满，原判的刑罚就不再执行，并公开予以宣告。"第77条规定："被宣告缓刑的犯罪分子，在缓刑考验期限内犯新罪或者发现判决宣告以前还有其他罪没有判决的，应当撤销缓刑，对新犯的罪或者新发现的罪作出判决，把前罪和后罪所判处的刑罚，依照本法第六十九条的规定，决定执行的刑罚。被宣告缓刑的犯罪分子，在缓刑考验期限内，违反法律、行政法规或者国务院有关部门关于缓刑的监督管理规定，或者违反人民法院判决中的禁止令，情节严重的，应当撤销缓刑，执行原判刑罚。"与之相关，《刑法》第74条还规定："对于累犯和犯罪集团的首要分子，不适用缓刑。"

3. 假释适用的刑法依据

假释是对被判处有期徒刑、无期徒刑的犯罪人，在执行一定刑期之后，因其认真遵守监规，接受教育和改造，确有悔改表现，没有再犯罪危险，附条件予以提前释放的制度。附条件是指，为犯罪人设置一定期限的考验期限，在考验期限内依法实行社区矫正。因此，假释是一种刑罚执行方式。

《刑法》第85条规定："对假释的犯罪分子，在假释考验期限内，依法实行社区矫正，如果没有本法第八十六条规定的情形，假释考验期满，就认为原判刑罚已经执行完毕，并公开予以宣告。"第81条第1款规定："被判处有期徒刑的犯罪分子，执行原判刑期二分之一以上，被判处无期徒刑的犯罪分子，实际执行十三年以上，如果认真遵守监规，接受教育改造，确有悔改表现，没有再犯罪的危险的，可以假释。如果有特殊情况，经最高人民法院核准，可以不受上述执行刑期的限制。"第2款规定："对累犯以及因故意杀人、强奸、抢劫、绑架、放火、爆炸、投放危险物质或者有组织的暴力性犯罪被判处十年以上有期徒刑、无期徒刑的犯罪分子，不得假释。"第3款规定："对犯罪分子决定假释时，应当考虑其假释后对所居住社区的影响。"

（四）社区矫正立法的刑事诉讼法渊源

行刑具有突出的刑事程序要求，作为最重要的社会行刑制度，社区矫正需要遵守刑事诉讼法的规定。

在修订的《刑事诉讼法》中作出了"依法实行社区矫正"的规定。《刑事诉讼法》第269条规定："对被判处管制、宣告缓刑、假释或者暂予监外执行的罪犯，依法实行社区矫正，由社区矫正机构负责执行。"《刑事诉讼法》第265条第1款还明确规定了暂予监外执行的条件："对被判处有期徒刑或者拘役的罪犯，有下列情形之一的，可以暂予监外执行：（一）有严重疾病需要保外就医的；（二）怀孕或者正在哺乳自己婴儿的妇女；（三）生活不能自理，适用暂予监外执行不致危害社会的。"第2款还将暂予监外执行扩大到被判处无期徒刑的"怀孕或者正在哺乳自己婴儿的妇女"。

（五）社区矫正立法的监狱法渊源

在开放行刑的背景下，社区矫正与监狱行刑之间也存在相互支撑、衔接的关系。因此，社区矫正立法势必存在监狱法的渊源。例如，《监狱法》第27条规定："对暂予监外执行的罪犯，依法实行社区矫正，由社区矫正机构负责执行。原关押监狱应当及时将罪犯在监内改造情况通报负责执行的社区矫正机构。"这不仅回应了《刑事诉讼法》的相关规定，还出于更好地衔接行刑机构的目的，设置了监狱及时向社区矫正机构通报的义务。

第二节　社区矫正的试点制度

2002年12月26日，时任司法部部长的张福森同志在全国司法厅局长会议上正式提出："要积极稳妥地开展社区矫正的试点工作。"此后，各地因地制宜开展社区矫正试点，并形成了社区矫正的"北京模式"和"上海模式"。

一、"北京模式"试点制度

社区矫正的"北京模式"，是由北京市社区矫正工作领导小组及办公室在社区矫正工作试点过程中创造的，符合国情、符合首都实际情况，在社区内进行的非监禁刑和非监禁措施的刑罚执行制度及开放式教育改造犯罪人员的工作模式。

（一）"北京模式"的试点情况

北京市的社区矫正试点工作大致可以划分为三个阶段。

1. 第一阶段，试点准备阶段

2001年年底，北京市开始探索社区矫正工作。2002年，在司法局内成立专门的社区矫正工作机构——监狱劳教工作联络处，全权负责北京市的社区矫正工作，组织力量进行专门的社区矫正工作调研，并进行假释和监外执行等犯罪人员社区矫正的理论研究和实践探索。2003年年初，北京市颁行《中共北京市委政法委员会首都社会治安综合治理委员会关于开展社区矫正试点工作的意见》（京政法〔2003〕32号）和《北京市社区矫正工作实施细则（试行）》（京社区矫正〔2003〕1号），形成了社区矫正试点工作的制度规范。

2. 第二阶段，初期试点阶段

2003年7月，"两高两部"《试点通知》确定了包括北京在内的六省市为全国首批社区矫正试点地区，北京选定东城、房山和密云作为首批试点区（县）。此后，试点范围不断扩大，试点工作不断深入。

3. 第三阶段，全市试点阶段

2004 年 5 月 1 日，北京市决定将全市的所有区县均纳入试点范围，率先将社区矫正试点扩大到全市，正式形成社区矫正试点的"北京模式"。

（二）"北京模式"的主要特征

"北京模式"行政色彩浓厚，注重通过行政化的教育来实现对社区矫正对象的心理矫正。"北京模式"具有四个方面的特征：专门化的严格管理、司法行政力量的主导、协管员的辅助管理、"阳光中途之家"的集中培训。

1. 专门化的严格管理

京畿要地，具有突出的维稳要求。服从社区矫正工作的社会防卫目的，北京市基于专门的严格管理要求，形成了专门的组织运行体制，开展高起点、专门化的社区矫正试点管理。

"北京模式"形成了政法委领导、多部门参与、司法行政为主体的组织运行体制。相对于司法行政主导的社区矫正工作模式，政法委的领导提高了社区矫正试点管理的层级，具有领导体制、执行效率等方面的优势，被广泛采纳。

在自上至下推动社区矫正试点的过程中，北京市成立了三个层次的领导机构：全市层面成立了由政法委牵头的社区矫正工作领导小组，包括法院、检察院、公安局、司法局、民政局、劳动与社会保障局、监狱管理局等成员单位；试点区（县）成立社区矫正试点工作领导小组，办公室设在司法局，负责日常管理工作；试点街道（乡、镇）成立社区矫正工作领导小组，办公室设在司法所，具体负责各项日常工作。

2. 司法行政力量的主导

"北京模式"的社区矫正工作队伍主要由专业矫正力量和社会矫正力量两部分组成。

北京市从监所等部门抽调司法行政干警组成专门的社区矫正专业力量。抽调干警受市司法局、所在区（县）司法局领导，行政隶属关系属于市监狱管理局和市劳教工作管理局，人民警察身份不变，市司法局负责抽调干警的整体管理和相关协调工作。抽调干警的主要任务是在司法局、司法所的领导下专职负责对符合社区矫正条件的社区服刑人员进行矫正。区（县）司法局、司法所负责抽调干警的日常管理教育，并为保证其正常工作提供相应保障。

此外，还有补充性的社会矫正力量。社会矫正力量主要由社会志愿者构成，包括专家学者、知名人士、离退休干部、社区居委会成员、高校的高年级学生、社区矫正对象的近亲属和所在单位人员等。司法行政机关直接招聘、管理矫正社工。北京市社区矫正工作领导小组办公室发布的《关于加强阳光社区矫正服务中心建设的通知》（京社区矫正办〔2006〕9 号）专门规定："各区县可按照北京市安置就业困难人员的政策精神招聘下岗失业人员，也可以招聘政法、教育系统退休干部和大专院校毕业生等人员，但聘用人员所需经费应当纳入区县财政保障范围。"由此可见，北京市对社区矫正社工采取的是司法行政机关直接管理的模式，即社区矫正社工的招聘、任用、管理、考核、评估及工作范围和工作内容的布置等，都直接归属司法行政机关。

3. 协管员的辅助管理

北京市各区（县）建立了社区矫正协管员队伍，形成了 1 名协管员管理 5 名社区矫正对象的制度。具体做法是，北京市政府依托社区公益性组织通过笔试或面试从街道招聘一批具有一定文化程度和责任心的人员担任协管员。上岗之前，司法行政机关要对协管员进行 2 周左右的业务培训。培训合格的，颁发协管员聘书。尽管协管员主要从事信息填报等辅助性工作，但也在一定程度上缓解了司法人员不足的压力。

4. "阳光中途之家"的集中培训

北京市各区（县）纷纷成立了阳光社区矫正服务中心（以下简称中心），其性质为司法局下属的民间非营利组织。这些中心在名义上是民间组织，但其管理机构实际是由政府组建的。刚成立时，这些中心主任甚至由区（县）负责社区矫正工作的司法局副局长兼任，运行经费由政府拨出专款保证，社区矫正社工也是政府出面聘请的。因此，北京市的阳光社区矫正服务中心很难说是真正的民间社团组织。

与阳光社区矫正服务中心的民间非营利组织性质不同，"阳光中途之家"是司法局下属的事业单位，承担阳光社区矫正服务中心的部分职能。如中期教育、解矫前教育等。

二、"上海模式"试点制度

社区矫正的"上海模式"，是由上海市司法局社区矫正工作办公室领导和监管的，由政府购买社团和社工服务，采用社会工作的价值理念及工作手法，以更好地提高矫正效果、帮助矫正人员融入社会，执行主体和工作主体适当分离的工作模式。

（一）"上海模式"的试点情况

上海是在全国最早开展社区矫正试点工作的地区。2000 年 9 月，上海市女子监狱最早开始对罪犯试行半监禁刑处理的探索。迄今，上海市的社区矫正试点工作也可以分为三个阶段。

1. 第一阶段，初步试点阶段

2002 年 8 月，上海市委政法委员会发布《中共上海市委政法委员会关于开展社区矫治试点工作的意见》（沪委政法〔2002〕101 号），上海市在徐汇区斜土路、普陀区曹杨新村和闸北区宝山路三个街道正式启动社区矫正试点工作。

2. 第二阶段，扩大试点阶段

2003 年 1 月，在上海市委政法委直接领导和推动下，试点范围扩大到三个街道各自所在区共 31 个街道，并提出按照"政府主导推动、社团自主运作、社会各方参与"的方式，采取政府购买社团和社工服务的形式，帮助社区矫正对象重获生活的信心和能力，更好地融入社会，并从源头上预防犯罪。2003 年 8 月，试点范围进一步扩大到浦东、卢湾两区，形成了五个区开展社区矫正试点工作的局面。

3. 第三阶段，全面试点阶段

2004 年 5 月以后，上海市全面开展社区矫正试点工作。2004 年 8 月起，上海市全面推进社区矫正试点工作的体系建设，逐渐形成了多元化的、各司其职、协同管理的综合治理新格局，形成了符合上海实际、具有上海特色的社区矫正运作模式。

（二）"上海模式"的主要特征

社区矫正试点的"上海模式"注重运用社会工作的理念和方法，广泛发动社会力量、组建社区矫正志愿者队伍实施社区矫正，具有以政府购买服务、团体运作、专业化的特色。

1. 社会工作的理念和方法

根据行刑社会化的基本原理，社区矫正具有社会工作理念和方法的要求。"两高两部"颁发的《试点通知》也明确提出："社区矫正工作是将罪犯放在社区内，遵循社会管理规律，运用社会工作方法，整合社会资源和力量对罪犯进行教育改造，使其尽快融入社会，从而降低重新犯罪率，促进社会长期稳定与和谐发展的一种非监禁刑罚执行活动。"在推行社区矫正试点之初，上海市就明确了同时发展社区矫正政府管理组织机构与社区矫正社会团体的方针。在社区矫正的实际运行中，社会团体参与矫正工作、提供社会服务，政府通过购买服务的方式提供社会服务指引。

社会工作的理念和方法深度融入了上海社区矫正试点工作。2004 年 2 月，上海市组建了三个民办非企业性质社团组织，即"上海市自强社会服务总社""上海市新航社区服务总站"和"上海市阳光青少年事务中心"，这标志着政府购买社团服务、社团自主运行的实质性启动。2006 年 9 月 13 日，在"上海市杨浦区社会帮教志愿者协会"成立揭牌大会上，相关负责人明确提出："要探索建立社团运作的长效机制，建立良性循环的发展模式；要充分发掘和利用社会资源，增强协会的整体实力和影响力；要淡化行政色彩，加强协会自主运作能力。要关心志愿者队伍，激发志愿者工作热情。"

2. 社区矫正的领导和管理

上海市成立了以市委政法委牵头协调，公、检、法、司等相关部门参加的社区矫正工作领导小组，上海市司法局设立了社区矫正办公室（副局级），直接对区（县）司法局的基层科（有的司法局成立了社区矫正科）和下属的司法所进行管理指导。

在"上海模式"中，社区矫正队伍通过政法选聘与社会招聘两种方式建构。

社区矫正的实际执行先后出现过两类主体，即社区矫正工作小组和司法所。在初步试点阶段，普陀区曹杨街道、徐汇区斜土街道、闸北区宝山街道根据《中共上海市委政法委员会关于开展社区矫治工作试点的意见》的规定，组建了实施社区矫正工作的主体——街道社区矫正工作小组，人员主要来源于市监狱局派出的干警和社区适合担当这项工作的同志。结合"两高两部"颁布的《试点通知》、司法部颁布的《暂行办法》等文件提出的"乡镇、街道司法所具体负责实施社区矫正"的要求，上海市迅速作出调整，将社区矫正工作整体移交司法行政机关负责推进。

社会招聘人员是社区矫正工作的主要力量。为更好地培养社会矫正力量，上海市推行了以选聘人员指导、帮助社会招聘人员适应社区矫正工作的方法。一开始，按照一定比例配置选聘人员和社会招聘人员。选聘人员指导、帮助招聘人员熟悉工作，并以一定的比例逐年退出社区矫正工作，逐步实现以招聘人员为主负责社区矫正工作的局面。

3. 矫正社工的新模式

"上海模式"建立了政府主导、行业管理、民间组织运作、社工服务、义工参与的矫正社工的新模式。

矫正社工对上海市的社区矫正工作具有重要的地位和作用。矫正社工依托政府主导培育的社团组织"上海市新航社区服务总站"（以下简称"社区服务总站"）开展工作。社区服务总站负责社工的聘用、培训和管理，司法行政部门指导并购买社团的服务工作。早在2004年11月，上海市社区矫正办就和社区服务总站签订了政府服务采购合同。按照合同，社区服务总站自主开展社工招募、职业培训、业务指导等工作，并接受政府委托，按要求开展部分社区矫正工作。政府以一定的经济标准支付购买社团服务费，并按一定的评估标准开展工作评估，进而选用社团并调整服务费用。

上海的矫正社工模式具有明显的节约经费特征。通过自主管理，社区服务总站较好地实现了节约经费的目的。社区服务总站重点招收社会学、心理学、社会工作学、法学等专业的大学生，不仅满足了社区矫正工作的专业性要求，还节约了大量的财政经费。但是，学界基于社会招聘矫正社工的实际待遇对矫正社工的可持续性提出了批评。在现有的待遇条件下，矫正社工的发展面临两个突出的问题：一方面，社工数量明显不能符合社区矫正工作的要求；另一方面，社会工作者的专业化和职业化较差，远远不能满足社区矫正工作的需要。[1]

---

[1] 廖明：《社区矫正中社会工作者参与的问题困难与对策建议——以京沪为主要考察对象》，载《刑法论丛》2013年第2卷。

三、社区矫正试点制度的比较

社区矫正试点制度的"北京模式"和"上海模式"都是社区矫正试点工作的模式。两者都属于"两高两部"领导和部署下的刑罚执行改革试点工作，是社区矫正工作的典范，对社会行刑及其社区矫正制度的发展和完善具有重要的指引作用。但是，二者也各有侧重。从我国幅员辽阔，各地经济文化、基层社会培育的不同情况来看，各个地方可以因地制宜地设计、发展社区矫正工作的方案和路径。就此而言，任何围绕此目的所作的努力和尝试都是值得鼓励的。

（一）社会力量的参与性不同

"北京模式"是典型的政府主导型模式。从非政府组织有待发展的普遍情况出发，政府主导社区矫正工作的模式既有不得已的性质，也有天然的合理性。考虑到首都北京的特殊地位，政府主导的社区矫正工作有助于监管力度的加强。相对来说，政府主导的社区矫正试点更强调社区矫正的惩罚性、强制性、专业性和严肃性，处于该模式下的矫正社工也更接近于"协管员""辅警"等政府雇员的角色。就此而言，"北京模式"下的社区矫正工作模式明显存在社会力量参与性的不足。

"上海模式"是典型的多边参与型社区矫正工作模式。所谓多边参与型模式，是指在政府的主导和指引下，充分整合各类社会资源、共同参与社区矫正工作的模式。在"上海模式"下，政府通过购买社会服务的方式，谋求民间机构联动合作，扩大了社会力量参与的途径，起到了整合资源的作用。这种模式的根本在于社团组织的培育、组建和运行，依托专门社团、基层社会组织起相对独立的矫正社工力量体系，不仅减轻了政府的行政管理负担，激发了社会力量的作用，而且更符合社会治理现代化的旨趣。

（二）矫正工作主体的区别

"北京模式"的执行主体是司法所，工作主体是司法干部和司法警察。总的来说，这有利于体现社区矫正的权威性、严肃性，有利于社区矫正执行的统一性和连贯性，有利于保持工作队伍的稳定性和可持续性。同时，这种模式势必存在警力、人力的不足，社会工作专门人才的缺乏，矫正理念、模式滞后等方面的问题。

"上海模式"的执法主体是司法行政机关，工作主体是社会工作者。因而，它可以通过专业矫正社工的介入，实施更加社会化的矫正。相应地，"上海模式"也存在较大的制约性因素——矫正社工的职业认可和专业水平。从试点的情况来看，各地普遍存在矫正社工待遇不足、专业化程度有限等方面的问题，制约了社区矫正工作的实际效果。

（三）刑罚理念的契合性问题

我国刑法向来存在"重刑有余、轻刑不足"[①] 的问题。"北京模式"的行政化运作模式及其以司法干部、干警为主的工作主体保证了社区矫正工作与刑罚执行理念的一致性。与之相反，"上海模式"以矫正社工为工作主体，强调行刑的社会化、专业化与福利性质，修正了传统刑罚理念在矫正方面的不足。

（四）财政节约的性质和能力

基于"大社区、小政府"的理念和基础，社会行刑通过社会力量的调动具有明显的财政节约性质。从长治久安的角度看，中国特色社区矫正制度的构建也要考虑财政节约的问题。

试点之初，"北京模式"直接将司法所作为社区矫正执行主体，以既有司法行政资源为基础进行整合并招聘"协管员"，投入偏少。但从常态运行的角度看，"北京模式"容易出现政府机构过于庞大、专业人员匮乏等方面的问题，可能制约社区矫正的长期效果。

试点之初，上海市政府指导培育新的社团组织，购买社团、社工服务，招聘、培训、发展专业的社会工作人员，投入不菲。而从长远的社区矫正运作来看，"上海模式"通过社团组织的作用，较好地实现了社会力量的培育和参与，有利于政府机关的精兵简政，有利于社会力量的扩大和参与。此外，专业的矫正社工更容易取得社区矫正对象的信任，更有利于从地位平等的角度沟通、交流，更容易形成协商式的教育矫正范式，具有重要的社会行刑指引作用。

第三节　社区矫正立法的不足与完善

《社区矫正法》是社区矫正法治的重要标志。但从不断完善的角度看，《社区矫正法》也存在有待改进之处。

一、社区矫正概念与性质的争议

《社区矫正法》没有明确界定社区矫正的概念。为此，吴宗宪指出："《社区矫正法》总则只涉及社区矫正的目的、对象、工作方式及经费保障等内容，而没有对社区矫正的内涵概念予以清晰界定。"[②] 这是社区矫正立法的普遍情况。从国际社会来看，《社

[①] 储槐植著：《刑事一体化论要》，北京大学出版社 2007 年版，第 54 页。

[②] 吴宗宪：《社区矫正立法的奠基之作和拾漏补缺思考》，载《温州大学学报（社会科学版）》2020 年第 4 期。

区矫正法》是仅有的社区矫正国家立法。即便考虑到相关立法，包括有关国家的刑事执行法典和层次较低的社区矫正法，如《俄罗斯联邦刑事执行法典》《丹麦刑事执行法》，美国亚拉巴马州、俄勒冈州和明尼苏达州的《社区矫正法》等，都没有专门的社区矫正定义。

社区矫正概念的缺失是社区矫正工作性质的复杂性及其发展性共同决定的。社区矫正具有丰富的矫正内涵、制度使命和广阔的发展空间，引发了学界的广泛讨论。从全球范围来看，社区矫正的概念依然属于学术探讨的范畴。

《社区矫正法》既不明确规定社区矫正的概念，避免因此制约社区矫正制度的探讨和发展，又不失时机地巩固社区矫正理论的共识及其试点的成绩，在"刑罚执行活动"的基础上将社区矫正制度扩展到"监督管理、教育矫正、帮困扶助"等方面的内容。究其实质，具有突出社会福利特征的"帮困扶助"超越了传统的刑事范畴，融入了社会治理的目的、社会力量的要求和社会措施的性质，使之具有了社会内处遇的性质。相对来说，社会内处遇是广义上的社区矫正，具有远比"刑罚执行"更为丰富的内涵和外延。

二、社区矫正机构工作机制的细化与改进

《社区矫正法》规定了社区矫正的联合机构——社区矫正委员会，但没有细化相关工作机制。《社区矫正法》第8条第3款规定："地方人民政府根据需要设立社区矫正委员会，负责统筹协调和指导本行政区域内的社区矫正工作。"社区矫正委员会的功能是组织、协调、统筹本行政区域内的社区矫正工作，但在各机构、各部门的具体参与、衔接社区矫正工作方面未能给出明确要求，需要后续立法予以细化。

实践中形成了包括社区矫正中心、中途之家之类的社区矫正辅助机构。人们普遍认为，社区矫正中心作为对社区服刑人员开展监管教育和帮扶的专门场所，具有彰显刑罚执行严肃性、增强教育帮扶效果的作用，有利于加强对社区服刑人员的日常监管，可以有效预防和减少再犯罪。从加强指引的角度看，《社区矫正法》有必要进一步对社区矫正辅助机构的地位、作用和工作机制作出规定。

三、社区矫正调查评估的中立性要求

《社区矫正法》第18条规定："社区矫正决定机关根据需要，可以委托社区矫正机构或者有关社会组织对被告人或者罪犯的社会危险性和对所居住社区的影响，进行调查评估，提出意见，供决定社区矫正时参考。居民委员会、村民委员会等组织应当提供必要的协助。"考虑到社会组织建设的滞后，"委托社区矫正机构"进行调查评估的情况占有相当高的比例。但是，社区矫正机构开展调查评估存在"自己评估、自己执行"

的瑕疵（即调查评估中立性不够的问题）。

相对来说，社会组织承担调查评估职责更为合适。为此，既要大力发展社区矫正社会组织，又要充分利用既有的社会组织资源。从司法实际来看，人民法院、人民检察院等委托社会工作事务所、心理咨询机构、律师事务所等开展类似的调查评估工作，不仅分担了社区矫正机构的工作任务，而且取得了较好的效果。

四、大数据、人工智能技术的扩大适用

在大数据、人工智能背景条件下，"大数据＋社区矫正"具有越来越重要的作用。在实践中，电子定位或电子镣铐一跃而成为社区矫正智慧化的主要手段。

然而，《社区矫正法》第29条采用完全列举的方式规定，只有在以下五种情形条件下，才可以对社区矫正对象使用电子定位装置：

（1）违反人民法院禁止令的；

（2）无正当理由，未经批准离开所居住的市、县的；

（3）拒不按照规定报告自己的活动情况，被给予警告的；

（4）违反监督管理规定，被给予治安管理处罚的；

（5）拟提请撤销缓刑、假释或者暂予监外执行收监执行的。

考虑到社区矫正对象权利保护与监管工作需要的平衡，上述规定容易产生监管能力不足的问题。在不影响社区矫正对象再社会化的前提下，所有社区矫正对象都有接受必要监管的义务。这是社区矫正对象的犯罪人身份决定的，也是刑罚执行的根本性质决定的。在实践中，为了加强监管，及时把控行踪，在社区矫正对象报到入矫时，社区矫正机构通过办理手机定位或手机卡定位以满足必要监管的需要，具有一定的合理性。

五、加强社区矫正机构之间的配合与监督

综合社区矫正立法与司法的实际，社区矫正机构之间的协调、配合、监督还存在较多的问题。

（一）社区矫正机构与公安机关的配合

在《社区矫正法》没有规定社区矫正警察制度的条件下，社区矫正机构与公安机关的协调配合非常重要。例如，社区矫正对象出现违规、脱逃等行为时，需要公安机关协助管理或追逃；社区矫正对象被撤销缓刑或假释时，需要公安机关协助押送监狱或看守所，等等。然而，基层公安机关受工作繁重、人手不够、矫正职责不明等因素的影响，拒绝配合或执行迟缓的情况多有发生。因此，要综合利用立法、政策、信息技术等方面的手段，强化社区矫正机构与公安机关之间的协调配合。

（二）社区矫正机构与人民法院的配合

社区矫正机构与人民法院配合的主要问题集中于审前调查。多数情况下，法院委托

社区矫正机构对拟适用社区矫正的被告人或犯罪人是否适合社区矫正，是否具有社会危险性，以及对居住区域的影响等进行调查评估。调查内容包括居所情况、家庭和社会关系、一贯表现、犯罪行为的后果和影响、居住地村（居）民委员会和被害人意见、拟禁止的事项等。从司法实际来看，社区矫正调查评估出现了以下几个方面的问题：

（1）因调查期限不足导致调查评估不深入的问题；

（2）因调查人员专业化水平低导致的调查评估水准问题；

（3）调查量表设计的不足，等等。

（三）社区矫正机构与检察机关的配合

《社区矫正法》设立了"法律责任"专章，宣示了社区矫正机构工作人员和其他国家工作人员受贿、不履行法定职责、体罚虐待、泄露保密信息、打击报复等方面的法律责任，指明了法律监督的方向。在司法实践中，检察机关既是社区矫正的参与者，又是社区矫正的法律监督机关，这引发了一定的争议。更重要的是，检察机关的监督活动缺乏应有的强制性和惩罚性，严重制约了检察机关监督的权威性和严肃性。

第八章 社区矫正的专门力量

第一节 社区矫正专门力量概述

一、社区矫正专门力量的概念与构成

（一）社区矫正专门力量的概念

社区矫正专门力量是指因应社区矫正专门工作抑或社区矫正对象教育矫正的需要，具有突出的法律、心理、社会工作等专业特征和要求的社会力量体系。

（二）社区矫正专门力量的构成

社区矫正专门力量包括但不限于社区矫正机构、社区矫正工作者、社区矫正社会组织等。

1. 社区矫正机构

社区矫正机构是指一切负有社区矫正管理、监督、执行的国家机构，包括社区矫正决定机构、社区矫正监督机构、社区矫正执行机构，等等。

社区矫正决定机构是指依法裁定是否适用社区矫正的国家机构，包括人民法院、监狱管理机关和公安机关。社区矫正监督机构是指依法开展社区矫正法律监督的国家机构，即人民检察院。社区矫正执行机构是指具体实施社区矫正的国家机构，包括县级以上人民政府依法设立的社区矫正机构，街道、乡镇司法所与为实施社区矫正依法设立的其他国家机构。

2. 社区矫正工作者

社区矫正工作者有广义和狭义之分。广义的社区矫正工作者是指社区矫正执行机构工作人员、社区矫正社会工作者、社区矫正扶助人员、社区矫正志愿者等参与社区矫正实施的工作人员。狭义的社区矫正工作者是指社区矫正执行机构和依法实施社区矫正工

作的工作人员，主要包括社区矫正机构、受司法所委托从事社区矫正的国家工作人员，选派参与社区矫正工作的监狱（戒毒）人民警察。在社区矫正执行机构工作人员之外，司法所的工作人员依照《社区矫正法》第 9 条的规定承担社区矫正相关工作，也是社区矫正工作者。社区矫正社会工作者，即司法社工，是指符合社区矫正专门工作要求、具有社区矫正工作知识和工作资格，并以促进社会公正为职业的专门工作人员。社区矫正志愿者是指志愿参与社区矫正工作的人员。一般而言，社区矫正志愿者主要是指具有法学、社会学、心理学、社会工作学知识背景的专家学者、社会团体成员、离退休干部、教师、高等院校学生等。

3. 社区矫正社会组织

社区矫正社会组织也有广义和狭义之分。广义的社区矫正社会组织包括社区矫正国家机构和社区矫正非国家机构。狭义的社区矫正社会组织仅指社区矫正非国家机构，即提供社区矫正服务的社会组织。

二、社区矫正专门力量的特征

社区矫正工作的复杂性和专业性决定了社区矫正专门力量的专门性和开放性。

（一）社区矫正专门力量的专门性

社区矫正专门力量的专门性是指由社区矫正工作所需多学科专业知识的融通造成的，要以社区矫正机构、专门社会组织、社区矫正社会工作者、社区矫正志愿者为基础形成专门社区矫正力量体系的要求。社区矫正专门力量的专门性是社区矫正工作的科学性决定的。一方面，社区矫正工作的方法广泛涉及社会学、心理学、教育学、法学、社会工作等专业知识，具有突出的多学科性质和要求；另一方面，社区矫正工作还具有学科交叉融合的要求。多学科的交叉融合不仅意味着新学科的诞生与专门知识体系的要求，还意味着仅凭社区矫正机构或专门社会组织都无法满足社区矫正工作的要求。这是社区矫正工作的根本要求，也是社区矫正社会力量的专门性基础。

（二）社区矫正专门力量的开放性

开放行刑具有以下三个方面的开放性要求：工作场所的开放性、专门知识的开放性和社会力量的开放性。

工作场所的开放性是指将符合条件的罪犯释放在开放的社会条件下监督管理和教育改造的性质和要求；专门知识的开放性是指社区矫正工作需要综合运用社会学、心理学、教育学、法学、社会工作等专业知识，具有打破学科界限的开放性特征；社会力量的开放性是指社区矫正工作，既要有专职执法队伍，也要广泛动员社会工作者、志愿者以及社会组织、所在单位学校、家庭成员等各种社会力量，具有社会力量的多元性要求。

第二节　社区矫正的专门机构

社区矫正没有专门的决定机构和监督机构。因此，社区矫正的专门机构主要是指社区矫正的工作机构（亦称社区矫正执行机构）。

一、社区矫正的工作机构

社区矫正的工作机构是指国家设置的具有法定职责，配备一定数量的社区矫正工作者，执行监督管理、教育帮扶等社区矫正职责的机构。从现有的情况来看，我国的社区矫正工作机构包括县级以上人民政府根据需要设立的社区矫正机构，街道、乡镇设立的司法所，为实施社区矫正创设的其他国家机构。

（一）县级以上人民政府根据需要设立的社区矫正机构

《社区矫正法》第 9 条规定，县级以上人民政府根据需要，可以设置负责实施社区矫正工作的国家机构。《社区矫正法实施办法》第 3 条规定，地方人民政府根据需要设立社区矫正委员会，负责统筹协调和指导本行政区域内的社区矫正工作。2010 年 11 月 8 日，经中央编制委员会办公室同意，司法部在基层工作指导司加挂社区矫正管理局的牌子。在此基础上，各省（区、市）纷纷在司法行政机关内部设立了社区矫正管理局（处、科）等专门的社区矫正机构。司法部社区矫正管理局的厅局职能明确载明："负责监督检查社区矫正法律法规和政策的执行工作，指导、监督对社区矫正对象的刑罚执行、管理教育和帮扶工作，指导社会力量和志愿者参与社区矫正工作。"

各级司法行政机关负责指导管理社区矫正工作，但其不是社区矫正的专门力量。2008 年 7 月，《国务院办公厅关于印发司法部主要职责内设机构和人员编制规定的通知》（国办发〔2008〕64 号）明确规定："司法部负有指导管理社区矫正工作的职责。"因此，司法部是负责指导全国社区矫正工作的指导机构，不是社区矫正的工作（执行）机构。省、市级的社区矫正机构主要负责本行政区域内社区矫正工作的监督指导、重大案件执行、跨区域执法的组织协调和与同级社区矫正决定机关对接案件的办理，也不是社区矫正的工作（执行）机构。社区矫正工作的具体实施由县级社区矫正机构负责，承担社区矫正的日常执行工作，未设置县级社区矫正机构的，由上一级社区矫正机构具体承担。

（二）街道、乡镇设立的司法所

街道、乡镇设立的司法所，承担社区矫正日常工作。《社区矫正法》第 9 条第 2 款规定："司法所根据社区矫正机构的委托，承担社区矫正相关工作。"因此，街道、乡镇司法所要根据社区矫正决定机关作出的社区矫正决定依法接收社区矫正对象、制定矫

正方案，并依法开展教育矫正工作。

街道、乡镇司法所应当会同同级派出所、居民委员会或村民委员会、社会治安综合治理委员会办公室、社会保障事务所等部门成立落实社区矫正工作的领导小组，设立社区矫正工作领导小组办公室，办公室设在司法所。街道、乡镇的社区矫正工作领导小组主要履行以下职责：

（1）贯彻落实社区矫正等非监禁刑罚执行的法律、法规、规章和政策；

（2）依照有关规定对社区矫正对象实施管理，会同协助机关对社区矫正工作者进行监督、考察；

（3）对社区矫正对象进行考核，并实施奖惩；

（4）组织有关社会团体、社会组织、社区矫正社会工作者、社区矫正志愿者等开展教育矫正工作；

（5）组织有劳动能力的社区矫正对象参加公益劳动。

（三）为实施社区矫正创设的其他国家机构

法定社区矫正机构普遍存在编制、专业性不足的问题。相对来说，很多国家不仅设立了统一的犯罪人管理机构，还根据不同类型的犯罪人设有专门的管理机构，如缓刑办公室、假释办公室等。在社区矫正试点过程中，为解决法定社区矫正机构力不从心的问题，各省市纷纷在法定社区矫正机构之外创设了部分社区矫正实施机构，如北京市各区（县）建有阳光中途之家；上海市各区建有社区矫正中心；江苏省各区、县成立了社区矫正管理教育服务中心；浙江、安徽、湖南等省（区、市）在区（县）层面成立了社区矫正中心（执法大队），等等。

各地为实施社区矫正创设其他国家机构具有一定的创新性，[1] 因地制宜实施社区矫正工作，并取得了较好的社会效果。但是，这类国家机构没有得到国家层面的普遍认可，缺少国家立法依据，没有执法权，存在一定的局限性。

二、社区矫正的专门社会组织

社区矫正的专门社会组织是指参与社区矫正工作的社会组织，是社区矫正社会力量的重要组成部分。主要包括社会团体、民办非企业单位、基金会、人民调解组织等。

（一）社会团体

社会团体是由公民自愿组成的，为实现成员共同目标，在宪法规定人民享有广泛结社自由的政治权利下通过合法程序而建立起来的组织集体，是按照其章程开展活动的非营利组织。根据《社会团体登记管理条例》第 2 条的规定，社会团体只能由中国公民自

---

① 刘强：《我国社区矫正机构设置探析》，载《山东警察学院学报》2020 年第 1 期。

愿组成。社会团体主要包括人民团体（政治社团）、行业性社团、学术性社团、专业性社团、群众性社团等类型。一般人们认为，社会团队往往能起到推动政治参与、协调管理经济、加强社会服务管理、实施精神文明建设等方面的功能，包括中华全国总工会、中国共产主义青年团、中华全国妇女联合会、中国红十字会、中华职业教育社等在内的人民团体具有较高的政治地位和政策水平，能在开放行刑、社会治理等方面发挥突出的专门指导作用。其他社会团体，尤其刑罚执行、犯罪人、被害人等行业性社团、学术性社团、专业性社团，更要从加强专门理论研究、参与社区矫正、推动社会支撑等方面发挥更大的作用。

（二）民办非企业单位

民办非企业单位是由企业单位、社会团体和其他社会力量以及公民个人利用非国有资产举办的、从事非营利性社会服务活动的社会组织，主要包括民办的学校、医院、福利院（敬老院）、研究所（院）、文化馆（所）、体育机构等。民办非企业单位的功能主要是面向社会，为满足某种社会需求而开展服务。民办非企业单位具有国家正式力量、企业所不具备的专业性和灵活性，能满足社区矫正的专门需求。例如，医院、敬老院以及文化馆和体育机构等，在社区矫正人员教育、职业技术培训、社区服务、治疗疾病、矫正生活恶习等方面可以发挥不可替代的作用。

（三）基金会

基金会，也称慈善基金会，是指利用自然人、法人或者其他组织捐赠的财产，以从事公益事业为目的，按照《基金会管理条例》的规定成立的非营利性法人。基金会具有突出的公益事业目的和性质，与社区矫正的社会防卫目的和犯罪人治理的事业具有高度的相关性。为此，不仅要鼓励各类基金会参与社区矫正的事业，还要逐步建立各类社区矫正基金会、社区矫正志愿服务基金会等，共同推动社区矫正的公益事业。

（四）人民调解组织

在基层社会组织中，人民调解组织在化解社区民事纠纷等方面发挥着积极作用。街道、乡镇层面的人民调解组织可以分为两类：一类是正式的调解组织，即司法所的调解委员会；另一类是社区居民自发形成的调解组织，属于居民自治性质的社区组织的范畴。如社区居委会的职责之一就是调解内部成员的民间纠纷，防止矛盾扩大激化。一般是由社区居委会的一名专职人员如治保主任加上居住区的楼长、居民组长、社区志愿者等组成一个调解委员会，负责本小区范围内的民间纠纷调处工作。人民调解组织在参与社区矫正工作中的作用主要表现在以下三个方面：

（1）调解社区矫正对象的居民关系，创造适应性的社区环境；

（2）调解社区矫正对象的家庭关系，改善社区矫正对象的家庭支撑；

（3）通过依法开展调解活动，创造文明、有序的社区环境。

第三节　社区矫正专门人员

社区矫正专门人员是承担社区矫正施行职责的人员，包括社区矫正机构工作人员、专门的社区矫正社会工作者和社区矫正志愿者。自2003年社区矫正试点以来，参与社区矫正工作的工作人员数量不断增加。根据司法部提供的数据，截至2017年年底，全国从事社区矫正工作的工作人员达到54 180人。①

一、社区矫正机构工作人员

社区矫正机构工作人员又称社区矫正专职工作人员、社区矫正官，是指专门负责社区矫正施行的工作人员。根据社区矫正机构的不同，可以将社区矫正机构工作人员分为三类，县级以上人民政府根据需要设立的社区矫正机构工作人员、司法所工作人员和其他社区矫正国家机构工作人员。

1. 社区矫正机构工作人员

社区矫正机构工作人员是社区矫正工作的主力军，是社区矫正工作小组的核心成员和必备成员。《社区矫正法》第10条规定："社区矫正机构应当配备具有法律等专业知识的专门国家工作人员，履行监督管理、教育帮扶等执法职责。"社区矫正机构工作人员负责社区矫正工作的具体日常管理，包括但不限于向社区矫正领导小组汇报工作，协调相关协助单位的工作，协调社区矫正工作小组成员之间的分工与协作，对社区矫正工作人员实施考察和奖惩。

2. 司法所工作人员

乡镇、街道司法所根据社区矫正机构的委托，承担社区矫正相关工作。根据国家行政编制的相关规定，乡镇、街道司法所必须设置负责社区矫正的专职岗位，配备一定的专门负责社区矫正工作的工作人员，还可以委托国家工作人员参与社区矫正工作。因此，这里所指的社区矫正机构工作人员并非司法所所有的行政在编工作人员，而是司法所内专职负责社区矫正工作的工作人员。

3. 其他社区矫正国家机构工作人员

其他社区矫正国家机构工作人员是指各地为实施社区矫正工作创设其他社区矫正国家机构具体负责社区矫正施行的工作人员。如阳光中途之家负责社区矫正施行的工作人

---

① 司法部社区矫正管理局编：《2012—2017年全国社区矫正工作统计分析报告》，法律出版社2018年版，第15页。

员、社区矫正中心（执法大队）负责社区矫正施行的工作人员，等等。

二、社区矫正社会工作者

社会工作者（Social Worker），国外又称司法社工，是指具备一定专业知识和专业资格，通过提供特定服务、支持、倡导和分析研究，帮助特定机构或者他人协调社会关系，解决和预防社会问题，以促进社会公正为职业的专业工作人员。社会工作者具有突出的专业性质，因而具有相应的职业资格要求。根据有关规定，社会工作者有助理社会工作师、社会工作师和高级社会工作师三种职业资格。

社区矫正机构根据需要组织社会工作者开展社区矫正工作。根据《社区矫正法》的规定，社区矫正机构根据需要，可以通过公开择优购买社区矫正社会工作服务，组织具有法律、教育、心理、社会工作等专业知识或者实践经验的社会工作者开展社区矫正相关工作。社会工作者的招聘由县级司法行政机关组织进行。对于符合社区矫正工作的社会工作者，司法行政机关与其达成服务合同，社会工作者提供社区矫正的相关专业服务，由司法行政机关支付其服务报酬。

社会工作者不是社区矫正机构的专门工作人员，社会工作者与司法行政机关的关系是以服务为对象的合同关系。但是，社区矫正的专业性决定了社会工作者的重要地位。社区矫正的社会工作者要为社区矫正对象在教育、心理辅导、职业技能培训、社会关系改善等方面提供必要的帮扶。

三、社区矫正志愿者

社区矫正志愿者是热心社区矫正工作，自愿无偿协助对社区服刑人员开展法制教育、心理辅导、社会认知教育、技能培训等工作的人员。《社区矫正法》第 13 条规定："国家鼓励、支持企业事业单位、社会组织、志愿者等社会力量依法参与社区矫正工作。"因此，要广泛宣传、普及社区矫正志愿服务理念，切实发挥志愿者在社区矫正工作中的作用，建立社会工作者引领志愿者推行服务机制，扎实推进社区矫正志愿者注册和志愿服务记录工作，有计划、分层次、多形式地开展知识与技能培训，提升社区矫正志愿者服务的专业化水平。

根据司法部 2004 年印发的《暂行办法》第 13 条第 1 款的规定："社区矫正志愿者应当具备下列条件：（一）拥护宪法，遵守法律，品行端正；（二）热心社区矫正工作；（三）有一定的法律政策水平、文化素质和专业知识。"一般而言，社区矫正志愿者多是相关专业领域的专家学者、社会团体人员、离退休教师、干部、高等院校工作人员等，他们能较好地满足社区矫正志愿者的要求。

根据《暂行办法》第 13 条第 2 款等文件的规定："自愿参与和从事社区矫正的社区

矫正志愿者，向居住地的街道、乡镇司法所报名，符合前款规定条件的，由司法所报请县级司法行政机关颁发聘书。"对工作成绩显著的社区矫正志愿者，依国家规定给予表彰，形成有利于志愿者开展工作的良好氛围。鼓励企事业单位、公益慈善组织和公民个人对社区矫正志愿服务活动进行资助，形成多渠道、多元化的筹资机制。

相比其他社区矫正工作人员，社区矫正志愿者有以下特点：

（一）自愿性

社区矫正志愿者是自愿参与社区矫正工作的。他们参与社区矫正工作的内部动机可能是多种多样的，例如，奉献社会、发挥余热、响应号召、满足兴趣等。不管出于什么动机，他们都是自觉自愿地参与社区矫正工作的。就自愿参与社区矫正工作而言，他们是应当受到尊重和值得赞赏的。

（二）兼职性

他们并不是专职的社区矫正工作者，而是真正的兼职人员。因此，社区矫正志愿者的工作时间往往是不固定的。他们根据社区矫正机构的需要和自己的情况，从事一定时间的社区矫正工作。很显然，社区矫正志愿者的工作时间常常是不固定的。

（三）无偿性

这意味着，他们不是领取薪水的工作人员。但是，无偿性并不意味着社区矫正志愿者在从事社区矫正工作时得不到任何报酬。从鼓励、加强社区矫正志愿者工作机制的角度看，要尽量为社区矫正志愿者提供必要、合理的津（补）贴，如误餐补贴、交通津贴、办公用品津贴等。

（四）差异性

社区矫正志愿者在个人背景和知识技能等方面往往具有较大的个别差异。一些社区矫正志愿者具有与社区矫正相关的工作经历、专业知识和专门技能，能够从事高水平的社区矫正工作；而有些社区矫正志愿者可能只是热心公益事业的普通人，不具备相关工作经历、专业知识和专门技能。在社区矫正工作中，要充分考虑社区矫正志愿者的差异性，尽量安排他们从事个人擅长的社区矫正工作。

（五）流动性

社区矫正志愿者是无偿提供社区矫正服务和帮助的社区居民，不受社区矫正机构、合同的制约，具有流动性。社区矫正机构应当采取有效措施，鼓励、吸引社区矫正志愿者参与社区矫正工作。

第四节　社区矫正社会参与的加强

党的十九大报告明确提出要打造共建共治共享的社会治理格局，表明了社会治理正在从政府对社会单向管控向政府与社会共同对公共事务管理的多维度合作治理过渡，即社会多方主体共同参与对社会公共事务的管理。社会治理主体间的协同参与是实现社会治理目标的关键环节，协同参与的重要作用就体现在社会资源和社会参与的效率上。只有参与的主体在共治的基础上才能够实现自身价值的最大化，也能够推动实现社会力量的自主参与，社区矫正的社会参与也是同样的道理。

一、社区矫正社会参与的不足

虽然全国各地对于社区矫正已经有了很多成功的实践，社区矫正中心就是司法行政机关开展社区矫正工作的场所，是全面推进社区矫正工作的实施平台和运行载体。但是纵观全国，社区矫正的社会参与仍然存在参与不足的问题。

（一）参与动力不足

1. 社会工作者参与社区矫正的动力不足

主要表现在：管理行政化严重，日常工作任务繁重，除了按部就班、被动协助地参与社区矫正工作，还需要参加司法所和乡镇（街道）的调解、宣传等工作。工资待遇较低，社会工作者对社区矫正工作缺乏热情和积极性，对社区矫正对象的了解止于工作规定要求，缺少主动性。

2. 村（居）委会一直处于被动配合地位，缺乏参与社区矫正工作的自主性

在日常工作中，多数村（居）委会各类事务十分繁重，干部大多年龄偏大，知识水平在初中毕业或中专毕业，未受过专业的社区矫正业务培训。社区矫正工作又过于专业性，多数村（居）委会干部表示参与社区矫正工作无心亦无力，日常能够配合司法所开展社区矫正的审前调查工作已属不易。因缺少对村（居）委会干部的考核监督机制，村（居）委会的社区矫正工作站形同虚设。

3. 企事业单位参与社区矫正的动力不足，未能够提供充足和匹配的就业岗位

日常工作中，真正参与到社区矫正工作中的企事业单位数量较少，真正能够安置就业的社区矫正对象数量也有限，在服务社区矫正对象就业需求方面不能得到满足。

4. 志愿者参与社区矫正工作的积极性不高，参与度也不够深

社区矫正志愿者提供的服务都是无偿的，在政府部门未建立科学有效的激励机制下，社区矫正志愿者参与社区矫正工作的积极性较低，如具有优质教育能力的教师队伍一直未参与到社区矫正工作中；同时社区矫正志愿者参与深度不够，在参与社区矫正日常工作中并没有深入了解社区矫正对象的家庭、生活、工作、情感等情况，社区矫正志

愿者的作用得不到充分的发挥。

（二）参与渠道不通畅

在社区矫正工作中存在社会力量参与渠道不通畅的情况，各类社会力量不能顺畅地参与到社区矫正工作中来。

1. 在社会工作者方面

在社会工作者方面，司法所通过政府购买服务的方式招聘社会工作者参与社区矫正，但招聘时往往未能动员广大社会工作者参与。同时，在招聘之后，尚未面对其他社会工作者公布参与渠道，渠道过于单一，导致社会工作者数量较少，使得社区矫正日常工作任务需求无法满足。

2. 在企事业单位方面

在企事业单位方面，在保护社区矫正对象隐私和解决社区矫正对象就业困难两者之间，政府部门应当出台相应的制度，平衡两者之间的关系，从而引导企业广泛参与。但是，政府部门还未建立畅通的参与渠道，参与社区矫正的企事业单位大多数由政府部门"内定"，存在无法通过社会公共信息让有参与积极性的企业了解参与社区矫正的途径，而产生将其拒之门外的情形。

3. 在社区矫正志愿者方面

在社区矫正志愿者方面，社区矫正志愿者参与社区矫正工作缺少专门的社会组织安排。这一组织或平台的缺失，造成有参与热情的社区矫正志愿者参与社区矫正的途径不畅，想要长期参与也得不到保障。少数社区矫正志愿者的零星参与，无法充分发挥社区矫正志愿者在各自领域中对社区矫正对象起到教育帮扶作用。

4. 在社会组织方面

在社会组织方面，社会组织参与社会公益的热情很高，大部分社会组织都愿意参与政府购买服务，但是因为参与渠道不畅，致使大部分社会组织未能参与到社区矫正工作中。

（三）参与能力不足

由于社区矫正工作的专业性，要求社会参与人员具有较高的专业能力，如社会工作者需具有突出的法律、教育、心理等专业技能，社区矫正志愿者需具有良好的法律知识素养或丰富的社会工作经验，村（居）干部需具有较强的人际关系与沟通能力。但是，在社区矫正实际工作中，社区矫正的社会参与人员或多或少都存在着专业能力不符合社区矫正需求的情况。

1. 在社会工作者方面

大部分的社会工作者在招录时只对年龄和文化程度作了限定，招聘的人员较多为专科毕业生，部分录用人员不仅不具备专业技能，而且缺少社会工作经验。从专业素质、教育履历和综合素质等方面看，大多数现有的社会工作者达不到社区矫正内在的工作要求。在实践中，还存在部分社会工作者不能胜任社区矫正工作的情形，但因社会工作者退出机制不完善，导致人员流动不畅，再招聘优秀的人员就存在满额的情况。

2. 在社区矫正志愿者方面

参与社区矫正的志愿者主要由村（居）委会干部、人民调解员、农村法律顾问等组成。他们或有丰富的社会经验或法律知识，但从综合素质、社区矫正专业知识储备和社区矫正专业能力等方面，都未达到参与社区矫正工作所需要具备的能力水平。而且社区矫正工作既是刑事执行工作，也是教育矫正工作，对社区矫正志愿者在教育学、心理学和社会学方面也有一定的要求。但具备法律学、教育学、社会学和心理学等专业知识的社区矫正志愿者在各社区中相当少。

二、社会力量参与社区矫正的鼓励引导

在社会力量参与社区矫正的过程中，促进型领导对于引导各主体参与协同、激发协同精神方面具有重要意义。特别是在参与主体协同意愿不强烈的情况下，促进型领导的职责在于凝聚共识并鼓励多方参与。促进型领导要发挥政府的促进作用，通过引进社会资本、在资金使用上向社会力量倾斜、提高社会参与主体的服务能力、拓宽社会参与主体的合作范围等方式，培育社区矫正社会力量，鼓励社会力量广泛参与到社区矫正中，激发协同精神。

（一）引进社会资本、在资金使用上向社会力量倾斜

充足的工作经费是社区矫正工作顺利开展的物质保障，法律明确规定了政府应该保障社会力量参与社区矫正所需要的经费。《社区矫正法》第 6 条规定："各级人民政府应当将社区矫正经费列入本级政府预算。居民委员会、村民委员会和其他社会组织依法协助社区矫正机构开展工作所需的经费应当按照规定列入社区矫正机构本级政府预算。"在社区矫正工作中，除了政府财政资金的保障外，还应该积极引进社会资本，同时在资金使用上应向社会参与主体方面倾斜。

（1）应该允许通过募捐、捐赠等方式补足社会力量参与社区矫正的经费，构建社会各方参与的社区矫正资金筹措平台。并通过提供税收优惠、投资补助和信用担保等方式，吸引和鼓励社会和市场的力量出资，投入社区矫正管理工作。

（2）我国司法行政机关应该发挥其监管和指导的职能，减少对社会力量的行政干预，促使其独立发展，自负盈亏。同时对所有参与社区矫正的社会力量同等对待，各级政府要出台规定，把社会力量参与社区矫正的财政支持写入其中，在社区矫正经费中预留对社会力量的支持经费，参与矫正的社会力量在符合一定条件后，可以通过正规的渠

道向政府和司法行政机关申请一定的经费，行政机关也要加大对这些社会力量运用社区矫正资金的审查、管理和审批，使该项资金的使用保持透明公开。

（二）提高社会参与主体的服务能力

（1）从培育和扶持社会组织的发展入手，政府要引导当地社会组织发展，扶持当地社会组织，让其拥有服务和协助社区矫正机构开展工作的能力。通过政策激励、项目扶持等方式，孵化培育一批能够独立承接帮教社区矫正对象工作的社会组织。

（2）提升社会工作者、社区矫正志愿者的社区矫正服务能力，特别是补充他们的专业知识和管理能力。通过对社会工作者和社区矫正志愿者进行必要的理论培训和管理技能的培训，解决基层服务者参与社区矫正工作的专业知识能力问题，提高他们对这项工作的认识和参与管理的技能，提升他们的服务承接能力。

（三）拓宽社会参与主体的合作范围

拓宽社会参与主体的合作范围，需要政府采取更多样化的合作方式，吸引和鼓励更多的社会主体参与到社区矫正工作中。

（1）除了通过订立合同、税收优惠等合作方式外，还可以采取政府对社会参与主体投资的方式，合作建立集教育和管理功能于一身的综合性场所，用于对社区矫正对象的教育、改造和管理。

（2）允许和鼓励社会参与主体申请或者采取竞标的方式，承担社区矫正安置就业服务，政府给予相应的补助。而且政府向社会主体购买社区矫正服务的内容不应局限于教育监管服务，还应扩大至社区矫正咨询、宣传和政策研究等方面。

通过不断拓展政府向社会参与主体购买教育基地服务、技能培训服务、就业服务等方面的合作内容，与社会参与主体建立良好的合作关系，充分利用社会参与主体提供的有关社区矫正的各类资源和服务。

第九章 社区矫正的适用与管理

　　自 20 世纪六七十年代以来，世界各国尝试着在刑事立法和司法实践中逐步采用非监禁刑的刑罚制度改革的背景下，社区矫正作为一种非监禁刑执行方式应运而生。各国社区矫正中包括适用对象在内的各项具体制度都不相同。[①] 但是，缓刑和假释普遍存在于各国的社区矫正范围之中。对社区矫正对象的分类与监督管理主要是社区矫正管理机构根据不同的标准对接收社区矫正的对象进行分类，并监督社区矫正对象遵守法律、行政法规，履行判决、裁定、暂予监外执行决定等法律文书确定的义务，履行国务院司法行政部门关于报告、会客、外出、迁居、保外就医等监督管理规定，落实针对社区矫正对象的矫正方案，了解掌握社区矫正对象的活动情况和行为表现等。[②]

　　从域外社区矫正制度规定来看，无论是英美法系还是大陆法系国家，都针对不同类型的社区矫正措施，明确规定了社区矫正对象的法定义务。如英国的社区矫正制度规定，法官可以判处罪犯进行无偿的社区劳动，以弥补其犯罪给社会或个人造成的损害；对于实施宵禁的，应在宵禁令规定时间段内待在特定地方，如家里或学校，或者在此期间不得进入酒吧、舞厅等特定场所等。美国的社区矫正制度规定，对于缓刑判决可以附加赔偿受害人的项目；有的缓刑判决内含软禁，即判处被告人先软禁一段时间，然后再接受缓刑监督；而作为美国社区矫正措施之一的家中监禁，则要求罪犯晚上和周末待在家中；当罪犯违反法院设定的缓刑条件时，法院指定的监督该罪犯的缓刑官有权要求该罪犯提供社区服务。在大陆法系国家的德国，根据《德国刑法典》第 56b 条、第 56c 条规定，法院不仅可以规定罪犯在缓刑考验期间的义务，而且为了预防有罪被告人重新犯罪，法院在考验期间应给予有罪被告人指示。[③] 这些域外法的规定做法，都值得我们在

---

　　① 骆群著：《社区矫正专题研究》，中国法制出版社 2018 年版，第 18 页。
　　② 中国法制出版社主编：《中华人民共和国刑法及司法解释全书：含立案及量刑标准》，中国法制出版社 2024 年版，第 63 页。
　　③ 王爱立、姜爱东主编：《中华人民共和国社区矫正法释义》，中国民主法制出版社 2020 年版，第 129 页。

对社区矫正对象进行分类管理过程中吸收借鉴。

第一节　社区矫正的适用对象

社区矫正的适用对象是指接受社区矫正的人员。根据中央有关部门发布的社区矫正方面的文件和刑事法律的规定，社区矫正的适用对象是罪犯。但是，在中央有关部门的文件和刑事法律中，作为社区矫正对象的罪犯的种类，是有变化的。同时，一些研究者也对社区矫正的适用对象提出了不同的见解。①

一、法定社区矫正对象

2003 年 7 月 10 日，"两高两部"联合印发的《试点通知》第 2 条规定："社区矫正适用于被判处管制、被宣告缓刑、被暂予监外执行、被裁定假释、被剥夺政治权利并在社会上服刑的罪犯。"但是，《试点通知》只是最高司法机关（广义）的政策性文件，具有有别于法律的政策指引性质，② 这反映出人们对社区矫正对象的阶段性认识。

《刑事诉讼法》《社区矫正法》明确规定了社区矫正四类对象。《刑事诉讼法》第 269 条规定："对被判处管制、宣告缓刑、假释或者暂予监外执行的罪犯，依法实行社区矫正，由社区矫正机构负责执行。"《社区矫正法》第 2 条规定："对被判处管制、宣告缓刑、假释和暂予监外执行的罪犯，依法实行社区矫正。"因此，法定的社区矫正对象共有四类，即被判处管制、被宣告缓刑、被裁定假释、被暂予监外执行的犯罪人。

二、争议性社区矫正对象

（一）被剥夺政治权利的犯罪人

对照有关政策和法律，人们对"被剥夺政治权利并在社会上服刑的罪犯"是否适用社区矫正是有争议的。根据《刑事诉讼法》第 270 条的规定，由公安机关履行剥夺政治权利的职权。司法部 2004 年 5 月 9 日颁发的《暂行办法》第 5 条明确规定："被剥夺政治权利并在社会上服刑的犯罪人"属于社区矫正对象。本书认为：第一，出于监督管理和社会防卫需要，将被剥夺政治权利并在社会上服刑的犯罪人纳入社区矫正工作体系是合理的。第二，有别于法定的四种社区矫正对象，对被剥夺政治权利的犯罪人仅能采取必要的监督其政治思想状况、剥夺其政治权利的措施。第三，社区矫正机构只是协助公安机关执行有关刑罚。为此，社区矫正机构需要向公安机关报告被剥夺政治权利的犯罪

---

① 吴宗宪著：《中国社区矫正规范化研究》，北京师范大学出版社 2021 年版，第 40 页。
② 周建军著：《刑事政治导论》，人民出版社 2021 年版，第 13 页。

人的思想状况及其被剥夺政治权利刑的执行情况。

（二）禁止令的执行

《刑法修正案（八）》增设了禁止令和社区矫正。《刑法修正案（九）》进一步规定了刑罚执行完毕以后的禁止令适用问题："因利用职业便利实施犯罪，或者实施违背职业要求的特定义务的犯罪被判处刑罚的，人民法院可以根据犯罪情况和预防再犯罪的需要，禁止其自刑罚执行完毕之日或者假释之日起从事相关职业，期限为三年至五年。"

综合《社区矫正法》《社区矫正法实施办法》等法律规定，禁止令由社区矫正机构执行，同时由人民检察院监督，公安机关、司法行政机关、其他有关组织和志愿者等协调、配合执行。因此，社区矫正机构是禁止令的执行机构。考虑到禁止令执行的监督管理要求，有必要将禁止令的执行纳入社区矫正工作范畴。

（三）附条件不起诉未成年人的监督考察

附条件不起诉，又称为暂缓起诉、缓予起诉、暂缓不起诉等，是指检察机关在审查起诉时，根据犯罪嫌疑人的年龄、性格、情况、犯罪性质和情节、犯罪原因以及犯罪后的悔过表现等，对较轻罪行的犯罪嫌疑人设定一定的条件，如果在法定的期限内，犯罪嫌疑人履行了相关的义务，检察机关就应作出不起诉的决定。附条件不起诉是以起诉便宜主义为基础的，体现了检察机关的自由裁量权，属于不起诉的一种形式。附条件不起诉未成年人有助于未成年犯罪嫌疑人的人格矫正，促使其尽快、顺利地融入社会，有助于维护家庭和睦与社会稳定，同时也符合诉讼经济、程序分流的目的。①

根据《刑事诉讼法》第283条的规定："由人民检察院对附条件不起诉的未成年犯罪嫌疑人进行监督考察。"但是，由人民检察院对附条件不起诉的未成年犯罪嫌疑人进行监督考察的规定有悖行刑专门化的要求。相对来说，社区矫正机构不仅具有更为全面的监督考察条件和能力，还可以综合实施监督考察、教育帮扶等措施。考虑到现行法律的规定，由社区矫正机构协助人民检察院履行对附条件不起诉未成年犯罪嫌疑人的监督考察职责更为妥当。

第二节　社区矫正的管理

一、管制的规定与适用

管制是由人民法院判决后，对犯罪人不实行关押，但限制其人身自由，由社区矫正机构负责执行的刑罚方式。

---

① 陈光中主编：《刑事诉讼法》，北京大学出版社2013年版，第435－436页。

（一）管制的创制

1952 年 4 月，中央人民政府发布了《中华人民共和国惩治贪污条例》，将管制作为六种主刑明确规定下来。1958 年，《全国政法工作会议关于当前对敌斗争几个问题的规定》明确规定，管制的对象"主要是可捕可不捕的反革命分子和坏分子，监督劳动中表现不好、屡教不改的地、富、反、坏分子，以及其他构成犯罪，但捕后尚不够判处徒刑的反革命分子和坏分子"。1997 年《刑法》保留了管制这一刑种。

（二）管制的期限

《刑法》第 38 条规定："管制的期限，为三个月以上二年以下。判处管制，可以根据犯罪情况，同时禁止犯罪分子在执行期间从事特定活动，进入特定区域、场所，接触特定的人。对判处管制的犯罪分子，依法实行社区矫正。"第 69 条进一步规定："数罪并罚时，管制的期限最高不超过 3 年。"因此，管制的期限是 3 个月以上 2 年以下，数罪并罚时最多不超过 3 年。

（三）管制的适用

1. 罪行性质轻、危害小

我国刑法分则规定可以适用管制的犯罪主要集中在妨害社会管理秩序罪和妨害婚姻家庭罪中，这些犯罪的共同特点是罪行性质不十分严重，社会危害性较小。

2. 人身危险性较小

管制并不剥夺犯罪人的人身自由，只是在一定程度上限制其人身自由。所以，适用管制的犯罪分子必须是人身危险性较小者。

3. 管制的监督管理

根据《刑法》的规定，管制的监督管理要注意以下几个要求：

（1）禁止令的执行。《刑法》第 38 条规定："判处管制，可以根据犯罪情况，同时禁止犯罪分子在执行期间从事特定活动，进入特定区域、场所，接触特定的人。"

（2）管制的一般性监管。《刑法》第 39 条第 1 款规定："被判处管制的犯罪分子在管制期间必须遵守以下规定：遵守法律、行政法规，服从监督；未经执行机关批准，不得行使言论、出版、集会、结社、游行、示威自由的权利；按照执行机关规定报告自己的活动情况；遵守执行机关关于会客的规定；离开居住的市、县或者迁居，应当报经执行机关批准。"《刑法》第 39 条第 2 款规定："对于被判处管制的犯罪分子，在劳动中应当同工同酬。"

（3）管制的宣布解除。《刑法》第 40 条规定："被判处管制的犯罪分子，管制期满，管制机关应即向本人和其所在单位或者居住地的群众宣布解除管制。"对于向居住地的群众宣布解除管制，意义在于减轻被管制人员在居住地社区的影响，使其尽快回归社区。

二、缓刑的规定与适用

缓刑是指被判处一定刑罚的犯罪人，在其具备法定条件时，在一定期间附条件地不执行原判刑罚的一种制度。缓刑本身不是独立的刑种，而是依附于原判刑罚而存在的一种暂缓执行原判刑罚的制度。对判处缓刑的犯罪分子由社区矫正机构进行管理，通过专门管理机构和家庭、社会帮助相结合，保持缓刑人员生活和工作的连续性，避免被长期打上监禁刑的"烙印"，有利于缓刑人员的早日融入社会、悔过自新。

（一）缓刑的产生与演变

缓刑有悠久的历史。现代意义上的缓刑意味着"宽恕"或者"一定的考验期限"。英文中的缓刑（Probation）一词来源于拉丁文 Probatio，意思是"经同意进行的考验"。一般认为，美国的约翰·奥古斯塔斯（John Augustus，1784—1859 年）是第一个使用缓刑一词并将缓刑付诸实践的。在古代，人们在宗教和政治方面使用缓刑，对宗教异端人士和政治异议人士采取缓刑措施，以便使他们的观念与官方教会或政策相一致。缓刑制度的早期萌芽，主要包括12 世纪末时产生的教会人员特权制度（Benefit of Clergy，又译为"教士恩赦"）、早期英国的判决暂缓执行（Judicial Reprieve）和具结释放（Release on Recognizance）等。[1]

从20 世纪60 年代到70 年代，缓刑在许多国家变成了刑事司法制度的组成部分。在澳大利亚、加拿大、英国和新西兰，人们把缓刑看成控制成年人的适当措施。在传统上强调惩罚性刑事司法的美国，缓刑成为其矫正制度的重要组成部分，只不过没有全国性的缓刑管理机构。在欧洲大陆国家，缓刑也获得了类似的发展。法国、德国、瑞典等国家，都建立了缓刑制度。目前，缓刑已经成为世界上很多国家刑罚制度的基本内容之一。

中国古代没有严格意义上的缓刑制度，但具有丰富的缓刑思想。两汉王朝改变了秦王朝"广狱而酷罚"的刑罚思想，把儒家思想作为制定法律、施行刑罚的指导思想，产生了"宽缓刑狱"的狱政思想——"刑罚，重其轻者，轻者不至，重者不来，此谓以刑去刑，刑去事成。"汉代以后，缓刑思想逐步发展起来。在此基础上，唐朝形成了"宽仁治狱"的狱政思想——德礼为治国之本，刑罚为治世之用，狱政方面更加"恤刑慎杀"。宋王朝进一步确立了"布德恤刑"的思想——在加强监狱改造的同时，还要辅以恤抚的手段。明朝产生了"仁恕与重刑"相结合的治狱思想，提出了"仁恕"的国家政策，倡导"明礼以导民，定律以绳顽"。清朝提出了"以德化民，以刑弼教"的思

---

[1] 郭建安、郑霞泽主编：《社区矫正通论》，法律出版社 2004 年版，第 134 - 136 页。

想，强调治民必须以礼义教化为主，帝王要"以德化民，以刑弼教"，以求"敬慎庶狱，刑期无刑"。

（二）缓刑的分类

在我国，缓刑分为一般缓刑和战时缓刑两种。

1. 一般缓刑

一般缓刑是指人民法院对于被判处拘役、三年以下有期徒刑的犯罪分子，根据其犯罪情节较轻，有悔罪表现，没有再犯罪的危险，宣告缓刑对所居住社区没有重大不良影响的，规定一定的考验期，暂不执行原判刑罚的制度。

一般缓刑的适用，应当具备以下条件：

1）前提条件

犯罪分子被判处的刑罚是拘役、三年以下有期徒刑。

2）实质条件

犯罪分子同时符合犯罪情节较轻、有悔罪表现、没有再犯罪的危险、宣告缓刑对所居住社区没有重大不良影响。上述四项条件必须同时具备，缺一不可。

3）禁止性条件

缓刑不适用于累犯和犯罪集团的首要分子。

4）强行的缓刑适用

《刑法》第 72 条第 1 款规定："对于被判处拘役、三年以下有期徒刑的犯罪分子，同时符合下列条件的，可以宣告缓刑，对其中不满十八周岁的人、怀孕的妇女和已满七十五周岁的人，应当宣告缓刑。"对宣判时不满 18 周岁的人、怀孕的妇女和已满 75 周岁的人，只要符合缓刑适用的条件，强行适用缓刑，充分体现了人道主义思想及其矜老恤幼的法制文化要求。

2. 战时缓刑

战时缓刑，是指在战时对于被判处三年以下有期徒刑、没有现实危险、宣告缓刑的犯罪军人，暂缓其刑罚执行，允许其戴罪立功，确有立功表现时，可以撤销原判刑罚，不以犯罪论处的制度。

适用战时缓刑，必须具备以下条件：

1）时间条件

必须是在战时适用。战时，是指国家宣布进入战争状态、部队领受作战任务或者遭遇突然袭击时，以及部队执行紧急状态任务或者处置突发性暴力事件时。

2）对象条件

只能是被判处三年以下有期徒刑的犯罪军人。不是犯罪军人，或者虽是犯罪军人，但被判处的刑罚为三年以上有期徒刑的，不能适用战时缓刑。

3）实质条件

必须是在战争条件下没有现实危险。是否有现实危险，应根据犯罪军人所犯罪行的性质、危害程度、情节、犯罪军人的悔罪表现和一贯表现综合评判。

（三）缓刑的要求

《刑法》第 75 条规定，被宣告缓刑的犯罪分子，应当遵守下列规定：

（1）遵守法律、行政法规，服从监督；

（2）按照考察机关的规定报告自己的活动情况；

（3）遵守考察机关关于会客的规定；

（4）离开所居住的市、县或者迁居，应当报经考察机关批准。

同时，《刑法》第 72 条规定："可以根据犯罪情况，同时禁止犯罪分子在执行期间从事特定活动，进入特定区域、场所，接触特定的人。"

三、假释的规定与适用

假释是指人民法院基于监狱执行部门提出的假释建议，对于被判处有期徒刑或者无期徒刑的犯罪分子，在执行一定的刑期后，因其认真遵守监规、接受教育改造，确有悔改表现，不致再危害社会，严格按照法定程序，附条件地将其提前释放的制度。

（一）假释的产生与演变

1866 年，美国马萨诸塞州法院开始实行假释方法，塔福茨（G. Tufts）被称为最早的假释官。1960 年以后，美国社区矫正领域最显著的发展标志是调整社区矫正的环境，将处于缓刑和假释中的对象收容在"社区矫正居住设施"（Community Centers Corection）、"中途之家"（Halfway House）、"释放前指导中心"（Prerelease Orientation）。1975 年，面对严峻的犯罪势态和社会舆论的抨击，美国联邦行刑局默认了对改善行刑模式的批判立场，调整了行刑运作方针。除了缅因州等数十个州陆续废止假释或不定期制度之外，还于 1984 年废止了 1950 年象征改善模式所颁布的《联邦青少年矫正法》，将行刑由"改善矫正模式"转变为传统的"公正模式"。[1]

（二）假释的期限

《刑法》第 83 条规定："有期徒刑的假释考验期限，为没有执行完毕的刑期；无期徒刑的假释考验期限为 10 年。假释考验期限，从假释之日起计算。"被假释的罪犯，除有特殊情况外，一般不得减刑，其假释考验期也不能缩短。

关于假释的期限，还有以下规定：

（1）被判处有期徒刑的罪犯假释时，执行原判刑期 1/2 的时间，应当从判决执行之

---

[1] 郭建安、郑霞泽主编：《社区矫正通论》，法律出版社 2004 年版，第 210－212 页。

日起计算，判决执行以前先行羁押的，羁押1日折抵刑期1日。

（2）被判处无期徒刑的罪犯假释时，刑法中关于实际执行刑期不得少于13年的时间，应当从判决生效之日起计算。判决生效以前先行羁押的时间不予折抵。

（3）被判处死刑缓期执行的罪犯减为无期徒刑或者有期徒刑后，实际执行15年以上，方可假释。该实际执行时间应当从死刑缓期执行期满之日起计算。死刑缓期执行期间不包括在内，判决确定以前先行羁押的时间不予折抵。

（三）假释的要求

假释犯在假释考验期内应当遵守下列规定：

（1）遵守法律、行政法规，服从监督；

（2）按照监督机关的规定报告自己的活动情况；

（3）遵守监督机关关于会客的规定；

（4）离开所居住的市、县或者迁居，应当报经监督机关批准。

（四）假释的处理

假释是附条件提前释放，如果罪犯在假释考验期内，不符合所附的条件要求，就要撤销假释。

撤销假释的具体规定如下：

1. 被假释的罪犯，在假释考验期内又犯新罪

《刑法》第86条第1款规定："被假释的犯罪分子，在假释考验期限内犯新罪，应当撤销假释，依照本法第七十一条的规定实行数罪并罚。"

假释犯在假释考验期间再犯新罪，说明其并没有真正悔罪，其人身危害性并没有消除，也就不具备"没有再犯罪的危险"的假释实质条件，当然应当撤销假释。至于在假释期满之后才发现假释犯在假释考验期内犯有新罪，只要没有超过追诉时效期限，仍然撤销假释，将前罪没有执行的刑罚与新罪所判的刑罚，按照数罪并罚的规定，决定应当判处的刑罚。

2. 发现漏罪

《刑法》第86条第2款规定："在假释考验期限内，发现被假释的犯罪分子在判决宣告以前还有其他罪没有判决的，应当撤销假释，依照《刑法》第七十条数罪并罚。"

被假释的对象有意隐瞒自己之前的罪行，这就说明其并未有悔改表现，也说明人身危险性并没有消失，当然应该撤销假释。

3. 罪犯在假释考验期内有违法行为，也应撤销假释

一般违法行为导致撤销假释的，应当依法由人民法院审核裁定。《刑法》第86条第3款规定："被假释的犯罪分子，在假释考验期限内，有违反法律、行政法规或者国务

院有关部门关于假释的监督管理规定的行为，尚未构成新的犯罪的，应当依照法定程序撤销假释，收监执行未执行完毕的刑罚。"

一般违法行为导致撤销假释的，应由社区矫正机构向原审人民法院或者执行地人民法院提出撤销缓刑、假释建议，并将建议书抄送人民检察院，人民法院应当予以审核裁定。社区矫正机构提出撤销缓刑、假释建议时，应当说明理由，并提供有关证据材料。如果人民法院裁定社区矫正对象撤销假释，由公安机关将罪犯送交监狱收监。

（五）假释的适用

假释的适用，需要注意以下几个要求：

1. 适用对象

被判处有期徒刑或者无期徒刑的犯罪分子，且已经执行了一定期限的刑罚。但是下列情形排除在外：

（1）不得假释的重大犯罪犯罪人。《刑法》第81条规定："对累犯以及因故意杀人、强奸、抢劫、绑架、放火、爆炸、投放危险物质或者有组织的暴力性犯罪被判处十年以上有期徒刑、无期徒刑的犯罪分子，不得假释。"《最高人民法院关于办理减刑、假释案件具体应用法律的规定》（法释〔2016〕23号，以下简称《减刑、假释的规定》）第25条也规定："对累犯以及因故意杀人、强奸、抢劫、绑架、放火、爆炸、投放危险物质或者有组织的暴力性犯罪被判处十年以上有期徒刑、无期徒刑的罪犯，不得假释。因前款情形和犯罪被判处死刑缓期执行的罪犯，被减为无期徒刑、有期徒刑后，也不得假释。"

（2）重大犯罪犯罪人服刑时间的限制。《减刑、假释的规定》第23条第2、3款规定："被判处无期徒刑的罪犯假释时，刑法中关于实际执行刑期不得少于十三年的时间，应当从判决生效之日起计算。判决生效以前先行羁押的时间不予折抵。被判处死刑缓期执行的罪犯减为无期徒刑或者有期徒刑后，实际执行十五年以上，方可假释，该实际执行时间应当从死刑缓期执行期满之日起计算。死刑缓期执行期间不包括在内，判决确定以前先行羁押的时间不予折抵。"

2. 实质条件

假释只适用于认真遵守监规，接受教育改造，确有悔改表现，没有再犯罪危险的犯罪分子。这是假释适用的实质条件，关键在于"没有再犯罪危险"的判断。

"没有再犯罪危险"的判断有一系列的要求。《刑法》第81条作出的"认真遵守监规，接受教育改造，确有悔改表现，没有再犯罪危险的"规定依然过于笼统。《减刑、假释的规定》第22条进一步指出，没有再犯罪危险的判断，"还应当根据犯罪的具体情节、原判刑罚情况，在刑罚执行中的一贯表现，罪犯的年龄、身体状况、性格特征，假释后生活来源以及监管条件等因素综合考虑。"

四、暂予监外执行的规定与适用

暂予监外执行，是指根据被判处刑罚的罪犯看押的实际情况，分别由公安、法院、监狱等司法机关，对依照法律规定不适宜在监狱或者在其他执行机关执行刑罚的罪犯，决定暂时采用不予关押的方式执行原判刑罚的制度。根据《刑事诉讼法》第 254 条的规定，暂予监外执行适用于以下三类犯罪人：有严重疾病需要保外就医的；怀孕或者正在哺乳自己婴儿的妇女；生活不能自理，适用暂予监外执行不致危害社会的。

暂予监外执行的决定适用也有两种情形：一是在交付执行前，由人民法院决定的暂予监外执行；二是在交付执行后，由省级以上监狱管理机关或者设区的市一级以上公安机关批准的暂予监外执行。

（一）保外就医的规定与适用

政务院 1954 年 8 月 26 日通过的《劳动改造条例》（以下简称《条例》）首次明确规定了保外就医制度。《条例》规定，保外就医的适用对象包括两大类：第一类是有精神病或者患急性、恶性传染病的；第二类是有严重疾病在关押中可能发生生命危险的。这两类对象包括已决犯和未决犯，但罪大恶极的罪犯除外。1979 年出台的《刑事诉讼法》确认了保外就医制度，1994 年出台的《监狱法》进一步细化了保外就医制度。至此，我国形成了以《刑事诉讼法》《监狱法》为主的保外就医法律规范体系。

1. 保外就医的适用

根据《刑事诉讼法》第 265 条的规定，对被判处有期徒刑或者拘役的犯罪人，有严重疾病且没有社会危险性的，可以保外就医。保外就医的适用，需要注意以下几个问题：

（1）"严重疾病"指的是按照医学界通行的标准所界定的病情程度严重、继续监禁服刑难以维系其生命或对其身体健康带来不可逆转的重大损害的疾病。"两高两部"和原国家卫生计生委《暂予监外执行规定》（司发通〔2014〕112 号）第 5 条规定："对被判处有期徒刑、拘役或者已经减为有期徒刑的罪犯，患有属于该规定所附《保外就医严重疾病范围》的严重疾病，需要保外就医的，可以暂予监外执行。"

《保外就医严重疾病范围》附件规定了 19 类久治不愈，严重影响其身心健康的，可以适用保外就医的疾病，包括严重传染病；反复发作的，无服刑能力的各种精神病；严重器质性心血管疾病；严重呼吸系统疾病；严重消化系统疾病等。

（2）指定的医疗机构为"省级人民政府指定的医院"，即省级人民政府事先指定对罪犯是否符合保外就医条件进行诊断并出具证明的医院，并非针对某一具体犯罪临时指定的医院。受指定的医疗机构应当按照规定的诊断程序对受检罪犯进行检查，认为其患有符合需要保外就医的严重疾病时，应予开具相关证明。社区矫正对象患有精神病、肿瘤、传染病、艾滋病等疾病可以到县级及以上公立综合医院或者公立专科医院进行病情复查。

2. 保外就医的禁止

《刑事诉讼法》第 265 条规定了保外就医的禁止性条件：适用保外就医可能有社会危险性的罪犯，或者自伤自残的罪犯。需要特别指出的是，对不符合保外就医条件的罪犯，并非不予治疗或照顾，而是不可以暂予监外执行保外就医。

（1）"可能有社会危险性"是指可能重新犯罪或者有打击报复等严重违法犯罪行为。

（2）"自伤自残"指的是罪犯为逃避服刑，故意伤残自己肢体、吞食异物等情形。

3. 保外就医的执行

《暂予监外执行规定》第 21 条规定："社区矫正机构应当及时掌握暂予监外执行罪犯的身体状况以及疾病治疗等情况，每三个月审查保外就医罪犯的病情复查情况，并根据需要向批准、决定机关或者有关监狱、看守所反馈情况。"社区矫正执行地的县级社区矫正机构应当根据暂予监外执行社区矫正对象的病情及经济状况等，适当调整报告身体情况和提交病情复查情况的期限。例如，《云南实施细则》第 47 条规定："保外就医社区矫正对象保证人应当协助配合执行地县级社区矫正机构或者受委托司法所开展日常监管教育工作。"

（二）怀孕或者正在哺乳自己婴儿的妇女可以暂予监外执行

哺乳期限按婴儿出生后 1 年计算，即罪犯哺乳自己的出生后未满 1 周岁的婴儿。这是对怀孕妇女和哺乳期婴儿的保护。我国以刑罚执行变更的方式来保障女性犯罪人的健康权、生育权和无辜婴儿的健康权，这既是人道主义的要求，也是刑法谦抑性的人文关怀。

（三）生活不能自理不致危害社会的罪犯适用暂予监外执行

《监狱法》第 25 条规定："对于被判处无期徒刑、有期徒刑在监内服刑的罪犯，符合刑事诉讼法规定的监外执行条件的，可以暂予监外执行。"对服刑的罪犯生活不能自理情况的鉴别，由监狱、看守所组织有医疗专业人员参加的鉴别小组进行。鉴别意见由组织鉴别的监狱、看守所出具，参与鉴别的人员应当签名，监狱、看守所的负责人应当签名并加盖公章。

（四）暂予监外执行的终止

1. 暂予监外执行时间的认定

暂予监外执行的执行时间是可以计入执行刑期的，但是出现特殊情况时，暂予监外执行终止，时间不能计入执行刑期。《刑事诉讼法》第 268 条第 3 款规定："不符合暂予监外执行条件的罪犯通过贿赂等非法手段被暂予监外执行的，在监外执行的期间不计入执行刑期。罪犯在暂予监外执行期间脱逃的，脱逃的期间不计入执行刑期。"关于终止暂予监外执行的情形和程序，合法性上有问题的暂予监外执行的期间不计入执行刑期的情形以及罪犯在暂予监外执行期间死亡的情形。

2. 暂予监外执行的罪犯应予及时收监的情形

《刑事诉讼法》第 268 条第 1 款规定："对暂予监外执行的罪犯，有下列情形之一的，应当及时收监：（一）发现不符合暂予监外执行条件的；（二）严重违反有关暂予监外执行监督管理规定的；（三）暂予监外执行的情形消失后，罪犯刑期未满的。"此款明确规定了对暂予监外执行的罪犯应予及时收监的三种情形，具体包括：

（1）发现不符合暂予监外执行条件的。即原决定暂予监外执行的人民法院、原批准暂予监外执行的监狱管理机关和公安机关，或者负有法律监督职责的人民检察院，发现原来作出的适用暂予监外执行的决定不当，存在不符合《刑事诉讼法》第 265 条所规定的暂予监外执行条件的情况，应当终止对罪犯的暂予监外执行，按照第 265 条第 2 款及相关法律规定予以收监。

（2）严重违反有关暂予监外执行监督管理规定的。"严重违反有关暂予监外执行监督管理规定"的行为，指的是被暂予监外执行罪犯从事相关法律规范及司法解释中规定的禁止性行为，如不遵守社区矫正机构的监督管理，或者擅自离开居住地外出经商，且达到严重程度的行为。

（3）暂予监外执行的情形消失后，罪犯刑期未满的。如果被暂予监外执行的情形消失，如罪犯身体恢复健康，规定的婴儿哺乳期已满，且刑期未满的，应当及时收监。

3. 暂予监外执行收监的决定

《刑事诉讼法》第 268 条第 2 款规定："对于人民法院决定暂予监外执行的罪犯应当予以收监的，由人民法院作出决定，将有关的法律文书送达公安机关、监狱或者其他执行机关。"这是关于对人民法院决定暂予监外执行的罪犯应当予以收监的应当如何处理的情形。由于《刑事诉讼法》第 265 条第 5 款增加规定了人民法院对交付执行前应予暂予监外执行的罪犯的决定程序，本款相应地增加规定在暂予监外执行消失且罪犯刑期未满的情况下，应由人民法院作出决定，将有关的法律文书送达公安机关、监狱或者其他执行机关。其中，"其他执行机关"指的主要是负责暂予监外执行的社区矫正机构。另外，如果该罪犯的暂予监外执行决定是由罪犯居住地的社区矫正机构通知原执行该罪犯刑罚的监狱或看守所，该监狱或看守所就应及时将该罪犯收监。

《监狱法》第 28 条规定："暂予监外执行的罪犯具有刑事诉讼法规定的应当收监的情形的，社区矫正机构应当及时通知监狱收监；刑期届满的，由原关押监狱办理释放手续。罪犯在暂予监外执行期间死亡的，社区矫正机构应当及时通知原关押监狱。"

4. 暂予监外执行的罪犯死亡的

《刑事诉讼法》第268条第4款规定："罪犯在暂予监外执行期间死亡的，执行机关应当及时通知监狱或者看守所。"这是关于罪犯在暂予监外执行期间死亡应如何处理的规定。根据本款规定，负责暂予监外执行的机关社区矫正机构应当及时通知原执行该罪犯刑罚的监狱或看守所，并向其告知罪犯死亡的原因及经过。其中，"死亡"既包括自然死亡，如年老衰亡、病亡等，也包括非正常死亡，如自杀、他杀、事故死亡等。

五、禁止令的规定与适用

为了强化对犯罪分子的有效监管，促进其教育矫正，防止其再次危害社会，《刑法修正案（八）》设定了禁止令制度。禁止令的执行内容是对社区矫正对象在管理过程中需要执行要求的进一步明确和补充，与社区矫正对象已执行的要求互不影响，两者同时执行。

（一）禁止令的立法历程概述

《刑法修正案（八）》首次规定了禁止令制度："判处管制，可以根据犯罪情况，同时禁止犯罪分子在执行期间从事特定活动，进入特定区域、场所，接触特定的人。"2011年4月，"两高两部"发布的《关于对判处管制、宣告缓刑的犯罪分子适用禁止令有关问题的规定（试行）》（以下简称《禁止令规定》）细化了禁止令的程序性规定。《禁止令规定》明确规定："禁止令由司法行政机关指导管理的社区矫正机构负责执行。"2012年修订《刑事诉讼法》时，进一步规定了禁止令的禁止性要求。2015年出台的《刑法修正案（九）》又对禁止令做了新的补充。

（二）禁止令的适用

1. 禁止令的执行主体

社区矫正机构是禁止令的执行主体。《禁止令规定》第9条规定："禁止令由司法行政机关指导管理的社区矫正机构负责执行。"此外，社区矫正机构根据执行禁止令的需要，可以协调有关部门、单位、场所、个人协助配合执行禁止令。

2. 禁止令的适用对象

根据《刑法修正案（八）》《禁止令规定》等，禁止令适用于被判处管制的和宣告缓刑的罪犯，以及根据《刑法修正案（九）》的规定被裁定假释或刑满释放的罪犯。

3. 禁止令的禁止性要求

1）禁止从事特定的活动

禁止从事特定的活动包括以下一项或者几项活动：

（1）个人为进行违法犯罪活动而设立公司、企业、事业单位或者在设立公司、企业、事业单位后以实施犯罪为主要活动的，禁止设立公司、企业、事业单位；

（2）实施证券犯罪、贷款犯罪、票据犯罪、信用卡犯罪等金融犯罪的，禁止从事证券交易、申领贷款、使用票据或者申领、使用信用卡等金融活动；

（3）利用从事特定生产经营活动实施犯罪的，禁止从事相关生产经营活动；

（4）附带民事赔偿义务未履行完毕，违法所得未追缴、退赔到位，或者罚金尚未足额缴纳的，禁止从事高消费活动；

（5）其他确有必要禁止从事的活动。

2）禁止进入特定区域、场所

包括禁止进入以下一类或者几类区域、场所：

（1）禁止进入夜总会、酒吧、迪厅、网吧等娱乐场所；

（2）未经执行机关批准，禁止进入举办大型公众性活动的场所；

（3）禁止进入中小学校区、幼儿园园区及周边地区，确因本人就学、居住等原因，经执行机关批准的除外；

（4）其他确有必要禁止进入的区域、场所。

3）禁止接触特定的人

包括禁止接触以下一类或者几类人员：

（1）未经对方同意，禁止接触被害人及其法定代理人、近亲属；

（2）未经对方同意，禁止接触证人及其法定代理人、近亲属；

（3）未经对方同意，禁止接触控告人、批评人、举报人及其法定代理人、近亲属；

（4）禁止接触同案犯；

（5）禁止接触其他可能遭受其侵害、滋扰的人或者可能诱发其再次危害社会的人。

4. 违反禁止令的后果

《禁止令规定》第 11 条规定："被判处管制的犯罪分子违反禁止令，或者被宣告缓刑的犯罪分子违反禁止令尚不属于情节严重的，由负责执行禁止令的社区矫正机构所在地的公安机关依照《治安管理处罚法》第 60 条的规定处罚。"若被宣告缓刑的犯罪分子违反禁止令，情节严重的，应当撤销缓刑，执行原判刑罚。所谓情节严重，是指以下几种情节：

（1）3 次以上违反禁止令的；

（2）因违反禁止令被治安管理处罚后，再次违反禁止令的；

（3）违反禁止令，发生较为严重危害后果的；

（4）其他情节严重的情形。

也就是说，违反禁止令的法律后果，一种是行政处罚，另一种是收监执行。

5. 禁止令的期限

禁止令的期限从管制、缓刑执行之日起计算，既可以与管制执行、缓刑考验的期限相同，也可以短于管制执行、缓刑考验的期限。

（1）判处管制的，禁止令的期限不得少于3个月；

（2）宣告缓刑的，禁止令的期限不得少于2个月；

（3）判处管制的犯罪分子在判决执行以前先行羁押以致管制执行的期限少于3个月的，禁止令的期限不受前述规定的最短期限的限制。

第三节　社区矫正对象的分类管理

社区矫正对象的分类管理可以分为两步：一是根据设定好的标准，对社区矫正对象进行合理的分类；二是对不同类别的社区矫正对象实施有针对性的监督、教育、帮扶和管理。

一、社区矫正对象分类管理概述

（一）国内的历史沿革和起草背景

我国高度重视社区矫正对象的分类管理工作。司法部于2004年印发的《暂行办法》明确提出了针对不同社区矫正对象实施分类管理的原则和要求。《暂行办法》第22条明确规定："司法所应当根据有关规定，针对不同类型的社区服刑人员采取不同的具体管理教育措施，确保社区矫正工作的有序进行。"

《暂行办法》第23条进一步提出了分类管理的依据："司法所应当全面掌握社区服刑人员的犯罪原因、犯罪类型、危害程度、悔罪表现、家庭及社会关系等情况，进行综合分析，根据社区服刑人员被判处管制、宣告缓刑、暂予监外执行、裁定假释和剥夺政治权利五种类别和不同特点，制定有针对性的教育改造计划和措施，并根据矫正效果和需要，适时作出调整。"

（二）国际上的有关规定和做法

根据社区矫正对象的不同情况，制定有针对性的社区矫正方案，进行分类管理、个别化矫正是国际上的通行做法。

在一些发达国家尤其注重对社区矫正对象"一对一"的教育以及开展多种形式的矫正项目。矫正项目包括理智处理问题和康复课程、提高认知的技能、对激怒和情感的控制、重新进入社区的训练、心理的辅导和治疗、精神方面的治疗，另外还有对滥用毒品和酒精的矫正项目、对性犯罪的矫正项目、对家庭暴力的矫正项目以及进行宗教辅导等。

针对社区矫正对象的不同情况规定了不同种类的社区矫正措施。如英国的社区矫正措施就包括缓刑、假释、暂缓执行、社区服务、宵禁、参与管护中心、监督行动计划、

结合矫正、毒品治疗与检测、补偿等。

（三）社区矫正对象分类管理的基本理论

1. 分类管理的内涵与外延

1）分类管理的内涵

社区矫正分类管理的内涵是指社区矫正分类管理的含义与要求，即依据一定的方法将犯罪人分为适当的类别，分门别类、有针对性地施行教育矫正的方法。因此，分类管理也是行刑个别化的要求。当然，社区矫正的分类管理应作广义、开放的解释，既包括实践中狭义上的"分类管理"，也包括"分段矫正""分级矫正"等所有依据不同标准对社区矫正对象进行区别管理的模式。

在社会防卫目的之外，行刑个别化还具有突出的人道主义思想基础与犯罪人治理要求。因此，分类管理也要综合社会防卫、犯罪人治理的要求，兼顾秩序安定与犯罪人的需求，要以帮助犯罪人重返社会为根本开展社区矫正分类管理工作。

2）分类管理的外延

社区矫正分类管理的外延是指与社区矫正对象分类管理方法相适应的要求和措施。如个别化的矫正小组、监管方法、分级处遇制度，等等。例如，上海市在分析社区矫正对象各个矫正阶段、各类不同群体及现实表现等情况的基础上，研判其存在的问题及需求，开展以分段矫正、分类矫正、分级矫正（"三分矫正"）为核心的教育矫正工作模式。

2. 分类管理的主要依据

在我国，社区矫正对象的分类管理主要依据社区矫正对象的犯罪类型、主观恶性、社会危害性、心理情况分析和现实表现。在司法实践中，以此为基础，通过综合评估达到区分类别的目的。

国外对社区矫正对象的分类通常有三个标准：

（1）社区矫正对象的危险性，主要考虑其解除矫正后再犯罪的可能性；

（2）社区矫正对象的需求，主要考虑其与重返社会、再犯罪有关联的需求结构；

（3）教育帮扶的具体项目与社区矫正对象的适应性，主要考虑教育帮扶项目是否适应社区矫正对象的实际需求和个人情况。[1] 相对来说，我国的社区矫正分类管理更侧重人身危险性和管理监督的需要，对社区矫正对象重返社会的需求有所忽视。

3. 分类管理的内容

在司法实践中，社区矫正对象的分类管理包含分类分级管理、分级处遇等方面的内容。

---

[1] 周健宇著：《社区矫正人员教育帮扶体系比较研究》，法律出版社 2020 年版，第 78 页。

分类分级管理需要对具有不同风险等级的社区服刑人员实施不同强度的管理措施，并根据监管和矫正情况灵活调整。一般来讲，对刚进入社区矫正的对象，需要采用严管措施，以起到必要的震慑作用。执行期间，往往辅之以日常考核、计分考核等方式，根据社区矫正对象的实际表现进行量化评定，进而调整分类和处遇。

二、分类管理方法

（一）根据所判处的刑罚进行分类

根据被判处的刑罚进行分类，是最常见的社区矫正对象分类方法。据此，将社区矫正对象分为五类，分别是判处管制、宣告缓刑、裁定假释、暂予监外执行的社区矫正对象和刑罚执行完毕需要履行禁止令义务的社区矫正对象。

1. 判处管制的社区矫正对象

这是一类罪行不重、人身危险性不大的社区矫正对象。

2. 宣告缓刑的社区矫正对象

基于缓刑的监督管理后果，这类社区矫正对象自律性往往比较强。

3. 裁定假释的社区矫正对象

裁定假释的社区矫正对象，包括被判处有期徒刑和无期徒刑的社区矫正对象。经过监狱改造，这类社区矫正对象往往具有较强的规则意识，也能较好地配合监督管理的要求。但是，其中不乏擅长伪装，"既可能有心，也有力从事犯罪"的社区矫正对象。

4. 裁定暂予监外执行的社区矫正对象

这类人员是基于其生理上的病患，而非在监狱中改造良好，其主观上的人身危害程度较管制和缓刑人员要大。但是，这类社区矫正对象存在身体、生理上的弱点，一般难以对社会造成较大的危害。

5. 刑罚执行完毕需要履行禁止令义务的社区矫正对象

这类人员的特点是已经执行完刑罚、回归社会。但因其自身职业特点和从业经历，需要禁止其在一定时间内不得从事相关职业。对这类对象的分类监管，不仅要进行从业禁止的形式审查，更要着重防止出现"代持""幕后指挥"等问题的出现。

（二）根据人身危险性进行分类

以所判处的刑罚进行分类有较大的局限性。相对来说，根据社区矫正对象的人身危险性进行分类，更符合分类管理及其教育矫正目的的需要。根据人身危险性分类，是指对社区矫正对象采用客观、科学的评估方式，再根据评估所得结果分析他们不同程度的社会危险性，将其分为高、中、低三类，进而分门别类地进行有重点的监督管理。

结合法律法规的禁止性要求，对不同危险程度人员实施管理：

（1）掌握高、中风险等级社区矫正对象的生活经历、家庭关系、心理特征等情况，制定并落实具体而严密的矫正方案，做到对症下药；

（2）根据矫正过程中累积的加减分情况，实行类别流动，强化对高、中风险等级社区矫正对象的动态激励；

（3）对高危社区矫正对象加以电子监控等措施，最大限度地防止脱管与再犯罪问题发生。

（三）根据社区矫正阶段进行分类

根据不同矫正阶段，社区矫正对象可以分为入矫阶段的社区矫正对象、中期管理阶段的社区矫正对象和解矫阶段的社区矫正对象。

1. 入矫阶段的社区矫正对象

入矫教育是针对新接收的社区矫正对象进行的矫正常识教育、思想教育等教育活动。在入矫阶段：一方面，要全面了解社区矫正对象的基本情况、思想动态、行为和心理特点，把握其对犯罪和矫正的态度，为教育矫正、教育帮扶工作奠定基础；另一方面，在入矫阶段，应当以思想政治教育、纪律教育、法制教育和心理帮扶为主。

2. 中期管理阶段的社区矫正对象

社区矫正的中期管理教育是指社区矫正机构在社区矫正对象入矫教育结束后，至其解除矫正前，对社区矫正对象实施的管理教育工作的总称。主要由司法所负责实施，区县司法行政机关进行工作指导，中期管理教育是通过各种有效形式和途径，对社区矫正对象进行全过程、全方位的监督管理，确保刑罚得到有效执行。具体包括思想政治教育、法制教育、基础文化教育、生活技能教育、职业技能教育、伦理道德教育、社区公益服务、心理帮扶、社会保障等全面的教育帮扶，起到督促社区矫正对象掌握自食其力的能力、习惯按规范办事、学会承担社会责任，为重返社会做好准备。

3. 解矫阶段的社区矫正对象

解矫教育是指对即将解除矫正的社区矫正对象开展以适应社会生活、就业服务和社会保障为中点的心理矫正工作。例如，为有就业需要的社区矫正对象提供就业援助；对有就业愿望但没有能力自谋职业的，提供职业技能培训、就业指导，组织专场招聘会或就业推荐；对于家庭经济困难的社区矫正对象可以按照程序向民政部门申请最低生活保障、困难救济待遇。

（四）根据个人特点进行分类

1. 按年龄进行分类

根据年龄，社区矫正对象可以分为未成年社区矫正对象、青年社区矫正对象和老年社区矫正对象。三者的体能、心理状况、学习能力和再犯罪可能性都存在差异，需要分别采取更有针对性的矫正方法。其中，最重要的就是要根据未成年社区矫正对象的心智水平开展教育矫正工作。相对来说，未成年社区矫正对象的生理和心理尚未发育成熟，社会经验和认知能力远低于成年人，对自己行为所可能导致的后果也没有准确的预见性，主观恶性程度一般不高，戒除恶习的可能性也更大。

2. 按性别进行分类

根据性别，社区矫正对象可以分为两类：女性社区矫正对象和男性社区矫正对象。男性社区矫正对象和女性社区矫正对象不仅在身体条件、心理特点、社会角色等方面存在很大差异，而且在涉罪类型、犯罪方式、团伙角色等方面也存在较大的差异。相对来说，女性社区矫正对象社会危险性低，情感因素、家庭角色更加突出，通过思想教育、职业技能教育、心理帮扶等手段更容易达到教育矫正的目的。

3. 根据生活现状进行分类

根据生活现状，社区矫正对象可以分为贫困社区矫正对象、城镇社区矫正对象、农村社区矫正对象等重点类别。上述社区矫正对象类别，往往伴随着突出的经济因素、地域特征，存在较大的教育矫正需求差异。以农村社区矫正对象为例，他们普遍存在文化素质较低、就业困难等方面的问题，生存现状和社会支持状况较差，往往存在更为突出的职业技能教育需求。

第十章　社区矫正监督管理

第一节　社区矫正监督管理概述

一、社区矫正监督管理的概念与性质

（一）社区矫正监督管理的概念

《社区矫正法》第4章规定的监督管理，即社区矫正监督管理，有广义和狭义之分。广义上的社区矫正监督管理是指社区矫正活动监督管理，包括对社区矫正机构、社区矫正对象的检查、督导和惩戒。狭义上的社区矫正监督管理仅指社区矫正机构对社区矫正对象的检查、督导和惩戒。结合立法本义和社区矫正监督管理的重点工作，这里的社区矫正监督管理是指狭义上的社区矫正监督管理，即社区矫正机构对社区矫正对象的检查、督导和惩戒。

理解社区矫正监督管理需要注意到以下几个问题：

1. 监督管理的权限

监督管理的主体是司法行政主管部门，社区矫正监督管理工作的主体主要是社区矫正机构的工作人员和社会工作者；公安机关、检察院、法院、社会团体、民间组织、社会志愿者等配合司法机关承担部分监督管理职能。

2. 监督管理的程序

社区矫正制度是刑事司法制度的重要组成部分，具有突出的程序要求。从接收社区矫正对象（入矫）、矫正小组、矫正方案的确定到日常管理、解矫，《社区矫正法》《社区矫正法实施办法》都有规定。

3. 监督管理的职责和内容

监督管理的职责和内容既包括一般性的督促、管理方法，还包括通过奖惩实现有效

管理的内容。

（二）社区矫正监督管理的性质

社区矫正监督管理具有三个方面的性质，即法定性、强制性和职权性。

1. 法定性

《社区矫正法》设有专章对监督管理做了规定。该法第23条规定："社区矫正对象在社区矫正期间应当遵守法律、行政法规，履行判决、裁定、暂予监外执行决定等法律文书确定的义务，遵守国务院司法行政部门关于报告、会客、外出、迁居、保外就医等监督管理规定，服从社区矫正机构的管理。"

2. 强制性

对社区矫正对象的管理有诸多约束性规定。社区矫正对象必须定期就个人情况进行报告，离开居住地时必须进行申请。社区矫正对象必须遵守相关规定，如法院的禁止令内容。社区矫正对象违反监督管理规定，将会受到法律制裁。《社区矫正法》明确规定，社区矫正对象在社区矫正期间有违反监督管理规定行为的，由公安机关依照《治安管理处罚法》的规定给予处罚；具有撤销缓刑、假释或者暂予监外执行收监情形的，应当依法作出处理。

3. 职权性

社区矫正监督管理是社区矫正主体及其机构履行监督管理职责，检查、督导和惩戒社区矫正对象的活动。无论社区矫正对象是否同意，都需要配合社区矫正机构的管理，要遵守相关的法律制度规定。

二、社区矫正监督管理的发展

究其实质，社区矫正监督管理属于社会行刑行为监督的范畴。中华人民共和国成立以后，社会行刑监督管理主要由治保委员会和群众监督改造小组负责。1979年，公安部发布的《关于管制、拘役、缓刑、假释、监外执行、监视居住的具体执行办法》（简称《执行办法》）规定，针对管制的罪犯，可以组织所属公安派出所、公安特派员或者有关单位的保卫组织，具体依靠治安保卫委员会执行，同时群众监督改造小组对管制犯有监督改造的权力；针对宣告缓刑、假释、监外执行的罪犯和被监视居住的犯罪嫌疑人，基层派出所、公安特派员或有关单位保卫组织依靠治安保卫委员会进行监督考察。

社区矫正试点很重视监督管理制度的构建。2003年，"两高两部"联合发布的《试点通知》规定，司法行政机关牵头组织有关单位和社区基层组织开展社区矫正试点工作；街道、乡镇司法所承担社区矫正的日常管理工作；公安机关配合司法行政机关对社区矫正对象（当时称"社区服刑人员"）进行监督考察。2004年，司法部印发的《暂行办法》规定，乡镇、街道司法所依照有关规定，对社区矫正对象实施管理，会同公安机关对社区矫正对象进行监督、考察；对拒不服从管理教育、情节严重，或者有重新犯罪嫌疑的社区矫正对象，由公安机关依法处理，司法所要制定有针对性的教育改造计划和措施。此外，《暂行办法》第24条至第27条还明确规定了社区矫正对象需要遵守的规定。

2005年1月14日，上海市司法局和上海市公安局发布了《上海市社区服刑人员分类矫正暂行规定》。该规定主要作出了以下几个方面的规定：第一，分别规定了不同类型社区服刑人员的行为规则及其监督管理标准；第二，规定了两种监督管理类型：从严监督和从宽监督。在社区矫正试点中，北京市出台了《北京市社区服刑人员综合状态评估指标体系》，从法学、社会学、心理学等学科视角设计了两套包括100项指标的测试量表。

2009年，"两高两部"共同发布的《关于在全国试行社区矫正工作的意见》（司发通169号，以下简称《试行意见》）规定了分类教育、分阶段评估、分级处遇的政策，依法执行社区矫正对象报到、会客、请销假、迁居、政治权利行使限制等管控措施，规定了乡镇、街道司法所负责社区矫正刑罚执行的监督管理工作，加大了社区矫正对象考核、奖惩的力度。

《社区矫正法》《社区矫正法实施办法》进一步细化了监督管理的规定。《社区矫正法》突出了司法行政部门的主体地位、多元化社会力量参与的要求。《社区矫正法实施办法》细化了社区矫正机构开展监督管理工作的规定，包括实施考核奖惩，审批会客、外出、变更执行地等事项，了解掌握社区矫正对象的活动情况和行为表现，组织查找失去联系的社区矫正对象，查找后依情形作出处理，等等。结合行为监督实际，还形成了一系列的监督管理制度，如调查评估制度、矫正接收制度、日常管理制度、档案管理制度、矫正结束制度，等等。各地区在《社区矫正法》《社区矫正法实施办法》的基础上，根据地区特点，还制定了符合本地区的监督管理规定。例如，《云南实施细则》从入矫管理、日常管理、暂予监外执行、外出请假、执行地变更、漏管托管、分类管理和考核奖惩方面对社区矫正管理作出详细规定，明确了云南省社区矫正监督管理的方法与过程。

三、社区矫正监督管理的特征

（一）成员多元化

社区矫正监督管理对社区矫正对象的教育矫正非常重要，要发挥社区资源的优势，突出社区多元主体的作用，增强监督管理力量的体系。

尽管《社区矫正法》第25条规定，矫正小组落实对社区矫正对象的监督管理。但是，矫正小组成员具有多元化特征，多由司法所、居民委员会、村民委员会的人员，社区矫正对象的监护人、家庭成员，所在单位或者就读学校的人员以及社会工作者、志愿者等组成；社区矫正对象为女性的，矫正小组中应有女性成员。

（二）方式多样性

基于两个方面的原因，社区矫正监督管理方式具有突出的多样性特征。

1. 社区矫正对象分类的要求

从社区矫正对象的分类管理、个别化矫正视角看，不同社区矫正对象的矫正方案不同，监督管理方式不同。从特殊情况的处置看，不同情况采取的方式不同。

2. 教育矫正工作复杂性的要求

社区矫正监督管理涉及很多方面的工作，包括入矫接收、风险评估、制定矫正方案、确定矫正小组、通过通信联络等方式日常管理、离开居住地审批、奖惩考核、档案管理，等等。不同内容所采取的具体方式不同，呈现方式多样性的特征。

（三）专门要求高

社区矫正对象的教育矫正工作具有突出的专门要求。在确定矫正方案时，需要参考裁判内容和社区矫正对象的性别、年龄、心理特点、健康状况、犯罪原因、犯罪类型、犯罪情节、悔罪表现等专门情况，参考因素多、涉及范围广，具有突出的专门要求。在确定社区矫正小组时，要根据社区矫正对象的特点选择合适的小组成员。同时，社区矫正对象特殊情况的处置也要因人、因事而异。

（四）创新技术指引

为应对社区矫正监督管理的专门化和复杂性，要在尊重社区矫正对象权利的前提下发挥技术指引的作用，创新、鼓励先进技术的使用。为此，司法部颁行了一系列社区矫正科技规范，积极开展社区矫正监督管理技术指引工作。

司法部发布的《社区矫正基础业务系统技术规范（SF/T 0015—2021）》规定了社区矫正基础业务系统的总体要求、基本功能、管理流程、协同流程、数据资源、数据交换、编码规则和代码表以及系统安全的要求，适用于全国社区矫正基础业务系统的建设与应用。据此建立的社区矫正统计分析体系和工作考核评价体系包括 15 项评价指标：社区矫正机构工作人员配比率、社区矫正用警配比率、社会工作者配比率、社会志愿者配比率、社区矫正中心建设率、调查评估率、信息化核查率、电子定位率、警告率、收监率、脱管率、再犯罪率、矫正小组配比率、教育人次、帮扶人次。

司法部发布的《社区矫正定位管理系统技术规范（SF/T 0016—2021）》规定了社区矫正定位管理系统建设、基本功能、数据采集结构、代码表、数据交换和系统安全要求，适用于全国社区矫正定位管理系统建设与应用。以社区矫正定位管理系统为例，运用计算机技术、地理信息技术、定位技术、通信技术和网络技术等，借助电子定位装置和信息化核查终端，实现对社区矫正对象的位置监控或核查，掌握或限制社区矫正对象的活动范围，加强对其监督管理，为社区矫正工作提供决策依据。电子定位装置包括电子定位腕带等，信息化核查终端包括手机等。

此外，大数据、5G 技术、物联网、可视化设备、人脸识别技术在社区矫正监督管理中也得到了充分运用。按照司法部"数字法治、智慧司法"的决策部署，各省市都在进行智慧社区矫正建设，充分将互联网、物联网、区块链、人工智能等现代信息技术与社区矫正工作深度融合，进行数字化和智慧化升级改造，推进社区矫正监督管理工作的快速发展。

第二节 社区矫正监督管理职责

社区矫正监督管理具有突出的职权性质，主要履行以下职责：调查评估，确立矫正小组、制定矫正方案，定期报告，定期走访，离开居住地审批，突发情况处置，考核、奖惩，监督执行禁止令和档案管理，等等。

一、调查评估

调查评估，即社区矫正前调查评估，是指对社区矫正对象开展的社会危险性、对居住社区影响的专门调查和综合分析。《社区矫正法实施办法》分别规定了人民法院、公安机关、监狱管理机关与监狱、社区矫正机构的矫前调查评估职责。

（1）人民法院对拟判处管制、宣告缓刑、决定暂予监外执行的犯罪人，对执行机关报请假释的犯罪人，依法履行矫前调查评估职责。

（2）公安机关对看守所留所服刑犯罪人拟暂予监外执行的，可以委托开展调查评估。

（3）监狱管理机关以及监狱依法对拟提请假释、拟暂予监外执行的犯罪人依法进行调查评估：对监狱关押罪犯拟提请假释的，应当委托有关机构进行调查评估；对监狱关押罪犯拟暂予监外执行的，也应当委托有关机构进行调查评估。

（4）社区矫正机构对拟适用社区矫正的被告人、罪犯，需要调查其社会危险性和对所居住社区影响的，可以委托拟确定为执行地的社区矫正机构或者有关社会组织进行调查评估。但是，执行地的社区矫正机构不接受与社区矫正无关的单位或个人转递的调查评估委托。

社区矫正机构、有关社会组织接受委托后，应当对被告人或者罪犯的居所情况、家庭和社会关系、犯罪行为的后果和影响、保证人是否具备担保条件和履行担保、居住地村（居）民委员会和被害人意见、拟禁止的事项、社会危险性、对所居住社区的影响等情况进行调查了解，形成调查评估意见，与相关材料一起提交委托机关。调查评估时，相关单位、部门、村（居）民委员会等组织、个人应当依法为调查评估提供必要的协助。为保证调查评估结果的公正与可靠，各地出台相应规定。例如，《云南实施细则》规定了调查评估工作人员与犯罪嫌疑人、被告人或者罪犯有亲属关系、利害关系及其他关系，可能影响调查结果真实性、公正性的，应当回避，从而避免调查评估工作出现不公正的问题。

二、确立矫正小组、制定矫正方案

（一）确立矫正小组

矫正小组由司法机关工作人员、社区矫正社会工作者、社区矫正志愿者和其他人员构成。如有需要，县级社区矫正机构可以委托司法所或者有关社会组织协助开展调查。

《社区矫正法实施办法》第9条规定，社区矫正机构要依法履行"建立矫正小组、组织矫正小组开展工作，制定和落实矫正方案"的职责。《社区矫正法实施办法》第19条第1款进一步规定："执行地县级社区矫正机构、受委托的司法所应当为社区矫正对象确定矫正小组，与矫正小组签订矫正责任书，明确矫正小组成员的责任和义务，负责落实矫正方案。"

《社区矫正法实施办法》第19条第2款规定，矫正小组主要开展六个方面的工作：

（1）按照矫正方案，开展个案矫正工作；

（2）督促社区矫正对象遵纪守法，遵守社区矫正规定；

（3）参与对社区矫正对象的考核评议和教育活动；

（4）对社区矫正对象走访谈话，了解其思想、工作和生活情况，及时向社区矫正机构或者司法所报告；

（5）协助对社区矫正对象进行监督管理和教育帮扶；

（6）协助社区矫正机构或者司法所开展其他工作。

（二）制定矫正方案

《社区矫正法实施办法》第22条规定，社区矫正机构、受委托的司法所要根据社区矫正对象的性别、年龄、心理特点、健康状况、犯罪原因、悔罪表现等具体情况，制定与之相适应的矫正方案。

矫正方案应当包括社区矫正对象基本情况、对社区矫正对象的综合评估结果、对社区矫正对象的心理状态和其他特殊情况的分析、拟采取的监督管理措施等内容。矫正方案应当根据分类管理的要求、实施效果以及社区矫正对象的表现等情况，在社区矫正过程中及时作出相应调整。应当根据未成年社区矫正对象的年龄、心理特点、发育需要、

成长经历、犯罪原因、家庭监护、教育条件等情况，制定适应未成年人特点的矫正方案。矫正方案的制定要体现过程管理与目标管理思想，过程管理即日常的制度落实，明确以日、月、季度为时限的任务；目标管理即以实现目标为着眼点，确定具体的考核方法检验目标是否实现。

三、定期报告

社区矫正对象应当按照有关规定和社区矫正机构的要求，定期报告遵纪守法、接受监督管理，参加教育学习、公益活动和社会活动等情况。发生居所变化、工作变动、家庭重大变故以及接触对其矫正可能产生不利影响人员等情况时，应当及时报告。

被宣告禁止令的社区矫正对象应当定期报告遵守禁止令的情况。暂予监外执行的社区矫正对象应当每个月报告本人身体情况。保外就医的社区矫正对象，应当到省级人民政府指定的医院检查，每三个月向执行地县级社区矫正机构、受委托的司法所提交病情复查情况。执行地县级社区矫正机构根据社区矫正对象的病情及保证人等情况，可以调整报告身体情况和提交复查情况的期限。延长一个月至三个月以下的，报上一级社区矫正机构批准；延长三个月以上的，逐级上报省级社区矫正机构批准。批准延长的，执行地县级社区矫正机构应当及时通报同级人民检察院。报告可以由社区矫正对象到社区矫正机构或受委托司法所当面报告，也可以根据具体情况采取电话、书面报告等形式报告。对于每一次报告的情况，有关工作人员应当做好记录。

四、定期走访

定期走访是指社区矫正工作者为了摸清社区矫正对象的思想动态、生活状况、现实表现等，深入社区矫正对象的家庭、劳动和学习现场、所在单位、居住社区等，向知情人进行调查、询问的一种工作方式。定期走访的主要目的是全面了解和把握社区矫正对象的表现状况，并根据社区矫正对象的矫正状况，制定调整社区矫正方案。走访对象包括社区矫正对象的家庭成员、知情人及其他相关人员等。对保外就医的社区矫正对象，司法所应当定期与其治疗医院沟通联系，及时掌握其身体状况及疾病治疗、复查结果等情况，并根据需要向批准、决定机关或者有关监狱、看守所反馈情况。

走访一般应由两名工作人员参加，至少有一名为社区矫正机构工作人员。社区矫正工作人员走访中应当主动出示工作证，走访活动尽量"低调"进行，不要大张旗鼓，最好不着制服、不开警用车辆，以避免引起走访对象的敏感和顾虑。走访的频率和具体方式应当根据对社区矫正对象的分类情况确定，对于需要重点关注的人员需要多频次走访。一般情况下，社区矫正工作人员每月应当对社区矫正对象家庭、单位或居（村）委会走访一次，对于元旦、春节、五一、国庆等重点节日，抑或社区矫正对象出现特殊情况时（如家庭有变故、生活有困难、思想有波动、言行有异常等），要提高走访频次，充分发挥走访制度的优势。

案例：河北泊头首创社区矫正监管"三见面、三必访"制度

2007年，为解决社区矫正力量薄弱的问题，河北省泊头市在下岗职工中择优招收了30人，成立了河北省首支专职社区矫正工作队伍，负责全市186名社区服刑人员的矫正工作。为保证社区矫正质量，该市首创社区矫正监管的"三见面、三必访"制度，得到司法部的肯定。

1. 三见面制度

每半个月要与社区服刑人员见面；每个月要与社区服刑人员家属见面；每个月要与社区服刑人员所在村委会（居委会）见面。

2. 三必访制度

发现社区服刑人员思想有波动时必访；社区服刑人员生活有困难时必访；社区服刑人员交往有异常时必访。

在履行"三必见、三必访"职责期间，有关工作人员还要对社区矫正对象开展思想和法律教育工作。此外，还要协调有关部门，对一些生活困难的社区矫正对象提供帮助。

五、离开居住地审批[①]

《社区矫正法实施办法》第26条第1款规定："社区矫正对象未经批准不得离开所居住的市、县。确有正当理由需要离开的，应当经执行地县级社区矫正机构或者受委托的司法所批准。"社区矫正对象确有正当理由的（就医、就学、参与诉讼、处理家庭或者工作重要事务等），由本人提出书面申请，写明理由、经常性去往市县名称、时间、频次等，同时提供相应证明，由执行地县级社区矫正机构批准。批准一次的有效期为六个月。

社区矫正机构、受委托的司法所要认真审查诊断证明、单位证明、入学证明、法律文书等事由性材料，根据实际情况决定是否批准。在审批权限上，外出时间在7日内的，经执行地县级社区矫正机构委托，可以由司法所批准；超过7日但不超过30日的，由执行地县级社区矫正机构批准；单次申请超过30日的，或者两个月内外出时间累计超过30日的，应报上一级社区矫正机构审批；上一级社区矫正机构批准社区矫正对象外出的，执行地县级社区矫正机构应当及时报备同级人民检察院。

---

① 此处所讲的"离开居住地"不包括出境。《出境入境管理法》第12条第2项规定："被判处刑罚尚未执行完毕的人不准出境。"

社区矫正对象因工作、居所变化等原因需要变更执行地的，一般应当提前一个月提出书面申请，并提供相应证明材料，受委托的司法所签署意见后报执行地县级社区矫正机构审批。执行地县级社区矫正机构收到申请后，应当在五日内书面征求新执行地县级社区矫正机构的意见。

六、突发情况处置

在对社区矫正对象的行为监督过程中，可能会出现各种突发情况，如自然灾害等不可抗力，或者社区矫正对象涉嫌违法犯罪、参与群体性事件、非正常死亡等特殊情况。针对各类突发情况，社区矫正机构应当建立突发事件应急处置预案，有效应对突发事件带来的管理和执法挑战。[①] 面对自然灾害、疫情等不可抗力，社区矫正机构要确定社区矫正对象无法按时报到、及时收监执行的妥善处置方法[②]。面对社区矫正对象违反法律规定，不遵守社区矫正机构的管理规定时，社区矫正机构应与公安机关等有关部门协调联动，有效处置违反相关法律法规的情况。

七、考核、奖惩

考核、奖惩是监督管理的当然内容。《社区矫正法实施办法》第9条第1款第5项规定，社区矫正机构"对社区矫正对象进行监督管理，实施考核、奖惩"。

（一）考核

考核是社区矫正机构依照相关标准和程序，对社区矫正对象在一定时期内的整体表现进行的综合考察与评定。考核内容可以概括为认罪悔罪、遵守法律法规、服从监督管理、接受教育等方面；考核等次可以分为良好、合格和不合格三个等次；考核结果为实施分类管理、给予奖惩、矫正方案的调整作参考，应当及时告知社区矫正对象或者其监护人，并在适当区域内予以公示；考核方法主要是定性考核和量化考核相结合，具体有汇报法、评议法、查评法等。

（二）奖惩

奖惩是社区矫正机构根据社区矫正对象在社区矫正中的表现依照相关规定进行奖励或者惩罚。奖惩分为行政性奖惩与司法性奖惩。

1. 行政性奖惩

行政性奖惩主体主要是社区矫正机构；公安机关配合社区矫正机构的监督管理工作，依法对社区矫正对象予以治安管理处罚。社区矫正机构可以根据社区矫正对象认罪

---

① 吴宗宪：《社区矫正应急管理规范化探讨》，载《上海政法学院学报》2017年第2期。
② 冯卫国：《紧急状态下的监狱行刑与罪犯权利》，载《中国监狱学刊》2020年第3期。

悔罪、遵守法律法规、服从监督管理、接受教育的情况确定是否进行奖励。行政性奖励有表扬、提出减刑建议等；行政性惩罚为训诫、警告和治安管理处罚。

（1）表扬。《社区矫正法实施办法》第33条规定：社区矫正对象认罪悔罪、遵守法律法规、服从监督管理、接受教育表现突出的，应当给予表扬；社区矫正对象接受社区矫正期间，遵守法律法规、接受教育矫正，服从人民法院判决、认罪悔罪，遵守关于报告、会客、外出、迁居等规定，积极参加教育学习等活动，接受社区矫正六个月以上的，执行地县级社区矫正机构可以给予表扬；有见义勇为、抢险救灾等突出表现的，或者帮助他人、服务社会等突出事迹的，执行地县级社区矫正机构可以给予表扬。

（2）提出减刑建议。减刑建议也具有行政奖励的性质。社区矫正对象符合法定减刑条件的，由执行地县级社区矫正机构依法提出减刑建议。

（3）训诫。《社区矫正法实施办法》第34条规定了训诫。社区矫正对象违反社区矫正监督管理规定，情节轻微的，执行地县级社区矫正机构应当给予训诫。

（4）警告。《社区矫正法实施办法》第35条规定了警告。社区矫正对象违反禁止令，情节轻微，或违反社区矫正监督管理规定，情节较重的，执行地县级社区矫正机构应当给予警告。

（5）治安管理处罚。《社区矫正法实施办法》第36条规定了治安管理处罚。社区矫正对象违反监督管理规定或者人民法院禁止令，依法应予治安管理处罚的，执行地县级社区矫正机构应当及时提请同级公安机关依法给予处罚，并向执行地同级人民检察院抄送治安管理处罚建议书副本，及时通知处理结果。

2. 司法性奖惩

司法性惩罚的主体是人民法院。司法性奖励为减刑；司法性惩罚为撤销缓刑、假释与收监执行。

（1）减刑。根据《社区矫正法》第33条和《社区矫正法实施办法》第42条规定，社区矫正对象符合减刑条件的，由执行地县级社区矫正机构提出减刑建议书并附相关证据材料，报经地（市）社区矫正机构审核同意后，由地（市）社区矫正机构提请执行地的中级人民法院裁定。

（2）撤销缓刑、假释与收监执行。《社区矫正法实施办法》第5条规定，人民法院对符合撤销缓刑、假释或者暂予监外执行收监执行条件的社区矫正对象，作出判决、裁定和决定。

八、监督执行禁止令

禁止令是指人民法院禁止犯罪人从事特定活动，进入特定区域、场所，接触特定的人。被宣告禁止令的社区矫正对象应当定期报告遵守禁止令的情况，社区矫正机构对禁

止令的执行负有监督管理职责。

根据《禁止令规定》第3条、第4条、第5条的规定，禁止令可以分为三类：

（一）禁止从事特定活动

《禁止令规定》第3条规定，个人为进行违法犯罪活动而设立公司、企业、事业单位或者在设立公司、企业、事业单位后以实施犯罪为主要活动的，禁止设立公司、企业、事业单位；实施证券犯罪、贷款犯罪、票据犯罪、信用卡犯罪等金融犯罪的，禁止从事证券交易、申领贷款、使用票据或者申领、使用信用卡等金融活动；利用从事特定生产经营活动实施犯罪的，禁止从事相关生产经营活动；附带民事赔偿义务未履行完毕，违法所得未追缴、退赔到位，或者罚金尚未足额缴纳的，禁止从事高消费活动；以及其他确有必要禁止从事的活动。

（二）禁止进入特定区域、场所

《禁止令规定》第4条规定，人民法院可以根据犯罪情况，禁止判处管制、宣告缓刑的犯罪分子在管制执行期间、缓刑考验期限内进入以下一类或者几类区域、场所：禁止进入夜总会、酒吧、迪厅、网吧等娱乐场所；未经执行机关批准，禁止进入举办大型群众性活动的场所；禁止进入中小学校区、幼儿园园区及周边地区，确因本人就学、居住等原因，经执行机关批准的除外；其他确有必要禁止进入的区域、场所。

（三）禁止接触特定的人

《禁止令规定》第5条规定，人民法院可以根据犯罪情况，禁止判处管制、宣告缓刑的犯罪分子在管制执行期间、缓刑考验期限内接触以下一类或者几类人员：未经对方同意，禁止接触被害人及其法定代理人、近亲属；未经对方同意，禁止接触证人及其法定代理人、近亲属；未经对方同意，禁止接触控告人、批评人、举报人及其法定代理人、近亲属；禁止接触同案犯；禁止接触其他可能遭受其侵害、滋扰的人或者可能诱发其再次危害社会的人。

九、档案管理

社区矫正档案分为执行档案、工作档案。执行档案包括适用社区矫正的法律文书，包括接收、监管审批、处罚、收监执行、解除矫正的法律文书；工作档案是指工作记录材料，包括管理工作台账。例如，《云南实施细则》第7章在对社区矫正对象执行档案内容作出具体规定的同时，明确了从档案建立到档案保管、查阅的具体规定与流程，为社区矫正档案管理提供了明确的指引。

司法部出台的《社区矫正管理信息系统技术规范（SF/T 0015—2021）》采用严格的程序化管理模式，完善全国社区矫正对象信息管理系统，在档案电子化的基础上实现了快速信息交换，进一步规范了社区矫正档案管理工作。

十、特殊对象的监督管理

社区矫正的特殊对象主要是指未成年人。《社区矫正法》设有"未成年人社区矫正特别规定"的专章。

《社区矫正法》第 52 条规定："社区矫正机构应当根据未成年社区矫正对象的年龄、心理特点、发育需要、成长经历、犯罪原因、家庭监护、教育条件等情况，采取有针对性的矫正措施。社区矫正机构为未成年社区矫正对象确定矫正小组，应当吸收熟悉未成年人身心特点的人员参加。对未成年人的社区矫正，应当与成年人分别进行。"《社区矫正法》第 53 条至第 57 条，还规定了未成年社区矫正对象监护、完成义务教育，未成年矫正工作保密，不得歧视未成年人社区矫正对象等方面的要求。在对未成年社区矫正对象监督管理的同时，也要注意对未成年人的保护。例如，《云南实施细则》第 90 条规定："相关单位对工作中获得的未成年社区矫正对象身份、照片、图像等相关信息应当保密。考核奖惩、赦免等信息不进行公示。执行地县级社区矫正机构应当在未成年社区矫正对象解除和终止后三日内，封存其犯罪记录。"

第三节 社区矫正监督管理的流程与方法

一、社区矫正监督管理的流程

综合社区矫正立法与实际，社区矫正监督管理逐步形成了以下的工作流程：入矫监督管理、日常监督管理、执法管理和解矫管理。

（一）入矫监督管理

入矫监督管理是指在入矫阶段，社区矫正机构与社区矫正工作人员通过调查评估、分类分级管理、案件分配、接收管理等方法，检查、督导社区矫正对象的工作。接收社区矫正对象后，确定矫正小组，制定和落实矫正方案，进行入矫宣告，核查社区矫正对象各类证件，向相关出入境管理机构报备，做好出境证件保管工作。

（二）日常监督管理

社区矫正对象的日常监督管理主要包括确定监护人、签订监护协议，定期到社区矫正对象家庭、居住地的社区（村）或工作单位走访，审核迁居要求，审批请假、会客申请，奖惩公示，异常情况的处置，禁止令执行情况的检查，等等。社区矫正对象有报告义务，通过见面汇报、思想汇报和通信联络等方式报告日常情况，如果涉及居所变动、工作变动、家庭重大变故等重要事项，应主动向社区矫正机构报告。如果在社区矫正期间，社区矫正对象被依法采取强制措施，社区矫正机构可以暂停日常监督管理教育

工作，待强制措施解除后，视情况继续执行社区矫正的日常监督管理工作。

（三）执法管理

社区矫正的执法管理，是指因社区矫正对象违反教育矫正规定而采取的执法活动。例如，针对社区矫正对象逾期报到的处置、未报到的处置，提请同级公安机关依法给予处罚，撤销缓刑、假释与收监执行，等等。

（四）解矫管理

社区矫正对象在社区矫正期限届满或者其他法定事由出现时，社区矫正机构要对社区矫正对象解除矫正或者终止矫正。一般由执行地县级社区矫正机构按期办理解除矫正手续，如果是监狱管理机关、公安机关批准暂予监外执行的，应由原服刑或者接收其档案的监狱、看守所按期办理刑满释放手续。

二、社区矫正监督管理的方法

社区矫正监督管理的方法包括但不限于社区矫正分类管理、社区矫正个案监督管理、电子定位技术的适用，等等。

（一）社区矫正分类管理

社区矫正分类管理是指在具体的监督管理过程中，根据监督管理对象的表现情况进行分类管理，不同类别的管理方法不同。

1. 按刑种分类

按刑种不同，可以将社区矫正监督管理分为管制的监督管理、缓刑的监督管理、假释的监督管理、暂予监外执行的监督管理。

1）管制的监督管理有三个方面的突出问题

（1）要区分管制对象的犯罪类型和风险等级，实施有针对性的管控措施。

（2）管制的执行容易出现漏管、脱管等方面的问题，需要司法行政机关、公安机关、检察机关协调配合，建立管制的长效机制。

（3）针对被判处禁止令的管制对象，要强化禁止令执行的监督，要敢于依法采取惩戒措施。

2）缓刑的监督管理有两个方面的突出问题

（1）尤其要避免不同缓刑社区矫正对象的交叉感染。因此，对缓刑犯还要根据恶习类型、原因、危险性等做进一步的分类、分级。

（2）强化禁止令的执行。

3）假释的监督管理有四个方面的突出问题：

（1）假释的社区矫正对象存在较大的差异性，需要加强社区矫正对象的分类、分级管理。

（2）相对来说，假释考验期较长，要注意奖惩措施的及时适用，以更好地起到奖惩制度的监督管理作用。

（3）假释的监督管理要充分发挥家庭成员的作用。

（4）假释的执行要着重防范社区矫正对象的脱管、漏管。因存在较长期限的考验期，容易滋生社区矫正对象的脱管、漏管问题。

4）暂予监外执行的监督管理重在法定监外执行事由的监管

暂予监外执行的监督管理重在法定监外执行事由的监管。因此，社区矫正机构应当着重开展以下事项的监管：是否在指定医院接受治疗、怀孕或哺乳婴儿的情况、生活自理能力的变化、重大疾病的治疗情况，等等。

2. 按人身危险性分类

按人身危险性不同，可将社区矫正对象分为一般危险性、中等危险性和高等危险性三类。但是，人身危险性的评估和分类需要借助专门的评估办法。例如，上海市社区矫正机构通过矫正风险系数测评社区矫正对象的人身危险性。根据上海市的《社区矫正风险评估初次测评表》，评估要素包括四个方面的内容：基本因素、个性及心理因素、社会因素和综合因素。

以危险性类别为基础，分别采取从严监管（严管）、普通监管（普管）、从宽监管（宽管）的方法。严管主要针对危险性很大的社区矫正对象，主要体现在监督管理的频率和方法上，对于危险性很大的社区矫正对象，要进行高频率的监督管理。从方法上看，以直接监督为主进行监督管理，如采取直接见面的方式，使用电子监控的方法提高效率。普管是针对危险性中等的社区矫正对象实行较为严密的监督管理，管理频率相对较低。宽管是对危险性很小的社区矫正对象实施的宽松的监督管理，管理的频率最低，不使用电子监控手段。三类监督管理方法存在显而易见的差别。但是，以危险性类别为基础的分类、分级监管需要及时进行动态调整。例如，北京市社区矫正机构对于管理级别的调整周期为6个月，到期重新评估，以此作为分类、分级的依据。上海市社区矫正对象分类监督管理方法示例如表10-1所示。

表10-1 上海市社区矫正对象分类监督管理方法示例

分类项目		从严监督	普通监督	从宽监督
报到	电话汇报	每周1次	每月两次	每月1次
	当面汇报	每月1次	每45天1次	每季度1次
走访	家庭成员	每月1次	每45天1次	每两个月1次
	周围邻居	每月1次	每两个月1次	每季度1次

分类项目		从严监督	普通监督	从宽监督
思想汇报		每月上交 2 份	每月上交 1 份	每季度上交 1 份
活动范围		只能在本区县范围内活动，特殊情况下经批准可跨区活动	可在全市范围内活动	经批准可离开上海 15 天，并可重新申请，无次数限制
公益劳动		每月不少于 10 小时，按矫正工作规定的劳动内容进行，有人现场监督	每月不少于 5 小时，按矫正工作规定的劳动内容进行，可自主选择时间，一般不予监督	每月不少于 2 小时，可自主选择公益劳动的内容和时间，不予监督
教育	集中教育	每 2 个月 1 次	每季度 1 次	每半年 1 次
	个别教育	每月 1 次	每 45 天 1 次	每季度 1 次
住所核查		每月 1 次	每 2 个月 1 次	每季度 1 次

3. 根据年龄、性别分类

不同年龄段的群体有着不同的生理、心理特征，需要制定不同的监督管理措施。

1）青少年社区矫正对象的监督管理

青少年社区矫正对象的监督管理要注意以下几点：

（1）充分发挥家庭作用，营造家庭关怀的环境，青少年对家庭的依赖性较大，家庭对其教育效果会更好。例如，《云南实施细则》第 89 条规定：执行地县级社区矫正机构或者受委托司法所应当将未成年社区矫正对象监护人纳入矫正小组，签订责任书，明确履行抚养、管教、监护、保护合法权益等责任。

（2）强化社会参与。例如，上海市通过建立试学基地，由学校、派出所、居委会、家长、少管所民警组成帮教小组，负责试学对象在社区生活的管理；试学对象在学校的教育管理则由校长、教导主任、政教组组长、班主任组成的校内帮教小组负责。

（3）着重把握他们的交友范围，防范犯罪亚文化群体的感染。

（4）重视教育机会的保障。对处于求学阶段的青少年社区服刑人员，要把社区矫正管理与学校教育相结合；对未完成高中阶段教育的人员，要督促其参加学历教育。

2）老年社区矫正对象的监督管理

老年社区矫正对象的监督管理要在注重疾病治疗、适当放宽社会服务要求的基础上，适用两极化的行刑政策。

（1）因精神空虚、无所事事而出现的犯罪，要从及时、适当的惩罚入手，维护教育矫正规定的严肃性，提升社区矫正对象的规则意识。

（2）老年社区矫正对象确实存在恶习较深、极难矫正的情况，对此要敢于依法采取危险控制措施。

3）女性社区矫正对象的分类监管

女性社区矫正对象的分类监管存在一些突出的问题：

（1）未成年女性社区矫正对象的专门监督管理。对未成年女性社区矫正对象的专门监督管理，既要考虑到她们心智不够成熟的情况，加强世界观、人生观的教育和职业技术的培训，也要对导致她们犯罪的家庭、社会环境条件进行处置和改造。

（2）女性生育、哺乳权利的保障。女性的生育、哺乳权利具有优先于一般监督管理措施的地位，要切实予以保障。

（二）社区矫正个案监督管理

社区矫正个案监督管理是指根据每个社区矫正对象的具体情况组织开展相关社区矫正工作的方法和活动。社区矫正行为监督方式需因人而异。社区矫正个案监督管理包括个案评估、制定矫正方案、个案矫正的实施等环节。[①]

1. 个案评估与制定矫正方案

社区矫正个案监督管理的前提是进行个案评估，个案评估是通过一定的方法了解社区矫正对象的有关情况并作出评价结论的工作。个案评估一般包括风险评估和需要评估。

风险评估的方法有观察法、谈话法、调查法和量表法。量表法有代表性，是风险评估的有效工具和方法。在风险量表中设置多类有选择性的问题，不同选项分数不同，根据得分评定社区矫正对象的危险性。

需要评估是对社区矫正对象个人需要的系统性评价。需要评估的方法有多种，最有代表性的也是量表法。和风险评估一样，也是通过得分评价社区矫正对象个人需要的风险程度。评估结果作为制作矫正方案的重要依据。综合社区矫正对象的各类情况，制定有针对性的个案矫正方案。

2. 个案矫正的实施

个案矫正的实施是指社区矫正工作人员依据矫正方案，组织个案矫正、实施教育矫正的活动。个案矫正的实施是教育矫正的关键，包括介入、评估、修正等可以反复循环的工作环节。

个案矫正的实施有两个方面的突出要求：

（1）教育矫正的个别化要求。从认识上讲，没有两个完全相同的犯罪人，个案矫正的实施要在矫正方案的指引下结合社区矫正对象的实际情况不断评估、修正，以期获得更好的矫治效果。

---

① 吴宗宪著：《社区矫正导论》，中国人民大学出版社 2020 年版，第 135 页。

（2）个案矫正的实施要和犯罪矫正的社会工作结合起来。离开社会力量的专门社会工作，个案矫正的实施势必遭遇专业性的不足。

三、电子定位技术的适用

社区矫正的电子定位，是指社区矫正工作人员通过腕带、手机、皮下植入等方式对社区服刑人员的行动、生活、情绪等信息进行监视、监听的措施。随着社区矫正工作科技化进程的推进，势必使用电子定位技术对社区矫正对象进行追踪和定位，防止发生脱管、漏管等方面的问题。电子定位技术主要以 GPS 作为技术基础，适用于人身危险性较高的社区矫正对象，主要在社区矫正的初期（前三个月）使用。目前，主要使用的是电子定位腕带。

2006 年 4 月，江苏省苏州市沧浪区在社区矫正试点中建立了一套社区矫正移动信息管理系统，可以迅速对辖区内的社区矫正对象进行定位管理。在社区矫正试点中，上海市在《关于贯彻落实〈社区矫正法实施办法〉的实施细则》《上海市社区服刑人员电子实施监督管理暂行办法》等文件中，出台了电子实时监管的制度。2015 年 3 月 12 日，在社区矫正中心调查评估的基础上，徐汇区人民法院在判决书中载明："被告人须服从社区矫正机构的监督管理，自社区矫正宣告之日起三个月内接受电子实时监管……"

但是，电子监控、定位措施的适用始终存在监管必要性与社区矫正对象权利的衡平问题。为此，《社区矫正法》第 29 条规定："经县级司法行政部门负责人批准，可以使用电子定位装置，加强监督管理。"《社区矫正法实施办法》第 37 条进一步规定："电子定位装置是指运用卫星等定位技术，能对社区矫正对象进行定位等监管，并具有防拆、防爆、防水等性能的专门的电子设备，如电子定位腕带等，但不包括手机等设备。对社区矫正对象采取电子定位装置进行监督管理的，应当告知社区矫正对象监管的期限、要求以及违反监管规定的后果。"例如，《云南实施细则》第 41 条第 4 款规定："执行地县级社区矫正机构或者受委托司法所安装电子定位装置时，应当与社区矫正对象签订告知书，并进行教育，告知定位监管事项和相关责任，定位装置佩戴起始时间从实际安装之日起算。"

案例：A 市对社区矫正对象吕某某依法给予警告并使用电子定位装置

社区矫正对象吕某某因犯盗窃罪被 A 市人民法院判处拘役五个月，缓刑十个月。2021 年 2 月，A 市社区矫正机构在信息化核查时，发现吕某某未经批准离开 A 市，且本人手机关机，无法与其取得联系。A 市社区矫正机构立即采取通信联络、信息化核查、实地查访等方式组织查找，并做好记录，固定证据。查找无果后，A 市社区矫正机构及时通知执行地公安机关协助查找，并将查找情况通报执行地人民检察院。在公安机关的协助下，A 市社区矫正机构与不假外出至河北威县的吕某某取得联系，责令其立即返回接受调查处理。

　　吕某某返回 A 市后，执行地受委托司法所立即对其违纪行为开展调查取证工作。经核查，吕某某确系未经批准离开 A 市，违反《社区矫正法》《社区矫正法实施办法》关于外出的监督管理规定，情节较重。司法所随即向 A 市社区矫正机构提出给予吕某某警告的建议，经 A 市社区矫正机构合议，依法作出给予吕某某警告的决定，同时经 A 市司法局负责人批准，决定对其使用电子定位装置。吕某某受到警告处分后，A 市社区矫正机构将其管理等级从普通管理上调为严格管理，并及时调整了矫正方案，加大教育帮扶措施，切实提高监督管理的精准性和实效性，最终帮助吕某某顺利解矫。（参见司法部指导案例 JSSJJDGL1650875827）

第十一章 社区矫正的教育矫治

第一节 教育矫治概述

一、概念

（一）教育矫正还是教育矫治

"矫正"一词义为改正或纠正，"矫治"一词兼有医治的含义。在我国探索社区矫正制度和社区矫正工作的早期阶段，社区矫正和社区矫治一度都被用来指称司法实践中的社区矫正工作。尽管《社区矫正法》正式采用"矫正"一词，但从社区矫正制度的思想渊源等方面来看，教育矫治依然是社区矫正制度的核心内容。从这个意义上讲，教育矫治不仅包含了教育方法的要求，也有矫正、矫治等方面的含义。

（二）教育矫治理念

教育矫治理念是主流的刑罚目的理论。教育矫治理念脱胎于德国著名刑法学家弗朗斯·冯·李斯特（Franz Von Liszt）的教育刑论。从广义上讲，教育刑论是指施加于犯罪人的包含了教育目的刑罚，即通过对犯罪人的定罪、量刑和行刑，教育一般民众和犯罪人，实现法规意识的强化。20世纪以来，教育矫治理念在世界范围内被认可并应用于司法实践中。联合国1955年颁布的《囚犯待遇最低限度标准规则》第77条第1款规定："应该设法对可以从中受益的一切囚犯继续进行教育。包括在可以进行教育的国家进行宗教教育。文盲及青少年囚犯应接受强迫教育，管理处应予特别注意。"

（三）社区矫正的教育矫治

社区矫正中的教育矫治是指为转变社区矫正对象的不良心理和行为，促进他们再社会化的系统性影响和修复活动。《社区矫正法》第3条规定："社区矫正工作坚持监督管理与教育帮扶相结合，专门机关与社会力量相结合，采取分类管理、个别化矫正的方法，有针对性地消除社区矫正对象可能重新犯罪的因素，帮助其成为守法公民。"可见，教育矫治是社区矫正的基本内容和重要任务。

二、教育矫治的特征

教育矫治作为社区矫正的一项重要内容，主要有以下特征：

（一）教育矫治主体的复合性

教育矫治主体是复合主体，包括社区矫正对象的监护人或其他家庭成员、村民（居民）委员会工作人员、社区矫正机构工作人员、公安机关和司法机关工作人员等。教育矫治主体要为社区矫正对象提供必要的思想教育、心理辅导、职业技能培训等，使其有能力顺利融入社会。

（二）教育矫治对象的特殊性

《社区矫正法》第 2 条规定："对被判处管制、宣告缓刑、假释和暂予监外执行的罪犯，依法实行社区矫正。对社区矫正对象的监督管理、教育帮扶等活动，适用本法。"由此可见，教育矫治的对象即为《社区矫正法》规定的管制犯、缓刑犯、假释犯、暂予监外执行犯等社会行刑对象。

（三）教育矫治过程的复杂性

教育矫治主体的复合性和教育矫治对象的特殊性决定了教育矫治的过程必然不同于一般形式的教育。

1. 教育矫治是一个具有突出个别化特征的过程

面向社区矫正对象的教育应当因人施教。教育矫治的对象从年龄上有未成年人、成年人、老年人之分，从性别上有男女之分，而且家庭背景、受教育程度、个人心理和犯罪动机都是不同的，这就要求教育矫治主体在实施教育矫治的过程中，要尽可能地考虑每一名社区矫正对象的实际情况，不能一概而论。在教育矫治过程中，应以提高矫治成效为出发点，有的放矢地制定科学化、个性化的教育矫治方案。例如，对女性社区矫正对象，要从女性心理特点出发，多一点共情、少一点说理。而对老年社区矫正对象，则要充分考虑其身体和性格特点，多一些耐心细致，少一些简单粗暴。总之，要以高度的责任心开展细致的教育，体现国家对社区矫正对象深切的人文关怀和广泛的社会接纳。

2. 教育矫治是一项长期且艰巨的过程

导致犯罪的因素是多元的，每个人的价值观念、行为标准可能早就已经形成和固化，再次灌输符合社会普遍价值的社会规范是极其不易的。这就决定了教育矫治不可能一蹴而就，而是一项长期的、细致的、系统的工作。

三、教育矫治的原则

教育矫治的原则是指在开展教育矫治的过程中需要遵循的基本准则。根据社会防卫思想及其犯罪人治理的目标，对社区矫正对象进行教育矫治主要遵循以下原则：

（一）指向性

指向性原则是指教育矫治的目标指向应该是明确的，具有极强的目的性，能够清楚地说明对什么人开展、如何开展、采用何种方式开展。不同的社区矫正对象基本情况、性格特点、心理情况、社会阅历均不相同。因此在开展教育矫治时，需要结合社区矫正对象的不同情况进行具体分析。指向性原则要求以问题为导向，制定合理的教育矫治计划，在教育矫治过程中需及时进行评估并做相应的调整，与社区矫正对象形成良性互动，并及时总结好的经验和做法，才能取得较好的效果。

（二）恢复性

教育矫治论的立论前提是刑事实证学派提出的一般决定论，即人的意志并非自由，而是由生物属性和社会属性决定的，犯罪人就是由外在环境因素造成的病态人格。[①] 行刑矫正人道化与社会化思潮强调尽可能地以社区矫正的模式代替监禁矫正，运用社会自身的机制和规律更有效地改造行刑矫正对象，以增强行刑矫正对象的矫正效果，促进行刑矫正对象尽早成功融入社会。这就决定了教育矫治需采用最有利于人道化和社会化的损害修复理论。而从损害修复的角度上来说，教育矫治就是通过法律、心理、文化、道德等方式，对社区矫正对象的认知和心理进行修复，帮助其更好地融入社会。

（三）渐进性

教育矫治需要遵循一定的客观规律，应由浅入深、逐步递进、合法有序地开展教育矫治。人的价值观具有层次性和等差性，区分价值观的层次性是教育活动的前提和基础，价值观的层次性不仅为教育活动提供了可能，而且提供了科学化的路径。思想教育的根本任务在于使受教育者沿着教育者提供的社会价值观念的层次性目标进行攀升。[②] 在教育矫治开展过程中要遵循由实践到认识再到实践的过程，循环往复，不断探索，形成提升认识、纠正行为、养成习惯的教育矫治方略。

① 刘双阳：《从教育矫治到损害修复：社区矫正教育矫治模式的重塑》，载《信阳师范学院学报（哲学社会科学版）》2020 年第 2 期。
② 佘双好：《价值观的层次性与思想政治教育发展与变革》，载《探索》2015 年第 2 期。

第二节　社区矫正教育矫治的内容及方法

一、社区矫正教育矫治的内容

（一）告知教育

1. 告知教育的概念

告知教育是指社区矫正决定机关按规定告知社区矫正对象所需履行的义务、所需承担的法律后果及责令其按时报到的教育活动。[①]

《社区矫正法实施办法》第15条规定："社区矫正决定机关应当对社区矫正对象进行教育，书面告知其到执行地县级社区矫正机构报到的时间期限以及逾期报到或者未报到的后果，责令其按时报到。"因此，告知教育是社区矫正决定机关应履行的法定职责，通常在社区矫正开始前组织实施。告知教育一般应采用书面方式进行，人民法院的法庭教育，监狱、看守所的教育等内容也属于告知教育的范畴。

2. 告知教育的内容

告知教育主要包括以下几个方面的内容：

（1）《刑法》规定了社区矫正对象需要履行的义务，即社区矫正对象需履行所判处的刑罚中所包含的法定义务。《刑法》第39条规定："被判处管制的犯罪分子，在执行期间，应当遵守下列规定：（一）遵守法律、行政法规，服从监督；（二）未经执行机关批准，不得行使言论、出版、集会、结社、游行、示威自由的权利；（三）按照执行机关规定报告自己的活动情况；（四）遵守执行机关关于会客的规定；（五）离开所居住的市、县或者迁居，应当报经执行机关批准。"《刑法》第84条规定："被宣告假释的犯罪分子，应当遵守下列规定：（一）遵守法律、行政法规，服从监督；（二）按照监督机关的规定报告自己的活动情况；（三）遵守监督机关关于会客的规定；（四）离开所居住的市、县或者迁居，应当报经监督机关批准。"同时，社区矫正对象还应遵守法院判处的禁止令、职业禁止等规定。

（2）应遵守的行政规定。除法定义务外，还应告知社区矫正对象需服从社区矫正机构的监督管理，遵守报告、会客、外出等管理制度，不得擅自行动。

（3）告知社区矫正对象违规可能会被给予警告、治安管理处罚，严重的可能被收监执行等法律后果。

告知教育通过告知社区矫正对象应尽的法律义务，通过警示脱管责任来强化和提升

---

① 吴宗宪著：《社区矫正导论》（第2版），中国人民大学出版社2020年版，第230页。

社区矫正对象的法律意识、在刑意识，对帮助其认罪悔罪和预防其失管脱管有重要的作用。

（二）入矫教育

1. 入矫教育的概念

入矫教育是指社区矫正机构在接收社区矫正对象后为帮助其适应社区矫正工作而开展的教育。[①] 开展入矫教育有助于端正社区矫正对象的态度，增强社区矫正对象的主动性。

2. 入矫教育的内容

入矫教育主要包括以下几个方面的内容：

（1）权利义务教育。社区矫正对象首先是具有公民资格的。社区矫正对象虽然受到刑罚，但公民资格并没有被剥夺，依然享有作为公民的权利。《社区矫正法》第4条第2款规定："社区矫正工作应当依法进行，尊重和保障人权。社区矫正对象依法享有的人身权利、财产权利和其他权利不受侵犯，在就业、就学和享受社会保障等方面不受歧视。"社区矫正对象并没有被剥夺全部权利，而只是被限制了部分权利，仍然享有宪法和法律赋予的权利和义务。《社区矫正法》第34条规定："开展社区矫正工作，应当保障社区矫正对象的合法权益。社区矫正的措施和方法应当避免对社区矫正对象的正常工作和生活造成不必要的影响；非依法律规定，不得限制或者变相限制社区矫正对象的人身自由。社区矫正对象认为合法权益受到侵害的，有权向人民检察院或者有关机关申诉、控告和检举。受理机关应当及时办理，并将办理结果告知申诉人、控告人和检举人。"这说明我国法律对社区矫正对象权利义务的保障是十分重视的。但是，在社区矫正实践中，很多社区矫正对象对于自身的权利义务认识并不明确。因此，在入矫时开展权利义务教育十分必要。

权利义务教育应当围绕宪法和法律赋予社区矫正对象应当享有的权利和必须履行的义务来开展。例如，《社区矫正法》第43条规定："社区矫正对象可以按照国家有关规定申请社会救助、参加社会保险、获得法律援助，社区矫正机构应当给予必要的协助。"在进行权利义务教育时就应该告知社区矫正对象享有法律规定的相应权利，并且受法律保护。同时，还应针对社区矫正对象所受的刑罚中被限制的特定权利、应当履行的特定义务等内容有针对性地制定和调整教育内容。《刑法》第38条第2款规定："判处管制，可以根据犯罪情况，同时禁止犯罪分子在执行期间从事特定活动，进入特定区域、场所，接触特定的人。"《云南实施细则》也规定，入矫教育内容包括社区矫正对象权

---

① 吴宗宪著：《社区矫正导论》（第2版），中国人民大学出版社2020年版，第231页。

利义务学习。因此，开展权利义务教育时，应当根据判罚告知社区矫正对象的特定权利，并要求严格履行其义务。权利义务教育方式有集中教育、个别教育等，开展权利义务教育对社区矫正对象正确认识自身特殊身份，更好地开展社区矫正工作有基础性作用。

（2）在刑意识教育。在刑意识是指罪犯对自身法律身份和服刑状态的认知。开展在刑意识教育就是为了帮助社区矫正对象提升这种认知。由于社区矫正工作是在开放的社区中开展的，因此对社区矫正对象的在刑意识教育尤为重要。

在刑意识教育的内容包括法治教育、身份认同教育、社会责任感教育等。通过法治教育，使社区矫正对象明白法律对犯罪的界定、对社区矫正的规定等内容，同时还应通过政策解读，树立其依法进行社区矫正的意识。例如，提示社区矫正对象要依照法律和规章制度接受社区矫正机构的监管，以及不服从规章制度所产生的后果等。通过身份认同教育，帮助社区矫正对象认清自身社会角色，克服悲观和消极情绪，积极配合社区矫正机构进行社区矫正。通过社会责任感教育，使社区矫正对象明白自身犯罪对于社会的危害性，自身担负着对社会损害的补偿和修复责任。对社区矫正对象的认罪、悔罪教育，最重要的一点就是要强调他们的社会责任，唤醒他们的责任良知，从而使他们达到纠正自身思想和行为的目的。

在刑意识教育通过集中讲座、政策解读、案例分析、参观监管场所等方式开展，特别是可以借助信息手段开展本地区的案例警示教育，具有易接受、贴近实际、警示性强等优点，教育效果较为良好。

（三）日常教育

1. 日常教育的概念

日常教育是教育矫治的主要方式，是指为矫治社区矫正对象的不良心理和行为而开展的教育。

2. 日常教育的内容

日常教育主要包括以下几个方面的内容：

1）法治教育

在社区矫正工作中，很多社区矫正对象正是因为缺乏法律知识和意识才走上犯罪道路的。因此，为社区矫正对象上好法治教育课意义重大。社区矫正教育矫治中的法治教育是指针对社区矫正对象开展的法律知识和法治思维培育的工作。目的是让社区矫正对象通过学习法律，认清自身行为的危害性，纠正行为恶习，预防和减少犯罪。对社区矫正对象的法律意识培养可以通过开展思想教育的方式实施，主要是为了帮助社区矫正对象树立知法、懂法、尊法、守法、用法的基本法律意识。同时，要做好法律法规的宣传普及工作，尤其是要做好社区矫正相关法律的解读宣讲，帮助社区矫正对象更好地配合

教育矫治工作。

法治教育一般遵守普遍性与特殊性相结合的原则，既要保证基本法律知识人人皆知，又要针对社区矫正对象所触犯的法律开展有针对性的法治教育。例如，对交通肇事的罪犯开展道路交通安全相关法规的教育，对信用卡诈骗的罪犯开展金融相关法规的教育等。

2）道德教育

道德教育是指为提升社区矫正对象道德水平和道德修养而进行的教育矫治活动。由于道德和法律同样具有约束人行为的作用，因此有必要对社区矫正对象进行道德教育。

对社区矫正对象的道德教育应当遵从道德教育的一般规律，应包括以下几个方面的内容：

（1）激发道德意识。激发社区矫正对象的道德意识，应遵循"社会要素→个人要素→利他要素"的顺序。通过社会规范影响，人会作出道德控制下的举动。如果在道德规范下作出不道德的举动，大部分人会受到良心的谴责，产生罪恶感。为了不越过社会规范设定的界限，人会产生自制力、培养起判断道德行为的分辨力以及作出正确举动的决断力。这个过程是从社会要素向个人要素传递的阶段，当个人要素的道德性得到实现的时候，人就会将视线从自身转向他人。他们会帮助生活较为困苦的人，产生为他人着想的利他心理和关怀之心。不过需要注意的是，这个过程必须是周期性且不断反复的。

（2）培养道德情感。感人心者，莫先乎情。把道德认识转化为社区矫正对象的道德行为，良好的道德情感起着重要的中介和桥梁作用。情感对人的价值观的确定、认识活动的顺利完成和良好行为习惯的养成发挥着重要的作用。培养道德情感是提升人们的道德认识，形成良好的道德品质，自觉履行道德义务不可缺少的重要环节。社区矫正机构应充分调动社区矫正对象的情感因素，强化道德教育的实际效果。这就要求社区矫正工作者在教育矫治的过程中，首先要当好社区矫正对象道德情感的引路人，熟练掌握更多的人际沟通技巧，以良好的道德修养与社区矫正对象产生道德共情，从而达到感化、矫治的效果；其次要在谈心谈话、公益活动中贯穿和注重情感的激发，方能达到较好的矫治效果。

（3）学习道德规范。社区矫正工作者要以社会主义核心价值观为基础对社区矫正对象进行道德规范教育。在道德规范学习中，针对不同社区矫正对象的个人情况，有针对性地突出社会公德、职业道德、家庭美德和个人品德等内容。同时，要用好中国传统文化这个巨大宝库，培养社区矫正对象的爱国主义、奉献社会、勤劳善良等意志品质，帮助其摒弃享乐主义、个人主义等错误观念。

（4）养成道德习惯。道德是内心的法律，道德习惯的养成有利于社区矫正对象树立自身正确的价值观，更积极主动融入社会。《社区矫正法》第42条规定："社区矫正机构可以根据社区矫正对象的个人特长，组织其参加公益活动，修复社会关系，培养社会责任感。"从公益活动的特征来看，公益性能够使社区矫正对象形成奉献意识；社会性能够帮助社区矫正对象强化责任意识；共享性能帮助社区矫正对象树立集体意识。同时，公益活动也能使社区矫正对象在潜移默化中形成相应的道德习惯，有助于提高社区矫正对象的道德修养。

3）文化教育

对社区矫正对象的文化教育是指为提高其文化素质而进行的教育。对社区矫正对象进行文化教育，具有"润物无声""导人向善"的效果。《社区矫正法》第 55 条规定："对未完成义务教育的未成年社区矫正对象，社区矫正机构应当通知并配合教育部门为其完成义务教育提供条件。未成年社区矫正对象的监护人应当依法保证其按时入学接受并完成义务教育。年满 16 周岁的社区矫正对象有就业意愿的，社区矫正机构可以协调有关部门和单位为其提供职业技能培训，给予就业指导和帮助。"面向处于义务教育阶段的未成年社区矫正对象开展文化教育时，要注意做好与学校、家庭的沟通工作，避免其因遭受歧视，降低教育矫治效果的现象发生。对于年满 16 周岁且有就业意向的社区矫正对象，社区矫正机构可以协调劳动行政部门、人力资源部门、职业学校、职业培训机构和企事业单位等为其提供职业技能培训，给予就业指导和帮助。对于成年社区矫正对象的文化教育，可以视其文化程度开展，对于文化程度不高的社区矫正对象，可以进行扫盲教育、认知教育等，对于文化层次较高的社区矫正对象，可以重点进行教育引导，鼓励其参加函授、自学考试等提升学历。

社区矫正对象的文化教育要充分协调和调动社会资源来进行，社区矫正机构要合理利用所在地区的学校、专家、志愿者等智力资源，对社区矫正对象开展行之有效的文化教育。

4）养成教育

养成教育是指为帮助社区矫正对象更好地融入社会，纠正不良行为习惯而开展的教育矫治活动。社区矫正对象的养成教育主要有以下两个方面：

（1）行为规范养成教育。行为规范养成教育是指通过一系列的教育和激励，促使社区矫正对象养成良好行为规范的教育矫治活动。针对社区矫正对象的行为规范教育，首先要制定合适的行为规范，明确孰可为孰不可为，通过教育规范社区矫正对象的行为，由于社区矫正工作是在开放的社区内进行的，与在监狱内服刑的方式有很大的差别，这就要求社区矫正机构要明确行为规范。在明确行为规范的工作中，可以采取标语式、卡册式、视频式方法，合理利用微信推送、小程序 APP 等信息化手段向社区矫正对象推送行为规范的内容。其次，要加强行为规范的执行。社区矫正机构可通过结对监督、家庭监督、社区监督等方式保证行为规范的执行。时刻关注其规范执行情况，提高社区矫

正对象执行正确行为规范的主观意向性。最后，建立健全合理的行为规范评价机制。可以采取适当的激励方式，通过表彰、奖励和批评、惩戒等方式，引导社区矫正对象规范自身的行为，进一步夯实矫治成效。

（2）生活养成教育。生活养成教育是指为了培养社区矫正对象良好的生活方式和生活习惯而进行的教育矫治活动。良好的生活方式和生活习惯有助于社区矫正对象树立对待生活的信心，克服其因社会内处遇不同而产生的敏感和自卑心理。规律的生活习惯对社区矫正对象的生理和心理健康都有较大的益处。同时，可以培养社区矫正对象积极向上的爱好，如音乐、绘画、体育等。爱好的养成有助于陶冶情操，使人精神愉悦，促进教育矫治更好地发挥作用。

（四）解矫教育

1. 解矫教育的概念

解矫教育是指为帮助社区矫正对象更好地适应下一阶段的社会生活，对即将结束社区矫正的社区矫正对象开展的专项教育。

解矫教育对于总结社区矫正活动，帮助社区矫正对象面对新的工作和生活有着积极的过渡意义。《社区矫正法实施办法》第53条规定："社区矫正对象矫正期限届满，且在社区矫正期间没有应当撤销缓刑、撤销假释或者暂予监外执行收监执行情形的，社区矫正机构依法办理解除矫正手续。社区矫正对象一般应当在社区矫正期满三十日前，作出个人总结，执行地县级社区矫正机构应当根据其在接受社区矫正期间的表现等情况作出书面鉴定，与安置帮教工作部门做好衔接工作……"各地区也出台相关规定明确解矫教育的内容。例如，《云南实施细则》第76条第3款规定："解矫教育主要包括以下内容：（一）安置帮教和社会保障政策教育；（二）预防再犯罪教育；（三）社会适应性教育；（四）其他。"

2. 解矫教育的内容

解矫教育主要包括以下两个方面的内容：

（1）矫正总结教育。矫正总结教育是指通过帮助社区矫正对象进行个人总结，巩固社区矫正效果而进行的教育。矫正总结教育主要是帮助社区矫正对象总结社区矫正开展以来在法治、道德、文化、养成、行为方面取得的进步和收获，同时分析在社区矫正过程中存在的不足。帮助社区矫正对象进一步增强公民意识、法律意识和社会责任意识，从而更好地融入社会。

帮助社区矫正对象进行个人总结时，应当实事求是，可以通过纵向对比入矫时与即将解矫时的个人情况，抑或与其他社区矫正对象进行横向比较，系统总结社区矫正的效果，对于尚未解决的问题视情况"补课"，进而巩固教育矫治成效。

（2）社会适应教育。社会适应教育是指有针对性地帮助即将解矫的社区矫正对象适应社会的教育活动。

《社区矫正法实施办法》第45条规定："执行地县级社区矫正机构、受委托的司法所依法协调有关部门和单位，根据职责分工，对遇到暂时生活困难的社区矫正对象提供临时救助；对就业困难的社区矫正对象提供职业技能培训和就业指导；帮助符合条件的社区矫正对象落实社会保障措施；协助在就学、法律援助等方面遇到困难的社区矫正对象解决问题。"对于即将解矫的社区矫正对象，社区矫正机构应当协调相应部门提供必要的帮助，帮助其树立开启新生活的信心，注意教育和帮扶的延续性，及时解决他们的困难，避免重入歧途。例如，上海市社区矫正机构对于因脑出血后遗症导致偏瘫的社区矫正对象在解矫后仍持续开展个性化帮教，帮助其解决残疾证申领、申请经济补助等具体问题，真正体现了司法的温度，实现社区矫正的真正目的。

二、社区矫正教育矫治的方法

（一）集中教育

1. 集中教育的概念

集中教育是指为解决社区矫正对象的共性问题，采取适当的方式将社区矫正对象集中起来，统一进行教育的方式。《社区矫正法实施办法》第43条第3款规定："社区矫正机构、司法所根据需要可以采用集中教育、网上培训、实地参观等多种形式开展集体教育……"集中教育被广泛应用到社区矫正的教育矫治实务中，相对于一般的教育矫治方式，集中教育具有覆盖面广和组织性强等特点。

2. 集中教育的组织实施

集中教育根据社区矫正的实际需要开展，抓住入矫、重要时间节点、重要活动等时机科学组织和实施。在实施集中教育的过程中需要注意严肃性和规范性。严肃性是指社区矫正对象必须按照规定的时间和地点参与集中教育，不得无故缺席。《社区矫正法实施办法》第34条规定："社区矫正对象具有下列情形之一的，执行地县级社区矫正机构应当给予训诫：（一）不按规定时间报到或者接受社区矫正期间脱离监管，未超过十日的；（二）违反关于报告、会客、外出、迁居等规定，情节轻微的；（三）不按规定参加教育学习等活动，经教育仍不改正的；（四）其他违反监督管理规定，情节轻微的。"可以看出，社区矫正对象的态度是教育矫治需要衡量的重要标准之一，对于经教育仍不改正的才会进行训诫。规范性是指社区矫正机构在组织集中教育时应当做好相应的组织和记录工作，记录内容应包括时间、地点、授课人、参加人、授课方式、授课内容和主要效果等。并将记录文书作为社区矫正的档案存档，作为衡量社区矫正工作成效的重要依据。

集中教育可通过以下三种方式实施：

（1）集中授课。集中授课是指社区矫正机构利用自身和社会的智力资源，按照既定的教学计划方案开展的集体教育形式。授课可以采用传统的线下集中授课方式，也可通过网络集中授课开展，一般应有专门的教师和教案，授课时长一般较为稳定。此种方式广泛应用于社区矫正对象的法律、道德、文化教育中。在课堂的组织中，应注意课程和教师的选择。在课程的选择和设计上，应从社区矫正对象的普遍性问题出发，以问题为导向，以提高社区矫正效果为原则，遵循教育规律，循序渐进地科学安排。在教师的选择上，可以合理利用社会资源，尽量聘请专业功底扎实、语言风趣易懂、课堂效果较好的教师承担教学任务，以达到课堂教学效果的最大化。

（2）举办会议。举办会议是指社区矫正机构通过组织特定主题的集会，在特定场地组织面向社区矫正对象开展的宣教活动。主要方式有奖惩大会、政策宣讲大会、动员大会等。举办会议具有主题鲜明、氛围感强等特点，可以通过宣讲、动员等方式倡导正确的矫正理念，帮助社区矫正对象树立起正确的价值观念，以保障和促进社区矫正的科学有序进行。

（3）现场体验。现场体验是指社区矫正机构组织社区矫正对象到特定的地点和场地参观、学习和体验的集中教育方式。现场教育具有生动直观、代入感强等特点，社区矫正机构可视情况组织社区矫正对象参观看守所、监狱、红色景点、主题展览等。通过身临其境的体验，强化社区矫正对象的感性认识。

（二）分类教育

1. 分类教育的概念

分类教育是指依据社区矫正对象的不同类型，将具有相同特点的社区矫正对象集合在一起，不同特点社区矫正对象分开教育的方式。分类教育是教育矫治的重要方式之一。《社区矫正法实施办法》第 43 条第 2 款规定："社区矫正机构、司法所应当根据社区矫正对象的矫正阶段、犯罪类型、现实表现等实际情况，对其实施分类教育……"

2. 分类教育的组织实施

分类教育组织实施时，应以总结个性特征为基础，系统分析群体共性问题，灵活应用好心理学、社会学、犯罪学等领域的相关知识对社区矫正对象开展教育矫治。例如，上海市长宁区社区矫正中心有针对性地组织实施女性社区矫正对象的教育矫治项目。女性在社会家庭中属于弱势群体，对于家人、朋友和同事对她的看法相对敏感，一个鄙视的眼神或者一个负面的评价都会让她的内心掀起滔天巨浪，甚至怀疑自己生存的意义。女性社区矫正对象对于家庭成员以及身边的人的看法更为敏感，若处理不当会引发其歇斯底里和抑郁的情绪产生，倘若因此而被不幸地贴上标签，被社会反应所催化，就会导致多重问题。女性社区矫正对象，既有作为社区矫正对象所共有的普遍性问题，又有不同于男性社区矫正对象的特殊性，其教育矫治应根据其群体心理特点开展。

在对女性社区矫正对象开展教育矫治时，应注意以下几个方面：

（1）注重情感的认同和激发。女性在情绪认知和表达上均比男性更为细腻，习惯于从感官和情绪上认识世界。因此，从情感和情绪上入手，多激发其感性认识，更有利于将其带入特定的情境中，提高教育矫治的效果。女性社区矫正对象比男性更容易焦虑、更脆弱，情绪变化大，普遍自我评价低、应变能力差，在社区矫正过程中心理承受能力差，思想包袱重且容易自暴自弃、自我消沉。因此，社区矫正机构从女性的自我认同和自我整合出发，引导女性社区矫正对象重新认识自我，看待自我，并由此及彼认识他人，在自我认同和他人认同中找到自身准确定位，在压力状态下激发其找回自我、找回自信，并组织适时的交流，通过良性互动，达到重塑自我的目的和效果。

（2）注重家庭关怀。女性与男性不同，女性人际关系相对于男性更单纯，对于家庭的依赖性强于男性；对于家庭和家庭成员的评价更为重视，因此要用好家庭这个教育环境，及时进行家访，主动与其家庭成员签订帮教协议，让女性社区矫正对象感受到亲情支持，消除其被家庭成员歧视甚至抛弃的隐患，更有利于提高教育矫治效果。

（3）选好教育项目。选择教育项目，要根据女性性格特点，兼顾兴趣，选择既可以提升其职业技能又便于组织开展的项目。同时要应用好中国传统优秀文化成果，提升社区矫正对象的道德和文化修养，抚平其焦虑、消沉情绪，适当地进行生理和心理的调适，开展法治教育，提升她们应用法律武器保护自身权益的能力。

（三）个别教育

1. 个别教育的概念

个别教育是指社区矫正机构为解决社区矫正对象存在的个性问题而开展的有针对性的教育活动。《社区矫正法》第36条第2款规定："对社区矫正对象的教育应当根据其个体特征、日常表现等实际情况，充分考虑其工作和生活情况，因人施教。"个别教育的针对性、灵活性都比较强，有利于拉近矫正工作人员与社区矫正对象之间的距离，取得相对较好的教育矫治效果。个别教育是因人施教原则的重要体现方式之一。

2. 个别教育的组织实施

个别教育可以采取个别谈话、家庭走访等方式开展。

1）个别谈话

个别谈话是深入了解社区矫正对象个人情况并有针对性地进行教育的一种重要方法，是个别教育中应用较为广泛的一种教育方式，在个别谈话的组织实施中，应注意以下几个方面：

（1）做好谈话前的准备工作。所谓"知己知彼，百战不殆"。在谈话准备阶段，首先要对谈话对象的犯罪性质、家庭情况、现阶段需求等情况有清晰的了解和掌握；其次要清楚谈话的动机，即为什么要谈话，需要解决社区矫正对象什么方面的问题；最后要

对可能出现的问题预先准备，预设在谈话过程中谈话对象可能提出的问题并想好应对之策。

（2）掌握好谈话的时机。只有抓住恰当的时机开展谈话，才能起到事半功倍的效果。例如，在社区矫正对象身患疾病或遭遇家庭问题时，及时进行谈话，能让其更好地感受到来自社区矫正机构的关怀，从而更好地配合社区矫正活动。

（3）构建好谈话环境。人在不同的环境、不同的氛围中所产生的心境是不同的，而不安、烦躁等情绪不利于让社区矫正对象接受谈话内容。因此，在谈话氛围的营造上要尽量轻松、和谐，在谈话环境的选择上应注意选择相对安静、能够保护社区矫正对象隐私的地点，这些都有利于社区矫正对象在谈话过程中敞开心扉、畅所欲言。

（4）善用谈话技巧。根据社区矫正对象个人的性格特点采取不同的谈话技巧，如激励法、告诫法、比较法等，做到因人而异，有的放矢。在谈话过程中需要尊重社区矫正对象的人格尊严，表达出共情，但不能带有歧视、应付等情绪。

2）家庭走访

家庭走访是指社区矫正机构派出专门人员到社区矫正对象家中了解情况、实施教育、解决问题的一种个别教育方式。在实施家庭走访中，要重点关注社区矫正对象的个人问题。在社区矫正实践中，社区矫正对象主要有以下几个方面的需求：

（1）基础的物质需求，如住房、社会保障金等。

（2）支持性需求，如职业技能培训、义务教育需求、法律援助等。

（3）心理需求，如心理障碍调适、心理危机干预等。

通过解决实际问题，能够起到良好的感化作用，从而取得较好的教育矫治效果。

在个别教育的组织实施中，要认真记录教育主体、教育内容、取得的效果等。个别教育既要有连贯性也要有特定性。连贯性是指对社区矫正对象的个别教育要贯穿整个社区矫正的过程，不宜中断；特定性是指在社区矫正对象遭遇重大变故、交往异常或有脱离监管的趋向时应当增加个别教育的频率，防患于未然。

（四）社会教育

1. 社会教育的概念

社会教育是指社区矫正机构运用社会力量对社区矫正对象开展的教育。[①]《社区矫正法》第11条规定："社区矫正机构根据需要，组织具有法律、教育、心理、社会工作等专业知识或者实践经验的社会工作者开展社区矫正相关工作。"第13条规定："国家鼓励、支持企业事业单位、社会组织、志愿者等社会力量依法参与社区矫正工作。"国家以法律的形式鼓励、支持各类组织力量参与社区矫正工作，为社会力量参与社区矫正

---

① 吴宗宪著：《社区矫正导论》（第2版），中国人民大学出版社2020年版，第246页。

工作提供了法律依据。

2. 社会教育的形式

1）家庭教育

家庭教育是指社区矫正对象的监护者或家庭成员等对其开展的教育。《社区矫正法》第12条第2款规定："社区矫正对象的监护人、家庭成员，所在单位或者就读学校应当协助社区矫正机构做好社区矫正工作。"社区矫正对象的监护人和家庭成员是与社区矫正对象关系较为密切的人，对社区矫正对象的性格特点、思想情况有较为深入的了解。因此，在教育矫治过程中开展家庭教育尤其重要，教育作用效果显著。但在实施家庭教育时，要注意家庭中的不利因素给社区矫正对象所带来的负面影响。犯罪学研究证明，人的社会失范行为往往与家庭环境和家庭教育有关，有时甚至是主导因素。所以在实施家庭教育时要通过走访当地派出所、居委会、邻居等了解实际情况，避免因家庭负面影响而重新犯罪。同时，要防止家庭成员帮助社区矫正对象隐瞒甚至谎报真实情况的现象发生。因此，要认真分析情况，说明应尽的责任和应履行的义务，合理调动家庭成员协助社区矫正的积极性。特别是对未成年社区矫正对象的监护人责任，《社区矫正法》第53条规定："未成年社区矫正对象的监护人应当履行监护责任，承担抚养、管教等义务。监护人怠于履行监护职责的，社区矫正机构应当督促、教育其履行监护责任。监护人拒不履行监护职责的，通知有关部门依法作出处理。"家庭教育不是孤立的，社区矫正机构要做到与社区矫正对象的家庭实现良性沟通，方能确保家庭教育取得良好成效。

2）单位及学校教育

单位及学校教育是指社区矫正对象所在的单位和学校应协助社区矫正机构对社区矫正对象进行的教育。《社区矫正法》第37条规定："社区矫正机构可以协调有关部门和单位，依法对就业困难的社区矫正对象开展职业技能培训、就业指导，帮助社区矫正对象中的在校学生完成学业。"《社区矫正法》第39条规定："社区矫正对象的监护人、家庭成员，所在单位或者就读学校应当协助社区矫正机构做好对社区矫正对象的教育。"明确了有关单位和学校在社区矫正工作中应负的义务。在单位与学校进行教育时，要注意保护好社区矫正对象的权益。特别是学校要遵守有关的保密规定，控制知情范围，注重未成年社区矫正对象的自尊和权益保护。

3）专业人员教育

专业人员教育是指社区矫正机构通过心理、法律、文化等社会上的具有专业知识的人员对社区矫正对象开展专业性辅导、提供专业性服务的教育。《社区矫正法》第40条规定："社区矫正机构可以通过公开择优购买社区矫正社会工作服务或者其他社会服务，为社区矫正对象在教育、心理辅导、职业技能培训、社会关系改善等方面提供必要的帮扶……"专业组织及人员具有心理学、法学、社会学等专业知识，能为解决社区矫正对

象在就业、心理、社会关系、行为方面的问题提供科学化的指导、帮助和评估，有利于提高教育矫治的专业性和科学性，对社区矫正对象再社会化有积极的帮助。

4）党政部门及人民团体教育

党政部门及人民团体教育是指村民居委会、居民委员会等党政组织和妇联、工会、残联等人民团体对社区矫正对象进行的教育。《社区矫正法》第 35 条规定："县级以上地方人民政府及其有关部门应当通过多种形式为教育帮扶社区矫正对象提供必要的场所和条件，组织动员社会力量参与教育帮扶工作。有关人民团体应当依法协助社区矫正机构做好教育帮扶工作。"《社区矫正法》第 38 条规定："居民委员会、村民委员会可以引导志愿者和社区群众，利用社区资源，采取多种形式，对有特殊困难的社区矫正对象进行必要的教育帮扶。"相关党政部门及人民团体应根据自身的特点，为社区矫正对象提供必要的帮助，特别是对妇女、未成年儿童、身患残疾等特定社区矫正对象，要根据个人实际情况，协调解决其在法律援助、社会保障、福利申领发放、家庭关系方面遇到的实际困难，帮助社区矫正机构共同做好社区矫正工作。

除此之外，社会志愿者、科研机构、高校都可参与到对社区矫正对象的教育工作中。在社区矫正不断发展的今天，社区矫正机构应当建立健全常态化的社会资源协调机制，充分调动社会资源参与到社区矫正中来，构建社区矫正机构、司法机关、社会资源三位一体的社区矫正工作体系，不断提升教育矫治的成效，为社区矫正对象搭建起一座融入社会的教育之桥。

第三节　教育矫治的不足与促进

一、教育矫治的不足

（一）教育矫治的落实不到位

虽然教育矫治越来越得到重视，但仍然存在落实不到位、质量不高等现象。

1．教育矫治计划有待完善

目前，在教育矫治过程中依然存在根据"老经验""老方法"办事的问题，没有认识到教育矫治工作具有现实意义，在制定教育矫治方案时阶段划分不当、教育重点确定不够合理。

2．经费保障不够

《社区矫正法》第 6 条规定："各级人民政府应当将社区矫正经费列入本级政府预算。居民委员会、村民委员会和其他社会组织依法协助社区矫正机构开展工作所需的经费应当按照规定列入社区矫正机构本级政府预算。"但在实际操作过程中，经费使用缺乏详细划分预算，导致社区矫正机构常常得不到足够的经费，有些欠发达地区甚至无法保障应有的经费，这在一定程度上影响了教育矫治的正常开展。

3. 组织实施不够精准

主要体现在对教育矫治的组织实施不够严密，没有根据社区矫正对象的实际情况制定科学化、个别化的教育矫治方案，过程监管不够到位，存在教育走流程等问题。

（二）教育矫治的效能评估缺失

矫治评价和教育矫治应当相辅相成，共同贯穿于社区矫正工作的全过程。矫治评价体系对教育矫治实施有指向性作用，并为其改进和提升提供了依据。现阶段实务部门对教育矫治的质效评估重视不够，教育矫治工作缺少科学合理的评价指标，导致教育矫治工作有时如盲人摸象、管中窥豹，无法进行有效的规范、监督和管理。

我国较早就开始组织力量积极探索如何科学构建运行"罪犯改造质量评估体系"。围绕教育矫治的效能评估，从罪犯个体的转变，包括认知、危险程度、习惯等测试因子的转变出发，研发出一系列的测试量表。但是，有关教育矫治效能评估量表普遍存在以下两个方面的不足：

（1）对"到底是哪些矫正措施引起了这些转变，哪种矫正措施更为有效，哪种矫正措施更能促使某一因子发生显著变化"等关注不够。[①]

（2）缺乏全国性的教育矫治的效果检验机制和评价体系。

（三）教育矫治队伍建设不完善

我国的教育矫治已经取得了一定的发展和进步，但存在教育矫治人手不足、素质参差不齐等突出的问题。

二、教育矫治的促进

（一）教育矫治意识的树立

教育矫治工作是预防和减少犯罪的重要手段之一，也是社区矫正工作中的重要组成部分，对构建和谐社会有正向的影响。因此，社区矫正机构要有正确的教育矫治理念，充分认识教育矫治的重要性和必要性，在教育矫治实施过程中给予充分的指导、支持和保障。同时，社区矫正机构要树立正确的教育矫治意识，重视教育矫治的全方位规划、全步骤实施和全流程管理，确保教育矫治的每一步都踏雪有痕，落到实处。

（二）评价体系的完善

评价体系的完善需要结合我国教育矫治的实际情况，充分发挥评价体系的引领作

---

① 张国敏：《教育矫正效能评价问题研究》，载《犯罪与改造研究》2022 年第 2 期。

用，建立健全规范化的评价体系，注重评价体系的实际效果。完善当前的评价体系，要从入矫前的风险评估出发，到入矫后的分类评估，矫正中的需求评估，最后到解矫前后的回归评估，打造具有中国特色的教育矫治的评价体系。

（三）社区矫正队伍的建设

持续推进社区矫正队伍建设，在注重社区矫正工作人员基本素养的基础上，应注重考察其学科背景、专业特长、组织能力、沟通协调等能力的培养，通过组织培训交流，夯实教育矫治工作水平。面对专业人才不足的情况，通过引进优质社会教育资源，弥补缺口，补齐短板，从而更好地促进社区矫正对象融入社会。

第十二章　社区矫正心理矫治

　　社区矫正心理矫治有着独特且艰难的发展阶段。"二战"以后，由于某些退役老兵不适应现代的生活方式，为帮助这些退役老兵重新适应社会，一些社会团体和社会志愿者为他们提供专业的心理咨询和心理矫治，并取得了很好的效果，这为社区矫正心理矫治的发展奠定了基础。经过长期从哲学、心理学、社会学、犯罪学等学科领域汲取相关理论和知识，社区矫正心理矫治的思想日益丰富，知识体系逐渐成形，心理矫治的方法也在实践中不断地发展完善。

　　国内社区矫正心理矫治的发展相对较晚，但自改革开放以来，在政府的政策引导和支持下，中国社区矫正工作逐步走向了多元化和专业化的发展道路，心理矫治也逐渐受到重视。随着《社区矫正法》和《社区矫正法实施办法》的正式施行，我国社区矫正心理矫治工作的合理化和规范化有了重要的法律依据。

第一节　社区矫正心理矫治概述

一、社区矫正心理矫治的概念

　　心理矫治是指刑罚执行机关的心理专业人员运用心理学方法解决社区矫正对象的心理问题、人格障碍以及行为问题所进行的一系列活动的总称。[①] 实务工作中一般将其分为心理咨询与心理治疗两大类。

　　社区矫正心理矫治的内涵包括以下几个内容：

（一）个体评估

　　通过心理评估、个案分析等方法，全面了解社区矫正对象的个体特点、心理问题、

[①]　汤道刚主编：《社区矫正制度分析》，中国社会出版社 2010 年版，第 132－133 页。

行为表现及社会背景等关键信息，为后续矫正干预提供科学依据。

（二）制定个体化心理矫治计划

根据评估结果，制定个体化的心理矫治计划，明确社区矫正对象的矫正目标、矫正内容和矫正措施，确保矫正工作的针对性和有效性。

（三）心理矫治

采用心理辅导、心理咨询、心理治疗等心理学方法和技术，对社区矫正对象的心理问题、心理危机进行干预和治疗，帮助他们解决心理困扰，改变不良行为习惯，培养积极健康的心理素养。

（四）情感支持和社会适应训练

为社区矫正对象提供情感支持、社会适应训练等服务，增强其社会适应能力和应对压力的能力，促进其融入家庭和社区，避免再次犯罪。

社区矫正心理矫治旨在通过心理学知识和技术，对社区矫正对象的心理问题进行干预和矫治，帮助其实现心理健康和社会适应，避免再次犯罪，实现社会和谐稳定。因此社区矫正心理矫治在矫治和管理社区矫正对象的过程中发挥着极为重要的作用。

二、社区矫正心理矫治的特征

（一）社区矫正心理矫治的特征

与一般心理矫治相比，社区矫正心理矫治有以下几个特征：

1. 社区矫正对象的特殊性

社区矫正对象，通常是指适用管制、缓刑、暂予监外执行、假释四种刑罚的人员。虽然社区矫正对象所犯的罪行情节和后果较轻，但在被定罪后仍然会出现对法院判决的认知偏差，表现出各种不良情绪，比如自卑、悔恨、偏执、愤怒等，出现不同程度的心理问题和心理障碍。

2. 社区矫正心理矫治的持续性

社区矫正对象的教育矫治是社区矫正心理矫治的根本出发点，社区矫正心理矫治有助于社区矫正对象认识到自己的错误，重塑正确的价值观，更好地融入社会。社区矫正心理矫治的发展性体现在要用发展的眼光来看待社区矫正对象心理的特殊性，他们所存在的心理问题不是一成不变的。随着心理矫治的开展，社区矫正对象的心理状况会改善、改观，进而在行为和人格上产生相应的变化。

3. 社区矫正心理矫治的科学性

社区矫正心理矫治的科学性是科学运用心理矫治科学知识的结果。针对社区矫正对象，运用科学的心理学理论、方法，持续、系统地对社区矫正对象进行心理矫治，促使社区矫正对象更多地知晓、关注自己的心理健康。

4. 社区矫正心理矫治的个体性

在教育矫治的实践中，没有哪一种单一的方法可以矫治各类个体，也没有任何完全相同的个体。有效的心理矫治不仅要针对个体的多重需要，还要根据治疗的情况进行评估和修正，不断调整矫治计划和方法。因此，社区矫正心理矫治需要根据个体的情况开展，引导社区矫正对象认识自我，培育正确的心态。

5. 社区矫正心理矫治的强制性

在一般咨询和治疗中，完全遵循自愿原则。但是，社区矫正心理矫治具有一定的强制性。社区矫正对象必须参加心理矫治评估和心理健康教育，出现重大心理问题和心理危机的社区矫正对象，必须接受心理咨询和心理危机干预。

（二）社区矫正心理矫治在推动社区矫正工作中的关键作用

社区矫正心理矫治作为社区矫正的有机组成部分，与社区矫正在本质上是辩证统一的。二者均以人为本，都要针对社区矫正对象的不良行为和心理缺陷开展教育矫治，目标都是改善社区矫正对象的社会适应性。具体说来，社区矫正心理矫治对社区矫正工作具有以下两个方面的重要作用：

1. 社区矫正心理矫治是社区矫正的重要方法

社区矫正对象的心理问题是其人身危险性、适应社会能力的关键所在。社区矫正一定要注意心理矫治方法的运用，要运用心理学的原理和技术协助社区矫正机构发现社区矫正对象的心理问题，改善他们的认知结构和行为模式，提高其适应社会的能力。

2. 社区矫正心理矫治以犯罪人治理推动人的自由发展

社区矫正是以社会防卫思想为指引，并以犯罪人治理为核心的工作。结合马克思提出来的，社会发展的目的是实现人的全面的自由的发展的观点，社区矫正心理矫治用人性化的方式去改变社区矫正对象，注重社区矫正对象内在心理的健康和发展，是人的全面、自由发展的重要条件。

（三）社区矫正心理矫治的理论基础

社区矫正心理矫治具有突出的支持性要求，需要社区矫正工作人员从心理平等、问题发现、情感需求、社会支持等方面提供全方位的认同和支撑。因此，社区矫正心理矫治具有突出的理论支撑要求。

1. 精神分析理论

精神分析理论最早应用在对精神疾病的成因分析与治疗中，从长期的个案咨询实践中，学者形成了对人的心理和人格的解释，并逐步形成了精神分析心理学的理论体系和研究方法。精神分析理论的创始人弗洛伊德在他早期的理论中，将人的心理生活分为潜意识和意识，潜意识是精神分析理论的核心，包括所有人们意识不到的，但能激发人们言语、情感和行为的驱动力、冲动或本能。婴幼儿和童年期的心理印记以及创伤性的事件也会进入潜意识。弗洛伊德把潜意识视为人的心理的根本动力，它是精神分析理论的核心，是弗洛伊德整个学说的理论基础，也是后续精神分析理论发展和演变中始终不变的概念。这种动力在某种程度上驱动着个体不断发展、不断完善，以达到塑造完美人格的目标。正是因为这种源源不断的个体发展的驱动力，为整个社会的发展提供了力量。

精神分析理论探讨了人类的冲动和欲望对行为的影响，社区矫正心理矫治可以引导社区矫正对象认识和管理自身的冲动和欲望，以减少不良行为的出现。精神分析理论导向下的心理矫治模式注重协助社区矫正对象梳理个人成长中童年期里程碑事件对其造成的心理上的不良影响，直面创伤性事件和经历，促使社区矫正对象不断深入觉察自身心理行为问题背后的深层动力原因，通过宣泄、认同、投射等方式，获得对自身心理行为的重新理解和接纳，进而促进人格的重构，重塑社区矫正对象的世界观和价值观。

2. 社会学习理论

在经典行为主义的基础上，美国心理学家阿尔伯特·班杜拉提出了社会学习理论。该理论认为个体通过观察、模仿和社会交往来学习新的知识、技能和行为，并在此过程中受到积极和消极的后果反馈影响。社会学习理论强调了环境因素、模仿和观察对行为形成的重要性，认为学习是一个社会过程，个体的行为可以通过社会互动和环境变量来塑造。

在社区矫正心理矫治中，可以通过示范和模仿的方式，引导社区矫正对象学习积极健康的行为模式，促进其改变不良行为。通过鼓励、表扬良好行为和惩罚错误行为的方式，对社区矫正对象进行心理矫治。利用模范社区矫正对象引导、激励其他社区矫正对象。引导社区矫正对象在改正不良认知、负面情绪的同时，追求善良，远离犯罪。社会学习理论强调社会因素对个体行为的塑造具有重要影响。在社区矫正心理矫治中，建立积极的社会支持系统和社会互动环境，如家庭系统、朋辈支持系统、社区系统、工作环境对于社区矫正对象的正向支持，营造积极正向的环境鼓励和强化社区矫正对象的正向改变。唤起社区矫正对象内在矫正的动力，使其有意识地改正错误行为，达到心理矫治的目的。

3. 人本主义心理学

人本主义心理学强调个体的内在潜能、自我实现和自我决定。人本主义心理学认为个体都有实现自身潜能和发展的内在动力，即自我实现的欲望。个体倾向于寻求自我实现，拥有实现自身目标和价值的愿望。重视个体的内心体验和情感反应，强调个体的积极性和成长潜力，认为每个个体都有朝着更加积极、有意义的生活方向发展的可能性。个体的感知和体验对其行为和决策具有重要影响。个体应当自主决定自己的生活道路，发展出真实、独立的人格，自主地决定自己生活的方向和目标，从而实现自我价值。人本主义心理学的治疗方法又称来访者中心疗法，来访者中心疗法认为人天生有着积极、向上、自我成长的潜力，但如果人的自身体验受到闭塞，或者自身体验的一致性丧失或被压抑，甚至发生冲突的话，那人的成长潜力将被削弱或破坏。如能创造一个良好的人际环境（无条件积极关注、积极倾听、真诚、平等的环境），使人能够和他人正常交往、沟通，便有利于发挥人的正向发展潜力。

人本主义心理学和社区矫正心理矫治都关注个体的尊严和自我实现。社区矫正心理矫治通过关注社区矫正对象的个体需求，激发其内在潜力，帮助其实现积极的心理健康和社会适应。社区矫正心理矫治注重社区矫正对象的全面发展和社会适应能力的提升，这符合人本主义心理学对个体的整体性和综合性发展观点。人本主义心理学鼓励个体发挥自主性和积极性，社区矫正心理矫治也致力于引导社区矫正对象承担责任、作出积极选择。

4. 认知行为理论

认知行为理论认为人的认知、情绪和行为是相互关联和相互影响的。根据认知行为理论，一个人的心理状态（认知）会影响他的情绪和行为，而情绪和行为同样也会影响他的认知。认知行为理论认为，人在思维、情绪和行为方面存在着某种模式或规律，通过调整和改变这些模式或规律，可以改善个体的心理健康和行为表现，在社区矫正心理矫治中，认知行为理论被广泛应用于矫正行为问题，包括犯罪行为。

心理矫治通过认知重构的方法，帮助罪犯识别和改变不良的思维模式、错误的信念和认知偏差，以促使其正面地解释和处理周围环境的刺激，减少犯罪行为的发生。认知行为理论认为个体的行为问题通常源于解决问题的能力不足，心理矫治通过教授罪犯问题解决技能，包括冲突解决、情绪管理、计划制定等能力的训练，提升其解决问题的能力和应对挑战的技巧。心理矫治通过行为替代训练，帮助罪犯学习和实践积极的行为，建立健康的行为习惯，加强正面行为的强化，逐渐替代不良行为。

5. 社会适应理论

社会适应是指个体接受现有社会的道德规范与行为准则，并能在规范允许的范围内作出反应的过程。人类对社会的适应（除自然因素外），可以通过语言、风俗、法律以及社会制度等来调适，使之与自己或者社会取得契合。[①] 社会适应理论认为，个体在社会环境中需要适应各种变化和挑战，而适应不良的社会环境可能导致问题行为和心理问题。因此，社会适应理论强调提高个体的社会适应能力，帮助个体改善适应性，以减少

---

① 陈会昌主编：《中国学前教育百科全书·心理发展卷》，沈阳出版社1995年版，第245页。

社会问题和不良行为。社区矫正心理矫治通过实施相应的干预措施和技术，促进社区矫正对象的心理健康和社会适应能力的提升，减少再犯的可能性，维护社会的安全和秩序。因此，社会适应理论与社区矫正心理矫治的结合，为社区矫正工作的开展提供了有效的理论基础和方法支持。

三、社区矫正心理矫治的内容和目的

（一）社区矫正心理矫治的内容

社区矫正心理矫治的内容主要包括以下几个方面：

1. 心理评估

通过对社区矫正对象的心理特征、心理状况和犯罪原因进行评估，了解其心理问题和矫治需求，为后续的心理干预和治疗提供依据。

2. 心理干预

根据心理评估结果，设计个性化的心理矫治方案，采用不同的心理干预技术和方法，如认知行为疗法、行为训练、心理疏导等，帮助社区矫正对象认识和改变犯罪思维模式和不良行为习惯。

3. 心理治疗

对于存在心理障碍或心理疾病的社区矫正对象，进行心理疏导和心理治疗，如治疗焦虑症、抑郁症、人格障碍等，促进其心理健康发展。

4. 社会适应

帮助社区矫正对象解决社会适应问题，提升其社会技能和生活能力，促使其重新融入社会，建立积极健康的社会关系，减少再犯罪可能性。

5. 家庭辅导

对社区矫正对象的家庭环境、家庭关系进行评估和干预，提供家庭关系和家庭教育辅导，让社区矫正对象获得家庭的支持和帮助。

6. 持续跟踪

对社区矫正对象的心理矫治效果和社会适应情况进行持续跟踪和评估，及时调整心理矫治计划，确保社区矫正对象持续改变并适应社会。

社区矫正心理矫治旨在帮助社区矫正对象认识、改变和解决心理问题，促进其心理健康和社会康复，降低再犯罪风险，实现社会安全和社会治理的目标。

（二）社区矫正心理矫治的目的

社区矫正心理矫治的目的在于矫正社区矫正对象错误的意识、认知偏差与不良行

为，缓解负面情绪，使其树立良好的信念与遵守法律的意识，预防社区矫正对象的重新犯罪。

1. 帮助社区矫正对象自愿接受司法矫正

许多社区矫正对象对法院的判决持疑虑甚至不接受的态度。如果没有科学合理有效的针对性矫正措施，他们甚至会怀疑法律的公平公正，觉得这是强制性的矫正，不会从内心反省自己的错误行为和主动接受社区矫正，这无疑与社区矫正的初衷和目的是相违背的。从社区矫正的角度看，经过社区矫正，特别是社区矫正心理矫治后，对认知的干预能让他们认识到自己的错误行为，从内心接受社区矫正，积极主动接受社区矫正的各项矫正措施，这有助于他们在社区矫正结束后以一个良好的心态回归家庭和社会。

2. 纾缓社区矫正对象的不良心理

在心理健康、人际交往、社会支持及家庭、经济等方面，社区矫正对象或多或少存在一定的问题。再者，他们的法律意识和法制观念相对淡薄，遇事易用极端、非理性的方式解决。因此，社区矫正对象心理矫治要从根源着手，深入社区矫正对象心理内部，探寻心理实际、寻找原因，并缓解其心理困惑，减轻情绪上的障碍。

3. 提高社区矫正对象的自信心

社区矫正对象普遍存在低自信心和低自我评价问题。这些问题容易导致个体自责和自暴自弃，并导致他们抗拒社区矫正，陷入"破罐子破摔"的境地。社区矫正心理矫治要帮助社区矫正对象面对、调整自己的心理问题，优先获得对自己的重新理解和接纳。一般说来，社区矫正工作者要通过积极中肯的评价，帮助社区矫正对象正确认识自己，接纳和肯定自己，增强矫正动机，提升改变的自信心，积极接受社区矫正。

4. 增强社区矫正对象的社会认同感

社会认同感的缺失是犯罪的一个重要影响因素。强烈的社会认同感有助于社区矫正对象亲社会行为的形成，也有利于对其进行再社会化工作。因此，社区矫正心理矫治要注重培育社区矫正对象的社会认同感，通过积极乐观、自尊自信的心理状态形成正向的反馈机制。

第二节 社区矫正心理矫治的基本要求

一、心理矫治场所

（一）机构建立

基于社区矫正心理矫治的专门地位和关键作用，需要建立系统性的社区矫正心理矫

治场所。

（1）司法部社区矫正管理局成立社区矫正心理矫治中心，负责全国社区矫正心理矫治的制度建设和心理矫治业务指导。

（2）各省司法厅社区矫正管理局要组建专门的社区矫正心理矫治机构，负责指导、监督全省心理矫治工作的开展。

（3）组建州市、县区社区矫正心理矫治中心。

（4）乡镇和社区街道视情况灵活开展心理矫治工作。既可以组建基层心理矫治中心，也可以充分利用社会资源，与志愿者、社会机构合作或者以政府购买的方式助力社区矫正心理矫治工作。

（二）心理咨询室、心理宣泄室建设的基本标准

1. 心理咨询室建设的基本标准

（1）面积：10~20平方米，房间独立，隔音。

（2）安全设施：在房间内方便触按、不显眼的位置安装警铃按钮，警铃接到警察值班室，以保证咨询人员的人身安全，防止意外事件发生。

（3）内部装饰：洁净、清爽，具有家庭中客厅的氛围，如暖色调的窗帘、生机盎然的盆花、同色同款的单座沙发、简洁的茶几、怡人的字画等；另外还可配备一些影音播放设备，用于咨询时播放音乐，营造氛围。

（4）工作用具：心理量表，有条件的可配电脑，用于现场测验数据的处理和存储，相关规章制度。

（5）室内标语：可以粘贴积极正向的标语，如"打开心窗感受阳光"。

（6）室外建设：简明、别致的门牌，心理咨询信箱。

如社区矫正心理矫治中心也具备心理咨询的功能，按以上标准建立。

2. 心理宣泄室建设的基本标准

（1）面积：10~14平方米，房间独立。

（2）安全设施：房间墙壁、门、窗和地板的装饰采用塑胶、泡沫等软质厚型材料包裹，监控摄像头，无锁门。

（3）内部色调：不杂乱、不怪异，视觉刺激不强烈。

（4）宣泄用具：钝角器物、充气物、布制物、纸制品等。

有条件的社区矫正心理矫治中心还可以建设沙盘室、团体辅导室，配备生物反馈仪等生理心理仪器。

二、心理矫治工作队伍

社区矫正心理矫治工作需要专业水平高且经验丰富的心理咨询师、治疗师或心理学

家。但在社区矫正实践中，心理矫治专门工作人员不足的问题特别突出。

（一）心理矫治工作队伍体系建设

建立从司法部社区矫正管理局、各省市司法厅社区矫正管理局到州县司法局、司法所的专业人才管理、培训体系，为社区矫正心理矫治工作人员提供系统的专业培训和进修机会，提升其专业知识和技能水平。

（二）充分利用社会资源

充分利用社会资源的方式来保障，采取多种形式扩充社区矫正心理矫治工作队伍，如，招募心理矫治工作志愿者、政府购买心理矫治资源、与社会医疗机构合作开展心理矫治工作、与学术团体合作（如高校、心理学会等）推动心理矫治研究和人才培养，等等。

（三）制定规范制度

明确社区矫正心理矫治工作人员的职责和工作标准，规范工作流程和操作程序，确保社区矫正心理矫治工作的科学性和规范性。建立激励机制和绩效评价制度，对社区矫正心理矫治工作人员进行奖励和考核，激励其积极参与和投入工作。

（四）监督评估

建立健全的心理矫治工作监督机制，包括专业资格认证、评估审查、责任追究等机制，对社区矫正心理矫治工作人员的工作进行评估和监督，及时发现问题和改进工作，确保心理矫治工作的质量和效果。

通过以上措施，可以有效促进社区矫正心理矫治工作队伍建设，提升工作效能和服务质量，为社区矫正心理矫治工作的可持续发展提供有力支持。

第三节　社区矫正心理矫治的程序与方法

一、社区矫正心理矫治的程序

当社区矫正对象正式进入社区矫正环节时，要根据社区矫正心理矫治工作要求建档，并按程序开展心理矫治工作。

（一）心理矫治系统测试评估

在心理矫治系统中，每个社区矫正对象都分配有自己的登录名和密码。系统会根据登录的不同身份，自动生成相对应的测试量表。社区矫正对象登录系统，会自动生成审前调查风险评估量表、再犯风险自评量表、人格特质量表与心理健康量表。针对不同的登录身份与需求，系统自动匹配对应的量表，形成个别化的心理矫治量化评估档案。当

然，管理人员也可以自行设置心理测试评估系统，根据心理矫治需要选择其他量表，形成更加专门化的心理矫治量化评估档案。

（二）人工专业评估

社区矫正心理咨询师根据社区矫正对象的心理矫治量化评估档案，对社区矫正对象的个人、家庭、生活、就业、社会关系、违法犯罪史、认罪悔罪态度及社区矫正表现、生活态度和政治倾向等信息对其个性特征、心理健康、再犯罪风险等问题进行评估，综合判断社区矫正对象的社会危害程度与再犯风险等级，提出专业的社区矫正对象测评报告和有针对性的矫正方案、管理建议。人工专业评估需要对具有高度再犯风险的社区矫正对象进行定位和预警。

人工专业评估也有一个基本的程序要求，主要包括初诊接待、收集资料、分析资料、诊断分析和达成矫治目标。①

1. 初诊接待

初诊接待对心理矫治工作的开展具有重要的作用。咨询人员要以平等、平和、诚恳的方式取得社区矫正对象的信任，要在讲清权利、义务和保密要求的前提下获知对方的问题和意图。因此，初诊接待要达到让社区矫正对象感到安全、可信的目的。

2. 收集资料

收集资料对心理矫治评估工作具有重要的前提作用。因此，人工专业评估所需资料不仅包括心理矫治系统形成的心理矫治量化评估档案，还要最大限度地收集社区矫正对象的其他相关信息。一般说来，社区矫正对象的相关信息主要包括其人口学特征、生活状况、婚姻状况、工作和社会交往状况、娱乐活动、自我评价、内心世界、涉罪情况、精神状况、成长情况等。收集资料的方法主要有对话、观察、心理测量、产品分析等。

3. 分析资料

在广泛收集社区矫正对象资料的前提下，心理矫治工作者还要通过专门的方法使资料系统化、有序化和规范化，从而准确把握社区矫正对象心理问题的实质。

4. 诊断分析

在收集资料、分析资料的基础上，要对社区矫正对象心理问题的性质、类型、程度等问题作出判断。诊断分析要重点注意以下几个问题：

（1）发现有精神障碍的，要及时转入精神专科医院治疗。

（2）查找焦虑症、恐惧症、强迫症、忧郁症等神经症症状，并开展心理咨询和心理治疗。

---

① 高莹主编：《社区矫正工作手册》，法律出版社 2015 年版，第 330 - 333 页。

（3）针对一般性心理问题，如存在于学习、工作、生活等方面的非神经症症状心理问题，要注意查找激发因素，并开展是否理智可控的排查。

诊断分析要特别查找社区矫正对象是否存在自杀、伤人、危害（报复）社会的可能性，并给予优先层面的干预。

5. 达成矫治目标

尽管社区矫正心理矫治具有一定程度的强制性，但是，要将最大程度取得矫治对象的认同和配合作为社区矫正心理矫治的行动条件。在心理矫治工作者通过诊断分析获得社区矫正对象心理问题的类型和程度以后，要通过协商确立共同、可接受、有效的心理矫治目标。因此，心理矫治目的要有具体性、可行性、积极性、双方接受、可评估、多层次等方面的特征。

（三）心理教育和心理矫治

经过心理矫治系统测试评估和人工评估后，需要根据社区矫正对象的犯罪类型、心理健康程度、再犯风险等因素对社区矫正对象制定个别化的心理矫治方案，采取不同的心理教育和心理矫治措施。对危险程度高的社区矫正对象还要采取专门的心理矫治措施。因地理位置偏远或不方便面对面咨询的社区矫正对象，可用远程登录系统，在线获得心理健康教育、心理咨询服务与帮助，避免心理介入不及时而导致心理危机。远程咨询记录将自动生成心理档案保存。

二、社区矫正心理矫治的方法

基于不同社区矫正对象的心理矫治方案，对其采用的心理矫治力度和方法也会有所不同。对社区矫正对象的心理矫治工作要做到全面开展、突出重点，即心理矫治工作要落实到每一名社区矫正对象的身上，重点对象重点矫治。

社区矫正心理矫治的方法主要有以下几种：

（一）心理健康教育

通过向社区矫正对象开展心理健康知识讲座、团体心理辅导、发放心理健康宣传手册等形式，普及宣传心理健康知识，帮助社区矫正对象获得心理健康的知识和信息，消除自卑感，正确认识自己，提高心理调适能力，恢复和提高自信心，预防心理危机的发生，帮助他们积极面对生活，自觉接受社区矫正。心理健康教育的主要内容包括心理健康知识的教育、认知模式的教育、积极情感教育、意志力和生活方式教育、人格健全教育、自我意识教育、人际交往教育、不同矫正阶段心理健康问题的教育、不同犯罪类型的心理健康教育、心理测试、心理咨询和治疗基础知识教育。在不同的社区矫正阶段，心理健康教育的侧重点有所不同。

1. 入矫期

入矫期主要侧重于心理学及心理健康基础知识教育，角色、心态调整，适应矫正要求和矫正环境，面对、接受现实，情绪调节，认知调整。

2. 矫正期

矫正期主要侧重于自我意识、自我身份教育，自我理解、分析和评估，建立良好人际关系的教育，抗挫折教育。

3. 解矫期

解矫期主要侧重于积极的回归心态教育、社会适应性教育、就业规划教育。

在方式上，采取团体互动教学、自办简讯报、黑板报、心理访谈、学习标语（图片、漫画）、专家学者或心理志愿者专题讲座、心理训练、个人提交心理学学习心得体会等。

（二）心理评估

心理评估是社区矫正心理矫治的开始，可以采用如下方式对社区矫正对象进行测试和危险性评估：量表测试、面谈、行为观察、档案查阅。对社区矫正对象的心理评估是心理矫治的基础性工作。由于生活背景、教育程度、家庭环境、同伴关系、心理发展等各方面的差异，每个社区矫正对象都具有自己不同的特点。心理评估主要是运用心理测试等方法对社区矫正对象的综合情况以及能力作出分析和评价，识别需要心理矫治的社区矫正对象。常用量表有心理健康症状自评量表（SCL-90）、艾森克人格问卷（EPQ）、卡特尔16种人格因素测验（16PF）、明尼苏达多相人格测评表（MMPI）；焦虑自评量表（SAS）、抑郁自评量表（SDS）、人身危险测评量表。我国犯罪人人身危险性评估问卷主要有以下3种：重新犯罪预测简评表（CX）、人身危险性检测表（RW）和再犯可能性评估表。

在社区矫正对象入矫教育阶段，即社区矫正对象入矫一个月内，让其填写量表，并结合入矫谈话和行为表现，大体可以掌握每个社区矫正对象的社会生活、心理状态。在全面初步评估的基础上，对危险性高的社区矫正对象进行深入、全面的精细化评估。

心理评估工作是下一步心理健康教育的基础，心理评估档案的建立有助于制定科学有效的心理矫治方案。

（三）建立心理矫治档案

1. 对社区矫正对象的危险性和管理等级进行评估和分类

经过心理评估和筛查，对社区矫正对象的危险性和管理等级进行评估和分类，重点社区矫正对象需建立心理档案，并结合其基本情况、家庭情况、人际关系、就业情况、经济情况、性格、行为、犯罪情况、矫正情况等对症下药，制定出有针对性、个性化的心理矫治方案，实时跟踪其心理变化轨迹。

2. 对解矫前的社区矫正对象进行再犯罪风险评估

社区矫正对象再犯罪风险受很多变量和信息的影响，如教育和工作背景、经济状况、家庭和婚姻状况、性格、认知与休闲和娱乐活动情况、交友范围、酗酒和吸毒史、人格特征与心理健康程度、情绪化程度等。社区矫正心理矫治工作可以通过对社区矫正对象的审前调查信息、再犯罪风险自评过程、人格与心理健康测试结果、日常监管表现状态四个方面的数据进行采集与监控，确定社区矫正对象再犯罪风险等级，进而在社区矫正工作中提供相应的防控措施，最大限度地预防和减少重新违法犯罪，使社区矫正工作程序化、规范化、科学化、标准化。

（四）心理咨询

心理咨询是运用心理学的知识、理论和技术，通过咨询者与来访者的协商、交谈和指导过程，提供可行性建议，针对正常人及轻度心理障碍者的各种适应和发展问题，帮助来访者进行探讨和研究，从而达到自立自强、增进健康水平和提高生活质量的目的。心理咨询对心理健康的作用是非常明显的。

（1）在心理咨询中，通过帮助关系可以使来访者的心理朝着好的、健康的方向转化。

（2）可以帮助来访者提高对待自身和人际关系方面的心理能力；

（3）可以消除某些病症，促进人格的重建和发展；

（4）不仅有心理障碍的人可以寻求咨询，在自身发展中遇到阻力、困难的正常人，也同样可以寻求心理咨询并从中获益。

社区矫正心理矫治主要是围绕社区矫正对象树立正确的人生观、价值观，以及适应、正确地认知自己和他人，如何对待社会歧视、职业选择、就业能力、人际交往、情绪控制等问题提供心理上的帮助。大多数的社区矫正对象对于社会有过于偏激的看法，如认为判决不公、社会不公平、社会阴暗等。如果能给予专业有效的心理咨询，社区矫正对象的这些常见心理问题将会获得很大改善，进而提高整个社区矫正的有效性。

（五）心理治疗

在心理学中，心理治疗主要是运用心理学的理论、知识和技术对存在心理障碍的人进行治疗，以达到恢复心理健康的目的。心理治疗的对象一般是心理问题比较严重的人。有些社区矫正对象因为自己的身份，往往在生活中、工作中觉得自卑、孤僻、冷漠，有着较为严重的心理问题。心理咨询师、心理治疗师在遵循平等性、关联性、保密性、中立性、发展性原则的基础上，根据社区矫正对象在心理矫治不同阶段的不同情况进行心理治疗。

心理咨询师在对待心理问题比较严重的社区矫正对象时，可以采取不同的心理治疗方法。比如，通过精神分析疗法使社区矫正对象的心理创伤及无意识的情感进入意识层面，使其知道自身心理障碍的深层原因，并予以正确面对。通过认知疗法不断以问答的方式使社区矫正对象认识到自身的错误，以达到改变错误认知的目的。采用以人为中心的疗法，在社区矫正心理矫治中，以人为中心疗法强调的是社区矫正对象的主观能动性，心理咨询师通过与社区矫正对象建立友好的咨询关系，为他们创造无条件支持与鼓励的氛围，使他们能够深化自我认识，找到自身价值，接纳自我。

（六）心理危机干预

对社区矫正对象因人格缺陷或应激事件的压力而产生的严重紧张、焦虑、抑郁、悲观、愤怒等负面情绪，有可能引发自杀、行凶等行为，或存在潜在危险的应激状态，心理咨询师要运用心理学方法和技巧，为其提供及时的帮助，以免社区矫正对象陷入心理危机，避免出现针对自身或他人的过激行为，进而恢复身心平衡，度过心理危险期。

心理危机干预作为一种特殊的心理治疗手段，主要分为评估危机、制定计划、实施干预和后续跟进几个阶段。平时要对社区矫正对象是否存在心理危机及相关因素进行综合性的评估分析，要根据社区矫正对象自身的条件与情况制定干预计划。在实施干预的过程中，要注意方式方法，给予社区矫正对象心理和情感上的支持与理解。待危机化解后，为防止危机再次发生，要做好后续跟进工作。在整个心理危机干预过程中，心理矫治工作者与社区矫正对象要建立良好的关系，要在平等互助的关系下取得对方的信任。

第四节　社区矫正心理矫治工作的问题与改进

一、社区矫正心理矫治工作的问题

（一）制度体系不成熟，矫治内容单一

社区矫正心理矫治不仅缺乏专门的工作人员，相关制度、体系也不够成熟。相应地，社区矫正心理矫治工作的内容、方法也很单一，尚未取得应有的成效。

社区矫正心理矫治工作的不足既有心理学研究、适用不足的因素，也有社区矫正制度定位、发展等方面的问题。在现有的条件下，社区矫正工作主要定格在监督管理层面，更关注犯罪人行为的监督和管理，工作内容局限于定期报到、汇报、定期或不定期谈话、社会帮教、参与公益劳动、劳动技能培训等，心理矫治工作普遍存在专业人员缺乏、矫治条件不足、矫治内容单一、激励机制缺乏等方面的问题。

（二）工作专门化的不足

社区矫正心理矫治专业人员的缺乏在一定程度上制约了社区矫正心理矫治工作的开展和改善。但是，造成这一问题的原因是多方面的。归根到底，还是心理矫治工作专门

化的不足造成的。心理矫治工作专门化的不足是指心理矫治工作的专门要求和专门待遇的不足。具体说来，包括以下几个方面：

1. 社区矫正心理矫治专门工作能力和待遇的悖论

社区矫正心理矫治工作门槛高、专业性强、精细化水平高，需要投入大量的时间和精力，理当获得较好的待遇。但在现有的社区矫正制度和实际条件下，心理矫治工作人员的身份、待遇都存在较多的问题，制约了相关专业人员的进入及其工作能力的发挥。

2. 工作人员的非专门化使用

社区矫正心理矫治工作人员的非专门化使用问题较突出。从社区矫正工作的实际来看，社区矫正机构和司法所是实际层面的社区矫正工作主体。尤其司法所，承担着主要的社区矫正心理矫治工作。但是，人数有限的司法所除了要承担社区矫正的工作外，还有进行人民调解、提供基层法律服务、开展法治宣传教育、参与社会治安综合治理等多项工作，难以实现心理矫治工作人员的专门配备和使用。

社区矫正心理矫治工作人员的非专门化使用也存在于社区矫正机构公开购买的社区矫正社会工作服务力量层面。根据《社区矫正法》第40条第1款的规定："社区矫正机构可以通过公开择优购买社区矫正社会工作服务或者其他社会服务，为社区矫正对象在教育、心理辅导、职业技能培训、社会关系改善等方面提供必要的帮扶。"但是，本该从事社区矫正社会工作服务的力量和人员不得不从事大量的其他与社区矫正社会工作无关的事务。

（三）心理档案制度及其不足

心理评估或矫治档案（即心理档案）既是社区矫正对象心理问题及其矫治工作的记录，也是社区矫正机构制定矫正方案的依据。在初步掌握社区矫正对象心理现状、思想实际、行为倾向以后，要根据社区矫治对象的基本情况建立个人心理档案。社区矫正对象心理档案应当包括社区矫正对象的人口学资料、生理学资料、心理学资料、社会资料、矫治全过程等信息。心理档案的填写一定要注意，要由社区矫正对象、矫正工作人员等共同填写，还要有心理咨询或治疗专家的评估记录。

心理档案也是矫正方案的重要依据。《社区矫正法实施办法》第22条第2款规定："矫正方案应当包括社区矫正对象基本情况、对社区矫正对象的综合评估结果、对社区矫正对象的心理状态和其他特殊情况的分析、拟采取的监督管理、教育帮扶措施等内容。"对社区矫正对象心理状态的分析不仅离不开社区矫正对象心理矫治档案，还要在此基础上不断丰富心理矫治档案的内容。

受限于社区矫正心理矫治理论、制度、人才、实践的不足，心理矫治档案的建设出现了较多的问题。

（1）心理矫治档案的建设、管理很不规范，不按规定建立心理矫治档案，心理矫治

档案建设不规范的情况比较突出。

（2）心理矫治档案难以发挥应有的作用。受一系列主客观因素的影响，如资料收集的水平、心理量表的科学性、心理档案分析的专业性等，严重制约了心理档案作用的发挥。

二、社区矫正心理矫治工作的改进

（一）完善心理矫治制度体系

司法部和各省司法厅要统筹协调建设心理矫治制度体系，保障人员配置、财政支持、硬件设施建设。在正常的社区矫正中，除了常规的矫正方式和内容，要重点关注社区矫正对象的心理矫治，在心理层面上解决其犯罪根源并降低再犯风险。在具体的心理矫治工作上，要明确心理矫治的方法和矫治的心理维度。

（二）加强心理矫治队伍建设

根据《社区矫正法》和《社区矫正法实施办法》的规定和指导精神，各级政府和司法部门要通过社区矫正工作队伍建设方案的强化和推进，着重加强社区矫正心理矫治队伍的建设。

从根本上讲，社区矫正心理矫治队伍要走社会化的道路——在鼓励社会化培养的基础上，倡导心理矫治队伍的专门化建设。针对心理矫治专业人员的非专业使用问题，要通过专门文件，明确规定心理矫治社会工作者、志愿者的专门资格、权利和义务。例如，心理咨询师等必须具有心理咨询师资格或者心理学专业背景；心理矫治工作的定量考核；心理矫治工作人员的专门岗位和职责；等等。

（三）实施具体科学有效的矫治办法

心理矫治的方法多种多样，通常包括心理健康教育、个别心理辅导、团体心理辅导、心理危机干预、犯罪危险性评估、再犯危险性评估等。其中，包括一些共性的心理矫治要求，如强制参加心理测试；需要制定《心理矫治工作细则》这样的规范性文件和规定，对心理测试和评估、心理咨询和心理治疗、心理危机干预等作出具体明确的程序规定。在共性的心理矫治要求之外，不同的社区矫正对象、矫正阶段和心理问题需要相适应的心理矫治方法，还要因人、因问题、因阶段对症矫治，才能取得更好的效果。

（四）规范心理矫治档案的建设

在入矫时，收集社区矫正对象的犯罪信息、心理健康测试、危险性评估、犯罪人格与犯罪心理测试结果、入矫态度和表现等方面的数据，输入平台，建立个人档案，并根据不同的评估结果制定具体的矫治方案。在矫正期间，要根据心理矫治效果调整方案，构建心理动态监控反馈机制，实行动态跟踪，一旦发现危险信息，立即进入心理危机干预程序。在解矫阶段，一定要对社区矫正对象开展心理健康和危险性的专门评估。

（五）加大心理矫治的专门研究和培训

社区矫正心理矫治是心理矫治科学的重要组成部分，将随心理矫治科学的发展而发展。因此，社区矫正心理矫治的专门研究和培训是一个动态发展的过程，要在现有专业队伍的基础上，加大心理矫治的专门研究和培训，尽可能提高现有人才队伍的专业水平。

从长远来看，心理矫治的专门研究和培训要进一步加大广义心理矫治工作专门人才的培养，加大法律、犯罪学、心理学、社会工作等学科的交叉研究和训练。

案例：心理矫治与教育帮扶的综合运用

2019 年 11 月 14 日，蔡某因故意伤害罪被上海市青浦区人民法院依法判处有期徒刑一年，缓刑一年。蔡某是离异后再婚，因与妻子长期分居，感情淡漠，与儿子沟通不多，导致其亲子关系比较疏离。蔡某嗜酒，长期与酒友厮混在一起，社交圈有不良人员，有过多次违法记录。

执行地受委托司法所在对蔡某开展家庭走访的同时，着重开展了以下几个方面工作：

（1）协助其规划生活，改变目前生活状态。

（2）引导其控制喝酒的量，让其每天给自己定一个饮酒量化指标，逐步递减，循序渐进。

（3）鼓励其继续坚持跑步锻炼，通过运动的方式减压，释放不良情绪，重新建立积极向上的精神面貌。

（4）矫正小组成员还通过心理健康教育，帮助蔡某学习了解如何正确认识自我和不断完善自我，如何提高处理家庭问题的能力，如何加强自我心理调节等方面的知识和技巧，通过运用心理学专业方法，逐渐矫正其不良心理和行为习惯，促进其个体身心健康，重新建立自信。

社区矫正小组成员通过结构式家庭治疗模式，帮助蔡某改变家庭成员间的沟通交往方式，提升处理家庭问题的能力，逐步改善家庭关系。通过多方努力，蔡某与其家庭成员重新接纳彼此，修复了家庭关系。目前夫妻两人共同经营一家理发店，蔡某也与不良朋友断绝了来往，家庭关系日趋缓和改善。夫妻俩表示今后会认认真真做生意，和和美美过日子，对今后的生活充满了信心。（司法部指导案例 SHSJJXBF1611208928）

第十三章　社区矫正的帮困扶助

第一节　社区矫正帮困扶助概述

社区矫正作为一种非监禁刑罚执行方式，主要目的不在于对社区矫正对象施加报应性惩罚，而是致力于对受损的社会关系进行整体修复，恢复和谐融洽的社会关系以及重塑社区矫正对象的人格。社区矫正全过程、各环节的监督管理、教育帮扶有机结合、相得益彰，是落实总体国家安全观和贯彻"践行改造宗旨，实现治本安全"行刑政策的关键举措，是完成社区矫正根本任务和实现其基本要求的重要途径。

一、社区矫正帮困扶助的概念

《社区矫正法》提出了教育帮困扶助（即帮扶）的概念，明确规定社区矫正工作要坚持监督管理与教育帮扶相结合的综合管理原则，对我国社区矫正工作的开展具有重要的指导作用。帮困扶助是社区矫正的重要任务和内容之一，是社区矫正人道主义原则及其犯罪人治理目的的根本要求。在社区矫正监管、教育、帮扶三大主要任务中，监管主要是刑罚惩罚性的体现，是社会安全的保证；教育是转变社区矫正对象不良心理和行为恶习，促进其再社会化的主要手段；帮困扶助是帮助社区矫正对象解决困难，适应社会的重要手段。

（一）广义的帮困扶助

广义的帮困扶助就是为了社区矫正对象融入社会所提供的各项内外需求的帮扶工作。帮困扶助是社区矫正的"治本"之举，帮困扶助"治本"的功效是实现社区矫正对象在矫正期间和解矫之后祛恶归正、顺利融入社会、不再重新犯罪的关键所在；帮困扶助是落实社会防卫思想和"践行改造宗旨、实现治本安全"行刑政策的关键举措，做好社区矫正对象的帮困扶助工作，可使其自觉遵守法律法规、顺利融入社会，从根本上避免其重新违法犯罪。

（二）狭义的帮困扶助

狭义的帮困扶助指的是司法行政机关和社会力量保障社区矫正对象日常生活、就业发展等方面，帮助社区矫正对象尽快适应社会，回归生活正轨，包括日常生活保障、就业就学发展、增强法律意识、养成健康积极的心理等各方面的帮扶工作。狭义的帮困扶助对帮助的范围作了限定，旨在利用多种形式，对社区矫正对象进行法治、道德等方面的教育，激发其内在的道德素质和悔罪意识，通过帮困扶助帮助社区矫正对象解决困难，消除可能重新犯罪的因素，充分体现了保障人权、因人施矫、修复融入等现代刑罚执行精神。

（三）帮困扶助的概念

本书中所指的帮困扶助，是指社区矫正机构为了社区矫正对象更好地融入社会，保障社区矫正对象的基本人权、基本生活，同时在就业、就学、医疗、养老等方面提供帮助，改善其社会关系，维护其合法权益的工作。

帮困扶助的概念将社区矫正对象界定为困难群体，绝非贬义，而是社区矫正对象遭遇适应性困难的客观实际与传统观念误读的结果。一方面，社区矫正对象遭遇的适应性困难是社会发展的正常现象，存在社会、个人等方面的原因。从责任原理等角度看，帮困扶助也是国家和社会承担自己责任的体现。另一方面，帮困扶助的根本依然在于美好生活目的及其社会防卫的要求，也是人类社会自我扶助的应有之义。

二、社区矫正帮困扶助的特征

社区矫正是舶来品。西方主要国家的社区矫正以社会组织为基础形成了发达的帮困扶助体制。综合社区矫正制度的应然要求和对国社区矫正帮困扶助制度的借鉴，中国特色的社区矫正帮困扶助应当具有以下特征：

（一）尊重和保障人权

《宪法》是国家的根本大法，明确规定了国家应当尊重和保障人权。《社区矫正法》第4条第2款规定："社区矫正工作应当依法进行，尊重和保障人权。社区矫正对象依法享有的人身权利、财产权利和其他权利不受侵犯，在就业、就学和享受社会保障等方面不受歧视。"二者共同构成了尊重和保障社区矫正对象人权的法制基础。

《社区矫正法》对帮困扶助的规定，体现了人本性的价值导向。所以，落实宽严相济的刑事政策，实施社区矫正监督、教育、帮扶相结合的方法，专门机关与社会力量相辅相成，采取分类管理、个别化矫正措施，有针对性地通过帮困扶助降低社区矫正对象可能重新犯罪的风险，帮助他们更好地融入社会。帮困扶助通过上述方式在生活、就业等方面为社区矫正对象提供便利，将尊重和保障社区矫正对象人权的法治要求落到实

处。因此，《社区矫正法》应在坚持以人为本，严格落实教育监管措施的同时，积极开展对社区矫正对象的社会适应性帮扶工作，拓宽社区矫正对象帮困扶助渠道，为社区矫正对象安心改造并融入社会创造条件。

（二）帮困扶助常态化

帮困扶助是社会主义社区制度优越性的要求和体现。国家在惩戒社区矫正对象的同时，也要充分认识到帮困扶助工作的重要性，要从制度本质及其优越性体现的角度做好帮困扶助的工作，要以职责使命、常态化的要求不断提升帮困扶助的能力和水平。

帮困扶助常态化是社区矫正工作的重要创新和重大变革。[①] 帮困扶助常态化需要贯彻、落实监督管理与帮困扶助两位一体的要求。要在符合监督管理要求的条件下开展帮困扶助，这是监督管理的刚性要求，也是帮困扶助的前提条件。监督管理要有温度，要让帮困扶助更大范围、更大程度地获取社区矫正对象的认同和参与，实现人性化、治理性的监督管理。例如，江苏省明确目标任务，通过对社区矫正对象实施教育矫治和帮困扶助，促使其认罪悔罪、遵纪守法，增强法治观念，提高道德素质，成为守法公民；帮助社区矫正对象复归正常工作生活，使其顺利融入社会。

（三）帮困扶助类型化

帮困扶助也有个别化要求，因而形成了分类帮扶的特征。要根据犯罪原因、危险性、困难情况采取不同的帮扶措施，形成个别帮扶与整体帮扶相结合的分类化帮困扶助方式。根据社区矫正对象的具体情况，需要采取不同类型的帮扶方式。有些需要对基本生活条件进行帮助，有些需要就业帮助，也有人更需要身份、情感等方面的认同，等等。因此，没有适用于一切社区矫正对象的帮困扶助方法。

根据不同特点的社区矫正对象，各地制定出台了社区矫正帮困扶助工作指引。例如，江苏省、河南省等就社区矫正帮困扶助和分类帮扶工作出台了专门的工作指引，规范社区矫正帮困扶助工作，推动帮困扶助工作精细化。

三、社区矫正帮困扶助的内容

帮困扶助要贯彻助人自助理念，帮助社区矫正对象解决实际生活困难，提升其适应社会的能力。结合美国心理学家亚伯拉罕·马斯洛（Abraham H. Maslow）的心理需求理论，可以将社区矫正帮困扶助的内容划分为三个层面：基础型帮困扶助、完善型帮困扶助和提升型帮困扶助。

---

① 吴宗宪主编：《社区矫正导论》，中国人民大学出版社 2011 年版，第 321 页。

（一）基础型帮困扶助

1. 权利保障

社区矫正对象依法享有就学、就业、社会保障等方面的权利。帮困扶助要以社区矫正对象的人权保障为前提。这是善治理论及其犯罪人治理的基本要求——求善必然要注意到犯罪治理事务的整体改善，对犯罪人的尊重和教育也是求善公共事务的重要内容之一。[①] 在经过刑事审判等司法活动后，社区矫正对象难免因身份异化遭受排斥，造成人身安全、合法财产、就业、就学、申诉等方面的困难。因此，帮困扶助要通过保障唤醒社区矫正对象的权利、维护社区矫正对象的主体意识，要在自尊自爱基础上增强道德法治观念与合作意识，提高帮困扶助的质量。

保障社区矫正对象的权利，也要严格执行剥夺政治权利的要求。法院判决附加剥夺政治权利的，在社区矫正期间或剥夺政治权利执行期间，被剥夺以下政治权利：

（1）选举权和被选举权；

（2）言论、出版、集会、结社、游行、示威自由的权利；

（3）担任国家机关职务的权利；

（4）担任国有公司、企业、事业单位和人民团体领导职务的权利。

2. 基本生活保障

社区矫正对象的基本生活保障包括基本的生活住房保障、生活来源保障等方面的内容。社区矫正对象难免因犯罪、监禁行刑等出现更多的生活困难。不加强基本生活保障的帮困扶助，社区矫正对象会因生活困难再次走上犯罪的道路。

对符合"最低生活保障"规定的社区矫正对象，要主动提供帮助，落实相关政策；对不符合"最低生活保障"规定的社区矫正对象，也要根据实际情况落实相应的困难扶助。中途之家在社区矫正对象的临时性生活保障方面发挥了突出的作用，以北京市的阳光中途之家为例，该机构为无家可归、无生活来源、无亲可投的社区矫正对象提供过渡性食宿、心理辅导等方面的帮扶，较好地起到了基本生活保障的作用。

（二）完善型帮困扶助

1. 就业保障

就业保障是指为社区矫正对象提供就业指导方面的帮助，包括职业技能培训、就业信息传递等。通过促进就业的方式保证社区矫正的成效，避免社区矫正对象再次犯罪。就业保障需要着重解决两个方面的问题：一是提高社区矫正对象的就业能力，二是消除就业歧视。相应地，形成了社区矫正对象就业保障的两个途径：

---

① 周建军著：《刑事政治导论》，人民出版社 2021 年版，第 114 页。

（1）通过就业技能培训提高社区矫正对象的就业能力。就业技能培训是使社区矫正对象重新融入社会，获得社会竞争力的重要保障。通常而言，社区矫正对象非常缺乏就业技能，监禁行刑进一步加剧了他们的技能缺乏程度。因此，就业技能培训也是社区矫正对象社会适应性的关键。

（2）就业歧视严重制约社区矫正对象的就业保障水平。受传统观念的影响，用工单位存在针对社区矫正对象的就业歧视，这制约了社区矫正对象就业保障的水平。《社区矫正法》第57条规定："未成年社区矫正对象在复学、升学、就业等方面依法享有与其他未成年人同等的权利，任何单位和个人不得歧视。有歧视行为的，应当由教育、人力资源和社会保障等部门依法作出处理。"其实，经过司法机关"没有再犯危险"的专门判断，社区矫正对象危险性整体偏低、可控。通过社区矫正机构与用工单位的有效合作，针对社区矫正对象的就业歧视是可以消除的。

2. 教育保障

教育是落实和保障社区矫正对象受教育权利的帮扶措施。社区矫正机构、家庭和教育部门要坚决保障社区矫正对象接受义务教育的权利，尽量改善社区矫正对象接受其他教育的条件。对未完成义务教育的未成年社区矫正对象，应当引导、帮助他们完成义务教育；对非义务教育阶段但有就学意愿的社区矫正对象，应当协调教育主管部门帮助他们继续就学。

社区矫正机构要做好社区矫正对象的档案封存工作，确保社区矫正对象平等享有复学、升学的权利。社区矫正机构、教育管理部门、家庭、学校等要为社区矫正对象回归校园创造良好的学习环境，通过学校教育，帮助社区矫正对象形成正确的世界观、人生观与价值观。对于入学确有困难的，还要协调减免学费、协助办理助学贷款等方式帮助其顺利入学、就读。

3. 医疗、养老保障

对就医等方面存在困难的社区矫正对象采取一定程度的就医补助，对于遇到重大疾病又符合临时救助条件的社区矫正对象，采取现金与实物相结合的方式，缓解其基本的困难。医疗、养老保障工作要积极协调民政、人力资源和社会保障等相关部门，帮助符合条件的社区矫正对象落实低保、医保、社保等政策。

在《社区矫正法》尚未出台时，北京市人力资源和社会保障局、司法局联合出台政策，将北京市户籍的社区矫正对象纳入城乡居民医保的参保范围。北京市户籍的社区服刑人员，包括管制、缓刑、假释、暂予监外执行人员，无其他基本医疗保障的，可以参加北京市城乡居民基本医疗保险并按规定享受医疗保险待遇。《社区矫正法》出台之后，浙江省司法厅、财政厅、人力社保厅和医保局联合印发《关于社区矫正对象参加养老保险和医疗保险有关问题的通知》，明确规定了社区矫正对象参加养老和医疗保险的具体措施：社区矫正对象已参加企业职工基本养老保险并实现再就业的，按规定继续参保缴费，达到法定退休年龄或养老保险待遇领取年龄的，可按规定领取养老保险；浙江省户籍的社区矫正对象无其他基本医疗保障的，可以参加浙江省户籍所在地城乡居民基本医疗保险并按规定享受医疗保险待遇。

（三）提升型帮困扶助

1. 社会关系修复

社会关系修复是指社区矫正对象正常社会关系的修复。《社区矫正法》第 1 条明确规定，社区矫正是为了"促进社区矫正对象顺利融入社会，预防和减少犯罪"。社会关系修复是社区矫正对象顺利融入社会、预防和减少犯罪的根本条件。社区矫正对象的社会关系修复主要包括家庭关系修复、工作关系修复等方面的内容。

家庭关系稳定是修复社会关系的基础，合理维护家庭关系对于维系或者重新塑造社区矫正对象的健康人格具有重要意义。通过维护家庭关系的和谐，利于社区矫正对象获得更有力的家庭支撑，利于社区矫正对象重拾信心走向社会。尤其对于未成年的社区矫正对象，他们更需要通过家庭来增加认同感与安全感，家属参与社区矫正，充分发挥自身优势，通过日常的帮扶、引导，消除社区矫正对象仍存留的负面情绪，使其积极融入社会。

要以帮助社区矫正对象重新就业、自主创业为重点开展工作关系修复，并以工作帮扶为契机，综合开展家庭关系、社会适应、心理健康等方面的帮扶，帮助社区矫正对象自力更生、适应社会，避免重新违法犯罪。

2. 法律援助

法律援助是指司法行政机关对社区矫正对象在法律法规学习、遵守等方面的帮扶工作。法律援助既可以起到答疑解惑、加强沟通的作用，还可以避免因法律方面的误读再次陷入违法犯罪。

3. 其他提升型帮困扶助

在就学、就业、医疗、养老等基本需求之外，社区矫正机构还可以根据社区矫正对象的实际需求，协调社会力量和有关部门，为社区矫正对象提供矛盾纠纷调处、心理咨询等方面的帮扶措施。

第二节　社区矫正帮困扶助的要求与执行

一、帮困扶助的要求

帮困扶助是帮扶对象重新融入社会的关键所在，是一项长期、复杂、细致的工作。帮困扶助要依法开展，有效落实各项措施，做好各项帮困扶助工作统筹，实现社会力量

社区矫正学

的共同参与。

（一）依法帮困扶助

帮困扶助是刑罚执行权力的组成部分，具有依法行使权力的要求。在帮困扶助过程中，必须保证有法可依，依法开展帮困扶助工作。《社区矫正法》第2条第2款规定，对社区矫正对象的监督管理、教育帮扶等活动，适用本法。因此，帮困扶助要依据《社区矫正法》进行，在法律规定的范围内帮扶社区矫正对象。社区矫正及其帮困扶助工作人员也要恪守"权力法定的原则"，尊重社区矫正对象的权利，依法履行帮困扶助的职责，切实做到有法必依、违法必究。

依法开展社区矫正帮困扶助，要做到帮困扶助的"宽严相济"：一方面，要依法执行刑罚，依法加强对社区矫正对象的监督管理，彰显法律执行的严肃性；另一方面，依法履职，通过及时、有效的帮扶措施促使社区矫正对象认罪、悔罪，顺利融入社会。

（二）统筹协调

社区矫正帮困扶助的专业性和长期性决定了帮困扶助统筹协调工作的重要性。根据《社区矫正法》的规定，帮困扶助的统筹协调包括两方面的突出要求，即帮困扶助统筹协调的理念和机制。

帮困扶助统筹协调的理念主要是指两个方面的结合：监督管理与教育帮扶的结合、专门机关与社会力量的结合。《社区矫正法》第3条规定的监督管理与教育帮扶相结合、专门机关与社会力量相结合的工作原则也包含了帮困扶助统筹协调的理念。

帮困扶助统筹协调的机制是指社区矫正帮困扶助如何统筹资源，通过监督管理与教育帮扶的结合、专门机关与社会力量的结合，协同开展教育矫治、帮困扶助工作，促使社区矫正对象更好地适应社会。《社区矫正法》第8条第3款规定，地方人民政府根据需要设立社区矫正委员会，负责统筹协调和指导本行政区域内的社区矫正工作。社区矫正工作涉及诸多部门，事务繁杂，需要一个可以统筹协调有关部门的专门机构，进而形成党委政府统一领导、司法行政部门组织实施、相关部门协调配合、社会力量广泛参与的领导体制和工作机制，保障社区矫正工作顺利开展。

（三）多方共建

社区矫正帮困扶助需要充分发动、依靠专门的社会力量。帮困扶助需要更多的人力、物力，不是社区矫正机构及其工作人员能够单独承担的工作。多方参与利于正确引导公众对帮困扶助工作的认可，减弱公众对于社区矫正对象的排斥，最大程度地获得社会资源对于帮困扶助工作的支持。社区矫正机构要根据社会治理体系和治理能力现代化的要求，组织、发展社区矫正社会力量，形成社区矫正的社会力量体系，加强社会力量的专业性和职业性，提升社会力量参与社区矫正的动力。

《社区矫正法》第10条至第13条对参与社区矫正工作各方主体的职责做了明确规定，

鼓励和引导多元社会力量依法参与社区矫正工作。为弥补社区矫正机构力量的不足，《社区矫正法》第40条还授权社区矫正机构可以通过购买社区矫正社会工作服务或者通过项目委托社会组织等方式，为社区矫正对象提供心理辅导、社会关系改善等专业化帮扶。

（四）科学实施

能否采取科学合理的帮困扶助措施是帮困扶助能否取得成效的关键。帮困扶助要求重视对社区矫正对象的帮助与保护，平衡惩罚与感化的关系，凸显社区矫正的人性关怀，为社区矫正惩罚手段与帮困扶助方式的相结合奠定基础。社区矫正对象的帮困扶助是社区矫正工作人性化的重要体现，要结合科学、合理的方法，体现人性、道义的要求，落实帮困扶助措施，让社区矫正对象切实感受到国家和社会的关心和帮助。

二、帮困扶助的执行

（一）执行目的

归根到底，社区矫正帮困扶助的执行依然以社区矫正对象的再社会化为目的。帮困是为了纾困，纾解社区矫正对象安居、就业、家庭等方面的困难，使之更好地适应、融入社会。

（二）执行主体

社区矫正机构是社区矫正帮困扶助的主体。但是，社区矫正帮困扶助的开展需要社区矫正机构、地方人民政府及其有关部门与社会力量共同承担。因此，社区矫正帮困扶助的实施，既离不开地方人民政府及其有关部门，还包括有关人民团体、居民委员会、村民委员会、企业事业单位、社会组织、志愿者等社会力量。

（三）执行对象

帮困扶助的对象就是社区矫正的对象，包括判处管制、宣告缓刑、假释和暂予监外执行的犯罪人。

（四）主要内容

帮困扶助的具体执行，包括对社区矫正对象的权利保障、心理辅导、就业培训指导、社会关系修复等帮困扶助活动。

第三节　帮困扶助的不足与促进

一、帮困扶助的不足

（一）帮困扶助观念滞后

社区矫正帮困扶助具有突出的人道主义思想基础和行刑轻缓化的要求。然而，我国

存在突出的重刑主义传统，报应主义突出，刑罚结构厉而不严，社会行刑帮困扶助的观念还很淡薄。

（二）帮困扶助资源不足

帮困扶助资源不足严重制约社区矫正帮困扶助工作的开展。目前，我国的帮困扶助工作主要由社区矫正机构工作人员承担，普遍存在人员数量、专业知识、资源投入等方面的不足。

社区矫正帮困扶助离不开专门社会力量的参与。然而，专门社会力量的建设与参与都存在严重的不足。一方面，多数地区还很缺乏专门的社区矫正社会力量，社区矫正社会工作体系和能力有待发展；另一方面，购买社区矫正社会工作服务也存在投入不足的问题。《社区矫正法》第40条第1款规定："社区矫正机构可以通过公开择优购买社区矫正社会工作服务或者其他社会服务，为社区矫正对象在教育、心理辅导、职业技能培训、社会关系改善等方面提供必要的帮扶。"尽管这是社区矫正帮困扶助购买社区矫正社会工作服务的"可以型"规定，但在社区矫正机构工作人员数量极其有限的条件下，购买社会工作服务是社区矫正帮困扶助得以顺利开展的根本保障。各地普遍反映，购买社会工作服务明显滞后。

（三）帮困扶助保障机制不完善

1. 缺乏沟通协商机制

社区矫正帮困扶助广泛涉及司法行政、民政部门、教育管理、劳动与社会保障等部门，需要行之有效的沟通、协商机制。《社区矫正法》第8条第3款规定："地方人民政府根据需要设立社区矫正委员会，负责统筹协调和指导本行政区域内的社区矫正工作。"但是，"社区矫正委员会"的设立及其"统筹和指导本行政区域内的社区矫正工作"的作用都有待加强。

2. 缺乏帮扶需求评估机制

帮困扶助的需求评估机制是科学制定帮扶方案的前提，是应有的前置措施。但在目前帮困扶助实践中，缺乏针对帮困扶助需求的调查、规划和评估，制约了帮困扶助工作效能的发挥。

3. 缺乏相应的激励机制

源于资金投入、社区矫正社会工作发展等方面的不足，社区矫正帮困扶助普遍缺乏应有的激励机制，造成社区矫正工作人员薪酬待遇偏低与社会认同感不足。相应地，志愿者队伍也不稳定，无法形成帮困扶助的长效工作机制，难以维持较高质量的帮困扶助工作，制约社区矫正帮困扶助的可持续发展。

二、帮困扶助的促进

帮困扶助的促进有待人道主义、刑罚观念、资源投入、工作机制等方面的整体改进。

（一）观念的转变

1. 工作观念的转变

社区矫正工作观念直接决定帮困扶助工作的实际落实。社区矫正对象既是犯罪人，也是有待教育矫治的对象。要理性看待犯罪问题，犯罪的客观存在及其原因的多元性共同决定了社区矫正帮困扶助的犯罪控制目的和多元责任基础。从多元责任基础出发，职能部门及其工作人员代表国家履行教育帮扶的职责，要全面理解帮困扶助工作的目的和意义，要在保障社区矫正对象权利的同时，以帮困扶助促进教育矫治，切实解决社区矫正对象的重大实际困难，增进教育矫治认同、合作，增强社区矫正对象的社会适应性。

2. 公众观念的转变

从公众观念的角度看，帮困扶助既属以人为本、助人自助的公共文化，也是社会责任的应有之义。

（1）以人为本的公众观念就是要从推己及人的善良意愿出发，为社区矫正对象提供力所能及的帮助。

（2）助人自助的公众观念是指社区矫正帮困扶助有利于犯罪的控制与社会环境的改善，具有助人自助的性质。

（3）社会责任的普遍存在决定了帮困扶助大众观念的合理性。

公众观念的转变是社区矫正对象回归正常社会的关键因素，对消除一般性歧视、营造良好社区环境、改善就业机会等都很重要。总的来说，社会公众的认可可以促进社区矫正对象的回归、融入，为社区矫正工作提供良好的外部环境。

3. 社区矫正对象观念的转变

社区矫正对象观念的转变具有两个方面的要求：

（1）要以依法、有效的监督管理促进社区矫正对象形成正确的帮困扶助观念。社区矫正对象要从犯罪的个人原因出发，认识到教育矫治的自己责任，并以此为基础积极参与社区矫正及其帮困扶助工作。

（2）要从选择性社会福利活动的规律出发，确立社区矫正帮困扶助的有限目的。帮困扶助是社区矫正机构的职责，也是国家和社会对社区矫正对象的特别关照。选择性社会福利不仅需要确立财政节约的要求，还要受"不得因犯罪获利"思想的制约。因此，社区矫正对象需要确立有限纾困的观念，不得提出不切实际的要求。

（二）帮困扶助的多元化

1. 形式多样的帮困扶助模式

我国当前的发展存在一定的差异，关于帮困扶助工作的具体开展应根据不同社区矫正对象的特点展开，开展多元化的帮困扶助工作。

（1）针对不同的社区矫正对象进行评估，制定适合他们的帮困扶助方案。帮困扶助方案应以需求评估为基础，需求评估是确定社区服刑人员帮扶方案的前提。

（2）推进社区矫正与安置相结合，打造无缝衔接帮困扶助新模式，对有就业需求的社区矫正对象提供社会适应性指导、就业技能培训、推荐就业、社会救济等服务；积极吸收热心人士加入社区矫正工作者队伍，协助司法所，联系村干部开展对社区矫正对象的"一对一""多对一"的帮扶。

（3）丰富职业技术培训的方式。社区矫正对象缺乏符合市场需求的劳动技能是影响其就业的关键因素。要依托企业打造过渡性安置帮教基地，或鼓励社区矫正对象自主创业，可以避免一些企业不愿意雇佣有犯罪记录人员的问题。

2. 特殊群体的专门帮困扶助

对特殊群体的帮困扶助，要有专门措施和针对性方法，要在困难帮扶和改善条件上下功夫，提升特殊群体专门帮困扶助的能力。

青少年社区矫正对象的帮困扶助重在心智矫治与就学机会的保障。青少年违法犯罪社会工作一定要发挥专门社会力量及其志愿者的专业优势，开展有针对性的心智矫治工作。社区矫正机构要切实保障青少年社区矫正对象平等受教育的权利和机会。

乡村社区矫正对象的帮困扶助存在基础设施、基本条件等方面的不足。对此，要加强村（居）社区矫正工作站基础设施、基本条件和帮困扶助能力的建设，巩固乡村社会治理成果，更好地落实帮扶措施。

社区矫正对象普遍存在就业困难，因此衍生出特殊群体的就业帮扶需求。社区矫正对象更容易出现就业意愿、就业习惯等方面的心理障碍。因此，在就业能力培训、就业机会改善之外，特殊群体的就业帮扶还要着重进行就业意愿、就业习惯的辅助性治疗。

（三）帮困扶助机制的完善

1. 激励机制的改进

帮困扶助长效机制的建设有赖激励机制的整体改善。帮困扶助激励机制的完善需要着重解决好三个方面的问题：帮困扶助社会力量的激励、帮困扶助对象的激励和帮困扶助工作人员的激励。

（1）形成帮困扶助社会力量的激励机制。要大力表彰帮困扶助的先进事迹，综合采用包括帮困扶助社会组织的评级、奖励，帮困扶助企业社会责任的体现与税收优惠等方法，激励社会各方力量在教育社区矫正对象、维护社会和谐稳定中建功立业。例如，对于接纳社区矫正对象的企业，当地政府可以给予税收政策等方面优惠；对提供帮困扶助培训的机构，可以予以物质奖励。

（2）对帮困扶助对象实行激励累进制度。自助者应该得到更多的帮助。通过社区矫正对象帮困扶助激励累进制度，消解社区矫正对象的"等、靠、要"思想，鼓励社区矫正对象自我纾困。

（3）激励机制的整体改善必须加大资源投入，既要让社区矫正工作人员、志愿者获得公平、合理的待遇，也要通过量化的评估、考核改进帮困扶助激励效果，形成更加合理、积极、包容的帮困扶助激励机制。

2. 监督机制的完善

通过完善监督机制保障帮困扶助工作的顺利开展。

（1）扩大帮困扶助的公开化，保证社区矫正帮困扶助工作接受公众的批评、监督。人民检察院要依法加强对帮困扶助的法律监督，有违反法律规定的，要及时提出纠正意见和检察建议。

（2）接受社区矫正对象的监督。作为帮困扶助的对象，社区矫正对象不仅享有批评监督的权利，还是帮困扶助的参与者，具有突出的监督作用。

（3）加强帮困扶助规章制度建设，健全完善帮困扶助工作规定，完善社区矫正帮困扶助管理，加强社区矫正工作人员职业规范、考评制度、督办制度的建设，强化自我监督机制。

（4）依靠党委政府，发挥社区矫正机构党组织的先锋模范作用，强化执纪监督规则。地方党委政府要把社区矫正帮困扶助工作纳入经济社会发展的总体规划，及时研究帮困扶助工作中的重大问题。

第十四章　社区矫正的惩戒措施

第一节　社区矫正惩戒措施概述

古语曰："罚不惩，谓之纵恶。"刑罚执行的本质决定了社区矫正必然具有惩罚的性质和要求。但是，社区矫正的研究和观念出现了一定的偏差。例如，有人提出，在称呼上将"服刑人员"修改为"社区矫正对象"，内容上更倾向于教育帮扶，社区矫正制度的惩戒性质和要求似乎被忽视了。然而，从刑罚的报应主义思想出发，社区矫正的惩戒性质依然是公正的社区矫正制度的根本要求。

一、社区矫正惩戒措施的概念

社区矫正惩戒措施是指在社会行刑的过程中，用以惩罚、诫勉社区矫正对象的措施。

社区矫正惩戒措施存在于社区矫正抑或社会行刑的全过程，着重体现在社区矫正的监督管理活动中。《社区矫正法》第2条第2款规定："对社区矫正对象的监督管理、教育帮扶等活动，适用本法。"社区矫正监督管理主要包括五个方面的工作内容：一是监督社区矫正对象遵守法律、行政法规；二是监督履行判决、裁定、暂予监外执行的决定等法律文书确定的义务；三是履行司法行政部门关于报告、会客、外出、迁居、保外就医等监督管理的规定；四是落实针对社区矫正对象的矫正方案；五是了解掌握社区矫正对象的活动情况和行为表现等。这五类工作均属于执法行为，较好地反映了社区矫正惩戒措施的要求。

没有后果的监督管理是没有意义的，社区矫正惩戒措施包含了一系列惩戒后果。《社区矫正法》第23条至第28条对社区矫正对象违反监督管理、违法违规的行为设置了警告、治安处罚、撤销缓刑、撤销假释、收监执行、使用电子定位装置等惩戒措施。例如，《社区矫正法》第28条规定："社区矫正对象违反法律法规或者监督管理规定的，应当视情节依法给予训诫、警告、提请公安机关予以治安管理处罚，或者依法提请撤销缓刑、撤销假释、对暂予监外执行的收监执行。"《社区矫正法》第 29 条第 1 款规定："社区矫正对象有下列情形之一的，经县级司法行政部门负责人批准，可以使用电子定位装置，加强监督管理……"以电子定位装置的使用为例，该类措施既是特定社区矫正对象危险性防范的必要措施，也是针对社区矫正对象"违反人民法院禁止令"等违法违规行为的惩戒。

二、社区矫正惩戒措施的目的与功能

（一）社区矫正惩戒措施的目的

社区矫正惩戒措施有两个目的：根本目的是刑罚的执行及其报应主义的要求、直接目的是社会行刑保障。

在将社区矫正界定为刑罚执行的条件下，社区矫正惩戒措施的根本目的只能是刑罚的执行。考虑到社区矫正包括但不限于刑罚执行、社区刑罚的多元属性，社区矫正惩戒措施也具有社区刑罚的其他目的，如报应与预防的二元目的。从根本上讲，社区矫正惩戒措施的目的还是刑罚的执行及其报应主义的要求。

从社区矫正惩戒措施及其后果来看，社区矫正惩戒措施是社区矫正对象违反社区矫正监督管理活动的后果。因此，社区矫正惩戒措施势必具有保障社会行刑、保障社区矫正活动的目的。

（二）社区矫正惩戒措施的功能

社区矫正惩戒措施的功能是指社区矫正惩戒措施的作用。综合社区矫正惩戒措施的目的、方法和实际，社区矫正惩戒措施具有惩罚社区矫正对象、实施社区矫正威慑、确保社区矫正机制良性运转等方面的功能。

1. 惩罚社区矫正对象

依法对社区矫正对象实施惩戒具有重要的作用。尽管社区矫正具有突出的教育矫治目的和要求，但是，这并不影响社区矫正惩戒措施的施用及其惩罚功能的发挥。一般说来，社区矫正对象更容易出现性格、习惯等方面的缺陷，依法对社区矫正对象施加惩戒是非常必要的。相对来说，社区矫正作为与监禁矫正不同的开放式的刑罚执行制度，只是惩罚强度轻于监禁，并不等同于惩罚手段的舍弃。

2. 实施社区矫正威慑

社区矫正惩戒措施具有普遍性的威慑作用，有助于社区矫正对象自觉接受矫正活动。否则，将弱化社区矫正对象的在刑意识和社区矫正惩戒措施的惩罚功能，起不到特殊预防的效果。此外，可以通过惩罚性措施推动社区矫正的严格管理，充分教育和警示

有潜在犯罪可能性的社区服刑人员，有利于刑罚一般预防功能的实现。

3. 确保社区矫正机制良性运转

开放行刑存在社区矫正对象不服从管理、脱管、漏管，违反禁止令或监督管理规定的风险。因此，社区矫正机制的良性运转是以防范、化解上述风险或问题为前提的。社区矫正制度的改革和完善要通过社区矫正惩戒措施，真正构建符合社区矫正发展规律的、完全体现社区矫正惩戒措施功能的惩罚机制，才能有效牵引教育机制、帮扶机制和监管机制等，形成一个结构合理、高效运转的社区矫正运行机制。但从社区矫正的实际来看，社区矫正机构普遍重视教育矫治和帮扶工作体系和能力的提升，不同程度地存在惩罚性措施落实不足的问题。

三、社区矫正惩戒措施的性质

（一）惩罚性

社区矫正惩戒措施具有当然的惩罚性。这是刑罚的本质决定的，也是刑罚执行的必然要求。即使社区矫正对象认罪服法、积极改造、接受改造，社区矫正机构也不能放弃监督管理及其惩戒措施的正当适用。

（二）正当性

正当性是合法性的基础。社区矫正惩戒措施的正当性主要来自两个因素：一是报应刑的要求；二是犯罪预防的有效性。从自然的报应性要求出发，社区矫正必须具有惩戒性质和惩戒措施。这是社区矫正惩戒措施正当性的自然基础。社区矫正惩戒措施的正当性还反映在社会行刑成本的节约和犯罪人治理的成效。

（三）教育性

区别于监禁行刑，社区矫正惩戒措施存在必然、客观的惩戒性。但是，从社会防卫的根本目的及其教育矫治的宗旨出发，社区矫正惩戒措施是惩戒一体的措施，惩以促诚，罚以增勉，惩罚性是有限的，而犯罪矫治、教育帮扶难有穷尽。因此，社区矫正惩戒措施也具有教育矫治的性质。

四、社区矫正惩戒措施的原则

（一）依法惩戒

社区矫正惩戒措施必须于法有据。要在法定的职权范围内，依照法律的规定决定惩戒的内容和方式。为此，要加强社区矫正惩戒措施的建章立制，严格依法实施惩戒，确保依法规范执行国家刑罚。以电子定位装置的使用为例，这是一类必要的监督管理措施，且具有明显的惩罚性质。根据《社区矫正法》第 29 条的规定，社区矫正对象实施了"违反人民法院禁止令""无正当理由，未经批准离开所居住的市、县"等法定的行为，经县级司法行政部门负责人批准，对其使用电子定位装置。法律还明确规定了电子定位装置的使用期限。

（二）以教育矫治为主，以惩戒为辅

在社区矫正对象不服从监管时，赋予社区矫正机构惩戒权和强制权能够彰显刑罚执行的强制性和严肃性。但是，社区矫正惩戒措施依然要服从教育矫治犯罪人的根本任务。因此，社区矫正惩戒措施具有依法适用、有限目的的特征。相对来说，犯罪人的教育矫治可以充分发挥社区矫正机构、专门社会力量的主观能动性，二者形成了鲜明的对比。

第二节 社区矫正惩戒措施的现状

一、社区矫正惩戒措施的立法现状

我国《立法法》第11条规定犯罪和刑罚只能通过制定法律来规制。第12条中补充说明："本法第十一条规定的事项尚未制定法律的，全国人民代表大会及其常务委员会有权作出决定，授权国务院可以根据实际需要，对其中的部分事项先制定行政法规，但是有关犯罪和刑罚、对公民政治权利的剥夺和限制人身自由的强制措施和处罚、司法制度等事项除外。"因此，社区矫正惩戒措施作为刑罚执行层面的惩戒措施，是以构成犯罪为基础，并以刑罚执行为目的的惩戒手段，相关依据只能来自国家法律的规定。

（一）《社区矫正法》的规定

1. 接受社区矫正、服从监督管理的义务

《社区矫正法》第4条第1款规定社区矫正对象"应当依法接受社区矫正，服从监督管理"的根本义务。根本义务的存在是社区矫正对象违反监督管理规定，进而引发社区矫正惩戒措施的前提。

2. 训诫、警告等惩戒措施

《社区矫正法》第4章既是监督管理的专门规定，也是社区矫正惩戒措施的主体性规定。特别是第28条、第29条的规定，直接规定了训诫、警告、提请公安机关予以治安管理处罚、撤销缓刑、撤销假释、对暂予监外执行的收监执行、采取电子定位装置等惩戒措施。

3. 法律责任的规定

《社区矫正法》第8章"法律责任"进一步细化了对社区矫正对象作出治安管理处

罚，依法撤销缓刑、假释或者暂予监外执行收监，依法追究刑事责任的规定。例如，《社区矫正法》第 59 条规定："社区矫正对象在社区矫正期间有违反监督管理规定行为的，由公安机关依照《治安管理处罚法》的规定给予处罚；具有撤销缓刑、假释或者暂予监外执行收监情形的，应当依法作出处理。"

（二）《刑法》的规定

《刑法》在对管制、缓刑、假释作出规定的同时，也作出了依法实行社区矫正、撤销缓刑、撤销假释等方面的规定。

1. 违反管制的惩戒措施

《刑法》第 39 条规定："被判处管制的犯罪分子，在执行期间，应当遵守下列规定：（一）遵守法律、行政法规，服从监督；（二）未经执行机关批准，不得行使言论、出版、集会、结社、游行、示威自由的权利；（三）按照执行机关规定报告自己的活动情况；（四）遵守执行机关关于会客的规定；（五）离开所居住的市、县或者迁居，应当报经执行机关批准。"

2. 违反缓刑的惩戒措施

《刑法》第 77 条第 2 款规定："被宣告缓刑的犯罪分子，在缓刑考验期内，违反法律、行政法规或者国务院有关部门关于缓刑的监督管理规定，或者违反人民法院判决中的禁止令，情节严重的，应当撤销缓刑，执行原判刑罚。"

3. 违反假释的惩戒措施

《刑法》第 86 条第 1 款规定："被假释的犯罪分子，在假释考验期内犯新罪，应当撤销假释，依照本法第七十一条的规定实行数罪并罚。"

（三）《刑事诉讼法》的规定

《刑事诉讼法》专门针对社区矫正对象暂予监外执行收监执行、依法实行社区矫正等惩戒措施的程序作出了规定。

1. 及时收监执行的规定

《刑事诉讼法》第 268 条第 1 款规定："对暂予监外执行的罪犯，有下列情形之一的，应当及时收监：（一）发现不符合暂予监外执行条件的；（二）严重违反有关暂予监外执行监督管理规定的；（三）暂予监外执行的情形消失后，罪犯刑期未满的。"该条第 2 款规定："对于人民法院决定暂予监外执行的罪犯应当予以收监的，由人民法院作出决定，将有关的法律文书送达公安机关、监狱或者其他执行机关。"

2. 依法实行社区矫正的规定

《刑事诉讼法》第 269 条规定："对被判处管制、宣告缓刑、假释或者暂予监外执行的罪犯，依法实行社区矫正，由社区矫正机构负责执行。"

（四）《行政强制法》的规定

行政强制措施是指行政机关在行政管理过程中，为制止违法行为、防止证据损毁、避免危害发生、控制危险扩大等情形，依法对公民的人身自由实施暂时性限制，或者对公民、法人或者其他组织的财物实施暂时性控制的行为。

社区矫正中的强制措施是指因发生法定情形，社区矫正机构强制社区服刑人员履行法定义务的措施。其类似于《刑事诉讼法》中的强制措施，主要用于社区服刑人员脱管漏管、违反禁止令或监督管理规定，以及收监等情形，以制止违法行为、防止证据损毁、避免危害发生、控制危险扩大。①

（五）《治安管理处罚法》的规定

《治安管理处罚法》第 60 条第 4 款规定，被依法执行管制、剥夺政治权利或者在缓刑、暂予监外执行中的罪犯或者被依法采取刑事强制措施的人，有违反法律、行政法规或者国务院有关部门的监督管理规定的行为，处 5 日以上 10 日以下拘留，并处 200 元以上 500 元以下罚款。这一点亦可以认为是对社区矫正的一种惩戒措施。

二、社区矫正惩戒措施的类别

《社区矫正法》第 28 条第 1 款规定："社区矫正对象违反法律法规或者监督管理规定的，应当视情节依法给予训诫、警告、提请公安机关予以治安管理处罚，或者依法提请撤销缓刑、撤销假释、对暂予监外执行的收监执行。"社区矫正惩戒措施主要有诫勉措施、强制措施和处罚措施。

（一）诫勉措施

诫勉措施的重要手段就是训诫。2020 年，《社区矫正法》正式实施后，训诫作为新的社区矫正处罚形式出现，对不按规定参加教育学习、公益活动的社区矫正对象进行训诫处罚，是社区矫正对象新增的一项处罚措施。相较于警告，训诫主要适用于违反监督管理规定，情节轻微的行为，旨在警示提醒、诫勉督导、责令纠正，充分体现了宽严相济的刑事政策，以及社区矫正工作教育帮扶的核心。同时，《社区矫正法》也规定，在法定前提条件下，经县级司法行政部门负责人批准，可以使用电子定位装置，加强监督管理，充分体现了社区矫正工作监督管理与教育帮扶相结合的原则。

《社区矫正法》第 28 条规定，社区矫正机构根据社区矫正对象的表现，依照有关规定对其实施考核奖惩。社区矫正对象认罪悔罪、遵守法律法规、服从监督管理、接受教育表现突出的，应当给予表扬。社区矫正对象违反法律法规或者监督管理规定的，应当

---

① 司绍寒：《社区矫正强制措施立法探析》，载《中国司法》2018 年第 2 期。

视情节依法给予训诫、警告、提请公安机关予以治安管理处罚，或者依法提请撤销缓刑、撤销假释、对暂予监外执行的收监执行。对社区矫正对象的考核结果，可以作为认定其是否确有悔改表现或者是否严重违反监督管理规定的依据。《浙江省社区矫正信息化监管规定（试行）》第15条明确规定，社区矫正对象在通信联络或信息化核查中发现人机分离、设置呼叫转移等情形的，社区矫正机构可以认定其违反信息化监管规定并给予训诫。《云南实施细则》第51条第3款规定："执行地社区矫正机构或者受委托司法所发现社区矫正对象外出请假存在弄虚作假情形的，应当及时撤销请假批准，并视情形给予训诫以上处罚。"通过诫勉措施起到威慑、警醒作用，遏制社区矫正对象出现的思想放松、违规行为等现象，强化社区矫正安全监管。

（二）强制措施

《行政强制法》规定，行政强制措施是指行政机关在行政管理过程中，为制止违法行为、防止证据损毁、避免危害发生、控制危险扩大等情形，依法对公民的人身自由实施暂时性限制，或者对公民、法人或者其他组织的财物实施暂时性控制的行为。由此可以看出，行政机关依其职权采取强制手段限制特定的相对人行使某项权利或强制履行某项义务的处置行为就是行政强制措施。

1. 追捕

追捕的前提是社区矫正对象脱离监管下落不明，对于脱离监管是出于抗拒改造逃避监管的目的，还是出于涉嫌犯罪逃避法律制裁目的，或者是因为其他不可抗拒的客观因素，这些都不是影响追捕的要素。

查找、追查或者追逃是针对社区矫正对象在交付执行和执行两个阶段发生漏管、脱管采取的措施。对于失去联系的社区矫正对象，《社区矫正法》要求社区矫正机构应当立即组织查找，同时要求公安机关等有关单位和人员应当予以配合协助。《社区矫正法》第50条规定："被裁定撤销缓刑、假释和被决定收监执行的社区矫正对象逃跑的，由公安机关追捕，社区矫正机构、有关单位和个人予以协助。"《云南实施细则》第60条对脱管查找作出详细规定："社区矫正对象失去联系、无法联络或者经查找拒不接受监督管理的，执行地县级社区矫正机构应当及时通知公安机关，公安机关应当及时协助查找。执行地县级社区矫正机构应当及时将组织查找的情况通报同级人民检察院。"

2. 突发事件处置机制

《社区矫正法实施办法》第52条规定："社区矫正机构应当建立突发事件处置机制，发现社区矫正对象非正常死亡、涉嫌实施犯罪、参与群体性事件的，应当立即与公安机关等有关部门协调联动、妥善处置，并将有关情况及时报告上一级社区矫正机构，同时通报执行地人民检察院。"

3. 刑事强制措施

刑事强制措施是指在撤销缓刑假释的案件中，特别是发现社区矫正对象在社区矫正期间有漏罪或者犯新罪的情况下，可以采取刑事强制措施。《社区矫正法》规定，社区矫正对象被采取刑事强制措施等限制人身自由的措施时，有关机关应该及时通知社区矫正机构。

如果社区矫正对象存在更为过激的行为，严重影响社区矫正工作，会受到更为严厉的惩罚。例如，社区矫正对象存在殴打、威胁、侮辱、骚扰、报复社区矫正机构工作人员和其他依法参与社区矫正工作的人员及其近亲属的情况出现，如果构成犯罪的，将被依法追究刑事责任。

4. 行政拘留

行政拘留主要是对社区矫正对象的行政处罚，并非严格意义上的强制措施。但是如果行政拘留后发现其应该撤销缓刑、假释、终止暂予监外执行，或者因涉嫌犯罪而终止社区矫正，则行政拘留就有一定的强制措施。

法律规定对此进一步作了细化规定。《社区矫正法实施办法》第41条规定："社区矫正对象被依法决定行政拘留、司法拘留、强制隔离戒毒等或者因涉嫌犯新罪、发现判决宣告前还有其他罪没有判决被采取强制措施的，决定机关应当自作出决定之日起三日内将有关情况通知执行地县级社区矫正机构和执行地县级人民检察院。"

5. 收监

收监是一种针对社区矫正对象结束社区矫正的措施，严格地讲，其并非一种措施，而是一种情形或者程序。在这种情形中，需要采取强制措施。根据《社区矫正法》第49条的规定，收监措施主要分为两种：一种是司法行政机关应当及时将罪犯送交监狱或者看守所，公安机关予以协助；另一种是作出收监决定的监狱或看守所直接收监。此外，根据《社区矫正法》第48条的规定，人民法院裁定撤销缓刑、假释的，公安机关应当及时将社区矫正对象送交监狱或者看守所执行。

在实际执行过程中，通常是先对违反规定的社区矫正对象进行程度较轻的惩戒，当多次被训诫或警告后仍然违反相关规定的社区矫正对象，不再具备继续实施社区矫正的条件，将采取收监措施。例如，《云南实施细则》第72条规定，符合法定收监情形的，执行地社区矫正机构应当组织开展调查取证，并依法向社区矫正决定机关提出撤销缓刑、撤销假释或者暂予监外执行收监执行建议。

6. 教育学习

针对特定对象的教育学习具有一定程度的强制、惩戒性质。例如，《社区矫正法》第36条第1款规定："社区矫正机构根据需要，对社区矫正对象进行法治、道德等教

育，增强其法治观念，提高其道德素质和悔罪意识。"

7. 到场处置

到场处置是指社区矫正机构发现社区矫正对象正在实施违反监督管理规定的行为或者违反人民法院禁止令等违法行为的，社区矫正机构应当及时制止，如果存在无法有效制止的情况，应当立即通知公安机关到场处置。公安机关是到场处置的主体，处置社区矫正机构无法有效制止的情况。例如，《社区矫正法》第31条规定："社区矫正机构发现社区矫正对象正在实施违反监督管理规定的行为或者违反人民法院禁止令等违法行为的，应当立即制止；制止无效的，应当立即通知公安机关到场处置。"

（三）处罚措施

1. 行政处罚

1）警告

警告通常是对犯错者的一种惩罚性行为，可以口头形式警告，也可以书面形式警告。《社区矫正法》第28条规定，社区矫正对象违反法律法规或者监督管理规定的，应当视情节依法给予训诫、警告。《社区矫正法实施办法》第35条进一步规定了执行地县级社区矫正机构应当给予警告的六种情形："（一）违反人民法院禁止令，情节轻微的；（二）不按规定时间报到或者接受社区矫正期间脱离监管，超过十日的；（三）违反关于报告、会客、外出、迁居等规定，情节较重的；（四）保外就医的社区矫正对象无正当理由不按时提交病情复查情况，经教育仍不改正的；（五）受到社区矫正机构两次训诫，仍不改正的；（六）其他违反监督管理规定，情节较重的。"

2）治安管理处罚

治安管理处罚是指公安机关依据法律对扰乱社会秩序，妨害公共安全，侵犯公民人身权利，侵犯公私财产，但情节轻微尚不足以构成刑事违法处罚的违法行为所实施的行政处罚。《社区矫正法》第60条规定："社区矫正对象殴打、威胁、侮辱、骚扰、报复社区矫正机构工作人员和其他依法参与社区矫正工作的人员及其近亲属，构成犯罪的，依法追究刑事责任；尚不构成犯罪的，由公安机关依法给予治安管理处罚。"

3）司法处罚

（1）撤销缓刑与撤销假释。《刑法》第77条规定了两种撤销缓刑的情况："第一，被宣告缓刑的犯罪分子，在缓刑考验期限内犯新罪或者发现判决宣告以前还有其他罪没有判决的，应当撤销缓刑；第二，被宣告缓刑的犯罪分子，在缓刑考验期限内，违反法律、行政法规或者国务院有关部门关于缓刑的监督管理规定，或者违反人民法院判决中的禁止令，情节严重的，应当撤销缓刑，执行原判刑罚。"

《刑法》第86条规定了三种撤销假释的情况："第一，被假释的犯罪分子，在假释考验期限内犯新罪，应当撤销假释；第二，在假释考验期限内，发现被假释的犯罪分子在判决宣告以前还有其他罪没有判决的，应当撤销假释；第三，被假释的犯罪分子，在假释考验期限内，有违反法律、行政法规或者国务院有关部门关于假释的监督管理规定的行为，尚未构成新的犯罪的，应当依照法定程序撤销假释。"

《社区矫正法》《社区矫正法实施办法》进一步细化了撤销缓刑、撤销假释的规定。《社区矫正法》第 28 条规定，社区矫正对象违反法律法规或者监督管理规定的，应当视情节依法给予训诫、警告、提请公安机关予以治安管理处罚，或者依法提请撤销缓刑、撤销假释、对暂予监外执行的收监执行。《社区矫正法实施办法》第 46 条第 1 款规定："社区矫正对象在缓刑考验期内，有下列情形之一的，由执行地同级社区矫正机构提出撤销缓刑建议：（一）违反禁止令，情节严重的；（二）无正当理由不按规定时间报到或者接受社区矫正期间脱离监管，超过一个月的；（三）因违反监督管理规定受到治安管理处罚，仍不改正的；（四）受到社区矫正机构两次警告，仍不改正的；（五）其他违反有关法律、行政法规和监督管理规定，情节严重的情形。"《社区矫正法实施办法》第 47 条第 1 款规定："社区矫正对象在假释考验期内，有下列情形之一的，由执行地同级社区矫正机构提出撤销假释建议：（一）无正当理由不按规定时间报到或者接受社区矫正期间脱离监管，超过一个月的；（二）受到社区矫正机构两次警告，仍不改正的；（三）其他违反有关法律、行政法规和监督管理规定，尚未构成新的犯罪的。"

（2）对暂予监外执行罪犯的收监执行。对暂予监外执行罪犯的收监执行是很严重的社区矫正惩戒措施。《社区矫正法》第 49 条第 3、4 款中规定，人民法院、公安机关对暂予监外执行的社区矫正对象决定收监执行的，由公安机关立即将社区矫正对象送交监狱或者看守所收监执行。监狱管理机关对暂予监外执行的社区矫正对象决定收监执行的，监狱应当立即将社区矫正对象收监执行。

第三节　社区矫正惩戒措施的完善

《社区矫正法》构筑了一套在社区矫正对象违反法律法规或者监督管理规定时的惩罚体系。由训诫、警告、提请公安机关予以治安管理处罚以及依法提请撤销缓刑、撤销假释、对暂予监外执行的收监执行几种措施组成。最轻的是训诫，最重的是撤销缓刑、撤销假释、收监执行。但是，现行《社区矫正法》只是简单规定了社区矫正机构工作人员的工作职责，未明确规定社区矫正机构工作人员的主体地位，不利于社区矫正惩戒措施的运用。同时，虽然社区矫正惩戒措施带有惩罚性的目的，但是归根结底是为了更好地帮助社区矫正对象回归社会，因此对如何避免社区矫正惩戒措施的滥用也应该引起重视。

针对社区矫正惩戒措施立法及实践情况，应该立足于保证社区矫正惩戒措施的权威

性出发，进一步明确社区矫正主体的法律地位，完善社区矫正惩戒措施的监督，探索中间制度，充分发挥惩戒的震慑力，促使社区矫正对象养成遵法守法自觉，实现顺利回归社会的目标。

一、保证社区矫正惩戒措施的权威性

社区矫正惩戒措施的权威性主要来自该类措施适用的正当性和有效性。

社区矫正毕竟有别于监禁刑，在执行刑罚过程中不能单一地对社区矫正对象实施惩戒措施。从理念方面来看，社区矫正中惩戒措施更注重矫治而非报应。从操作方面来看，社区矫正惩戒措施是在开放式的社区进行的，社区矫正对象并未完全丧失人身自由，大多数人基本上能过正常的生活，因此其刑罚执行形式趋于多元化。

从加强社区矫正惩戒措施权威性的角度看，需要加强以社区矫正官为主体的社区矫正执法队伍建设。在此基础上，既要转变仅教育矫治不敢惩戒的思想观念，也要改进社区矫正惩戒措施方法，提升社区矫正惩戒措施的专业水准，提高惩罚性措施的效果。

二、明确社区矫正惩戒措施主体的法律地位

《行政强制法》及地方相关规定没有授权在特定情形下社区矫正工作人员可以采取相应的强制措施。例如，对于违反禁止令从事特定活动，进入特定区域、场所，接触特定人的，社区矫正工作人员难以强制将其带离现场，缺少相应的约束措施；对于社区矫正对象从事违法犯罪活动，社区矫正工作人员无法使用警棍、手铐等工具和手段制止违法犯罪活动；对于拟收监的罪犯不能预先予以羁押，等等。

由于法律没有赋予社区矫正工作人员强制性措施的执行权，目前实践中都是通过公安机关来执行。不论是查找、突发事件应对还是行政拘留等措施，一旦涉及限制或剥夺社区矫正对象人身自由的时候，社区矫正机构工作人员无法执行，只能求助于公安机关。而在司法实际中，公安机关工作压力很大，导致协调收监难度也很大。

只有归并执行权，改变双主体执行模式，联通管理与惩戒，社区矫正机构才能有效承担督导（观察、引导、干预和不得已时惩戒）和帮扶的职责。《社区矫正法》虽未明确社区矫正机构的性质，但按该法第8条和第9条的规定，社区矫正机构的业务主管部门是司法行政部门；社区矫正机构负责社区矫正工作的具体实施；社区矫正机构的设置和撤销由县级以上地方人民政府司法行政部门提出意见，按照规定的权限和程序审批。然而，部分地区延续原有"司法局＋司法所"的社区矫正执行模式，在一定程度上限制了社区矫正机构执法主体作用的发挥。

三、完善社区矫正惩戒措施的监督功能

社区矫正惩戒措施作为一种惩罚性手段，要防止社区矫正惩戒措施主体的滥用，以

免侵犯社区矫正对象的合法权益。

（一）做好惩戒前监督工作，严格控制非监禁刑罚的适用

通过督促闸门前移，确保非监禁刑、改刑的合法性，防止部分社会危害性大、矫正难度大、违法违规风险高的犯罪分子被纳入社区矫正。

（二）做好多元化监督，提高监督实效

通过过程监督，进一步加强各部门在社区矫正中的配合，落实、发挥好惩罚性措施的作用，保障刑罚执行的强制性与严肃性。

（三）监督惩罚性措施的适度适用，发挥惩治与矫治的结合作用

在对惩罚性措施执行实施监督过程中，要注重以矫治效果为前提，根据社区矫正对象的实际情况，监督执行机关应采取较为适度的惩戒措施。

四、中间制度的探索

适当增加新的中间性惩戒措施可以有效改善社区矫正惩戒措施的不足。例如，借鉴大陆法系国家做法，增加"家庭监禁"，避免社区矫正机构的资源消耗；设立"短期监禁"，取代公安机关对于严重违法的社区矫正对象的居留权。

第十五章　社区矫正调查评估

第一节　社区矫正调查评估概述

社区矫正调查评估是专门机构对拟适用社区矫正对象的相关情况作专门调查，并对其人身危险性和是否具备社区矫正监管条件进行评估，以供法院等决定机关裁决适用社区矫正时参考的制度。科学的调查评估是法院等决定机关合理采用社区矫正的重要基础性工作。调查评估的目的主要是提高社区矫正适用的准确性、改善社区矫正质量和提高司法效率。

一、社区矫正调查评估的概念和特征

社区矫正调查评估并非决定是否需要进行社区矫正的必经环节，调查评估应当从案件的具体情况出发。如果社区矫正决定机关对被告人、罪犯的社会危险性和对所居住社区的影响有较为明确的判断，可以直接作出是否适用社区矫正的决定，而没有必要再委托专门机构开展调查评估。对于社区矫正决定机关不容易判断或者无法准确判断被告人、罪犯的社会危险性和对所居住社区影响的，可以根据需要委托社区矫正机构或者有关社会组织进行调查评估。

（一）社区矫正调查评估的概念

根据《社区矫正法》第18条的规定，社区矫正决定机关根据需要，可以委托社区矫正机构或者有关社会组织对犯罪人的社会危险性和对所居住社区的影响，进行调查评估，提出意见，供决定社区矫正时参考。因此，社区矫正调查评估（以下简称调查评估）是指社区矫正决定机关委托社区矫正机构或者有关社会组织对犯罪人的社会危险性和对所居住社区的影响进行调查评估，提出意见，以供参考的辅助性司法活动。

（二）社区矫正调查评估的特征

社区矫正调查评估是国际上通行的一项重要的社区矫正工作制度，能够充分体现社

区矫正决定机关在适用社区矫正制度时的审慎态度，能够降低社会风险，提高社区矫正工作质量。

1. 社区矫正调查评估的规章制度

目前，在诸多关于社区矫正的规范性文件中均对社区矫正调查评估进行了专门规定，这表明该环节在社区矫正工作中的重要性。2003 年"两高两部"联合印发的《关于开展社区矫正试点工作的通知》中规定："在判处非监禁刑、减刑、假释工作中，可以征求有关社区矫正组织的意见，并在宣判、宣告后，将判决书、裁定书抄送有关社区矫正组织。"2012 年，"两高两部"联合印发的《社区矫正实施办法》第 4 条也专门规定了社区矫正调查评估制度，对实务中审前调查的开展提供了较为明确的指导。[①] 2020年 7 月 1 日起施行的《社区矫正法》第 18 条规定："社区矫正决定机关根据需要，可以委托社区矫正机构或者有关社会组织对被告人或者罪犯的社会危险性和对所居住社区的影响，进行调查评估，提出意见，供决定社区矫正时参考。居民委员会、村民委员会的组织应当提供必要的协助。"同年 7 月颁布的《社区矫正法实施办法》进一步规定了更加详细的内容。从《社区矫正法》和《社区矫正法实施办法》的上述规定看，调查评估工作实际上包括两种类型：

（1）"可以委托型"调查评估。

（2）"应当委托型"调查评估。

调查评估意见，只是供社区矫正决定机关在裁决时参考的资料，不能要求必须采纳。意见是否被采纳，取决于社区矫正决定机关审查判断的结果。

2. 社区矫正调查评估的内容

社区矫正调查评估坚持全面调查和走访调查。凡是同案件形成和案犯有关的各种事实因素，包括对被告人或者罪犯的居所情况、家庭和社会关系、一贯表现、犯罪行为的后果和影响、居住地村（居）民委员会和被害人意见、拟禁止的事项等都纳入调查的范围，以此查明引起被调查对象走上违法犯罪道路的真实原因。要求调查人员应走访调查对象户籍所在地或经常居住地的公安派出所、村（居、社区）及其家庭、工作单位或就读的学校等，采取个别约谈、查阅资料、召开座谈会、调查取证等方式进行调查。以上措施为调查过程的严肃性和调查结论的准确性提供了一定的保证。

3. 社区矫正调查评估结论的采信

社区矫正调查评估结论对社区矫正决定具有重要的指证作用。但是，社区矫正机构有权决定是否采信调查评估结论。

以江苏省为例，自 2006 年开始实行刑事案件未成年被告人"审前调查评估"以来，

---

① 张新民主编：《中国社区矫正制度与立法研究》，世界知识出版社 2019 年版，第 126 页。

法院对社区矫正机构提供的未成年人和成年人刑事案件审前评估报告的采信率分别达到90%和85%。此外，对于一些不被采信的社区矫正调查评估报告，一些地方还规定了"采信反馈"制度。如2014年出台的《山东省社区矫正调查评估工作规范（暂行）》第19条第2款规定："在判决、裁定、决定作出后七日内，委托机关应当以书面形式告知县级司法行政机关调查评估意见的采信情况。不予采信的，应当说明原因。"又如《云南实施细则》第17条规定："县级社区矫正机构可以提出适用或者不适用的评估意见，并说明具体理由。未明确提出是否适用意见的，应当在调查评估意见书中说明具体原因，并经县级审核委员会审议。评估意见应当同时抄送执行地县级人民检察院。"

二、社区矫正调查评估的委托

（一）社区矫正调查评估的委托主体

《社区矫正法实施办法》规定，调查评估的委托主体是法院、检察院、公安机关、监狱管理机关以及监狱。在目前的实践中，主要由法院在审判阶段启动调查评估，公安机关（看守所）在提请暂予监外执行阶段和监狱在提请暂予监外执行、提请假释阶段启动调查评估，检察院对速裁案件在起诉阶段启动调查评估。

（二）社区矫正调查评估的受托主体

根据《社区矫正法》第18条的规定，社区矫正调查评估有两类受托主体，分别是社区矫正机构和有关社会组织。

三、社区矫正调查评估的期限

根据《社区矫正法实施办法》第14条的规定，社区矫正调查评估的期限分为两类：

（一）一般案件期限

一般情况下，县级社区矫正机构应当自收到社区矫正调查评估委托函及所附材料之日起10个工作日内完成调查评估。

（二）速裁、简易程序案件的社区矫正调查评估期限

对适用速裁、简易程序的案件，受委托的县级社区矫正机构可以根据案件事实及实际情况，有针对性开展社区矫正调查评估，并自收到社区矫正调查评估委托函及所附材料之日起5个工作日内完成。

在此之前，对于社区矫正调查评估的时限，各省市的规定各不相同。短的为5～8个工作日，一般的为10个工作日，长的为15个工作日。其中，案情复杂、情况特殊或需要补充调查的，调查时限可延长。需要延长调查评估时限的，社区矫正机构、有关社会组织应当与委托机关协商，并在协商确定的期限内完成调查评估。因被告人或者罪犯

的姓名、居住地不真实、身份不明等原因，社区矫正机构、有关社会组织无法进行调查评估的，应当及时向委托机关说明情况。社区矫正决定机关对调查评估意见的采信情况，应当在相关法律文书中说明。调查评估意见以及调查中涉及的国家秘密、商业秘密、个人隐私等信息，应当保密，不得泄露。

四、社区矫正调查评估的对象和内容

（一）社区矫正调查评估的对象

根据《社区矫正法》第 2 条规定，社区矫正调查评估的对象为对被判处管制、宣告缓刑、假释和暂予监外执行的罪犯。

（二）社区矫正调查评估的内容

社区矫正机构开展调查评估工作，应主要了解被告人或者罪犯的社会危险性和对所居住社区的影响。《社区矫正法实施办法》第 14 条首次对调查评估的项目和内容进行了列举，包括被告人或者罪犯的居所情况、家庭和社会关系、犯罪行为的后果和影响、居住地村（居）民委员会和被害人意见、拟禁止的事项、社会危险性、对所居住社区的影响等情况。

从我国各省区市的社区矫正调查评估政策来看，调查评估的内容主要包括以下几项：

（1）基本情况，包括姓名、身份证号、年龄、职业、单位、受教育程度等情况。

（2）家庭情况或家庭背景，包括固定居所、家庭成员、婚姻及经济状况、与家庭成员融入度、家庭是否有重大变故等情况。

（3）个性特点，包括生理（身体健康）状况、心理（能力、气质）特征、性格类型、爱好特长等情况。

（4）犯罪以前表现，包括工作或学习表现、业余生活、社会交往、遵纪守法情况、与邻里相处是否融洽、是否有不良行为或恶习等情况。

（5）悔罪表现，包括对犯罪行为的认知、悔罪态度。

（6）附加刑及附带民事赔偿履行情况和履行能力等。

（7）社会反响或犯罪行为评价，包括被害人或其亲属态度、社会公众态度。

（8）被调查人适用社区矫正后可能对所居住村（社区）的影响等情况。

（9）监管条件评价，包括工作单位（就读学校）、村（居）民委员会及家庭等对其的管束能力，辖区公安派出所意见等情况。

委托机关可以委托被调查人居住地县级司法行政机关通过走访以下单位和个人开展调查评估工作来获取所需要的调查内容：

（1）被调查人家庭及成员；

（2）居住地村（居）委员会及村（居）民；

（3）工作单位（就读学校）及同事（同学）；

（4）居住地公安派出所；

（5）受害人或者其亲属；

（6）其他单位和个人。

五、社区矫正调查评估的要求

（一）社区矫正调查评估流程要科学

（1）在接受委托机关的调查评估委托后，社区矫正机构或有关社会组织围绕被调查对象的居所地变更历史、未来的居住计划、个人工作情况和资产负债情况进行初步核查，确认其是否符合本辖区内的居住地条件。

（2）在确认被调查对象可长期稳定居住后，需要进一步了解其家庭情况和邻里关系。如被调查人家庭内部矛盾较多，存在家暴等严重冲突情况的，则认定其有较大的社会危险性；如被调查人孤身一人在外，家人均在原户籍地的，或者家人与被调查人之间基本无沟通联系，无法履行监护人职责的，则认定其监管难度较大；如被调查人与邻居发生过多次严重矛盾冲突或被调查人与本案被害人居住在同一社区，被害人对其进入社区明确表示不谅解的，则认定其对所在社区有重大影响。

（3）是对社区矫正对象性格因素、认罪悔罪态度及犯罪性质的调查与认定。对于精神存在疾病、有暴力倾向的人员，一般认定其社会危险性较大。对于不履行退赃退赔义务、不履行罚金的人员，一般认定其认罪悔罪态度较差。对于犯罪恶性较大的，如涉黑、涉恶类型的案件被告人，或者是经教育仍不改正、再次发生犯罪的人员，一般认定其社会危险性较大。

在完成以上三个步骤之后，再根据每一阶段的调查情况进行综合分析，最终取得一个较为公正、合理的调查评估结论。

（二）以实际情况为依据，要明确评估标准

由于调查评估考量的因素较多，现实情况也较为复杂，因此实践中总结出13种应当认定为不适用社区矫正的情形。具体分类如下：

（1）社区矫正对象的犯罪动机和生活状况存在极大的再犯罪可能。如被调查人涉嫌诈骗罪，诈骗动机是获取钱财偿还债务。经调查发现本人无业，无居住地，家庭经济情况较差，债务仍然存在，故认定其再犯风险极大，不适用社区矫正。

（2）社区矫正对象监管条件差，主观恶性较深，社会危害性大。如被调查人犯罪动机为报复社会，伤害不特定对象，家庭监管能力弱，故认定其社会危害性极大，不适用社区矫正。

（3）社区矫正对象系拟假释人员，有履行能力而未履行财产性判决，认罪悔罪态度较差，不适用社区矫正。

（4）社区矫正对象系财产罪犯，有明确金额的违法所得，本人不认罪，不肯退赃退赔的，或者未完全退赃退赔的，认定其认罪悔罪态度较差，不适用社区矫正。

（5）社区矫正对象系人身伤害罪犯，或其犯罪导致被害人受到人身伤害，未取得被害人谅解的，认定其对所在社区的影响较大，容易发生冲突乃至犯罪，故认定其不适用社区矫正。

（6）社区矫正对象犯罪性质恶劣，造成严重社会影响的。如被调查人的犯罪为组织高考作弊、非法上访闹访、煽动群体寻衅滋事等，造成了严重的社会影响，犯罪性质较为恶劣，故认定其不适用社区矫正。

（7）社区矫正对象违法前科较多，违法时间较近，违法的诱因未消除的，认定其不适用社区矫正。

（8）社区矫正对象未经许可经营专营、专卖物品或者其他限制买卖的物品，且在未取得许可的情况下继续经营的，认定其再犯罪风险较大，不适用社区矫正。

（9）社区矫正对象涉及大量诉讼，有多笔金额未执行，且居住地和收入情况不稳定的，认定其不适用社区矫正。

（10）此前接受过社区矫正，再次发生类似案件犯罪，认定其主观恶性较深，认罪悔罪态度较差，不适用社区矫正。

（11）社区矫正对象系拟暂予监外执行人员，有多次违法犯罪前科，有较大再犯风险，且接受刑罚时间不长，短期内无生命危险的。

（12）社区矫正对象系涉黑、涉恶人员，犯罪情节较重的。

（13）社区矫正对象系拟暂予监外执行人员，提供的保证人不符合资格条件的，包括与本案有牵连、无管束和无教育社区矫正对象的能力、不享有政治权利或人身自由受到限制、无固定的住处以及无固定的生活来源等情形。

（三）以加强流程监督为抓手，程序执法要严谨

（1）扎实做好自我监督工作。对于调查评估的回避、合议、公告等程序，每一程序的参与人要相互提醒、相互监督。司法所定期开展调查评估案卷自查，针对案卷文书中发现的执法程序缺失、不规范等问题进行整改。

（2）对受委托司法所开展调查评估工作加强监督。针对调查评估程序履行情况，社区矫正机构以文书审核、案件抽查等方式加大对受委托司法所的监督力度，对发现的问题及时通知调查小组，要求整改落实到位。

（3）定期开展执法检查，抽检部分调查评估案卷材料。社区矫正机构与检察院每周赴司法所开展联合执法检查，坚持做到每周一巡检、两月一覆盖、一年六巡回，特别是

要对情况复杂的人员和高风险人员的案卷进行全面检查，并对存在的突出问题予以通报，要求及时进行整改并上报整改报告，从而确保调查评估工作的开展完全符合执法程序要求。

第二节　社区矫正调查评估的方法

社区矫正调查评估的科学性和有效性，很大程度上依赖于科学的调查方法，常用的调查方法有走访、座谈、约谈等。

一、走访

要确保社区矫正调查评估的有效性，调查人员必须做到实地走访调查、直接接触、实地考察，以保障调查结论的准确性和可靠性。准确了解拟进行社区矫正对象的居所情况、家庭和社会关系、一贯表现、犯罪行为的后果和影响、居住地村（居）民委员会和被害人意见、拟禁止的事项等，以此查明社区矫正对象走上违法犯罪道路的真实原因。

二、座谈、约谈

座谈、约谈是社区矫正对象和相关人员直接接触的调查方式。即在走访调查的过程中，对拟进行社区矫正的人员、近亲属是否愿意帮教、居住地派出所和村（居）民委员会对实行社区矫正的态度等开展阶段性座谈、约谈。这种方式可以在短时间内获得大量的相关信息和资料，了解拟进行社区矫正对象的生活状况和生活环境是否适合矫正，目前我国的一些省份也采用了多次约谈的方法。

三、评估量表

在矫正调查评估中，除了定性的资料，也需要量化的标准去评估。科学使用评估量表，为决策部门评估罪犯再犯风险提供了统一、客观的评判标准和可靠依据，降低了主观判断的随意性和误判率。同时，分析出高致罪风险因素，为实施有针对性的矫正工作提供了科学决策的依据。但是，评估量表的分析总体属于指示性分析，指示是否准确，以及如何改进量表、让量表更符合实际情况，以加强指引作用，需要不断改进。

以某地对社区矫正对象调查评估样表（表 15－1）为例：无 1~8 项所列情形的，有 9~18 项所列情形的，得满分，反之不得分；对于 19~23 项，意见为"同意纳入"的，得满分，反之不得分。该量表原始分值 100 分，分数越高，说明社区矫正效果越好，社区矫正对象再犯的风险或可能性越低。得分低于 80 分，需要社区矫正工作人员对社区矫正对象持续关注，利用家庭、单位、司法机关、社会组织等社会机构对其提供帮助。

表 15 - 1　某地对被调查人调查评估样表①　　　　　　　　　分

序号	调查内容	标准分值	评估分值	备注
1	被调查人是否迷恋网络游戏	2		
2	被调查人有无吸毒、赌博、嗜酒等恶习	2		
3	被调查人是否容易冲动、有无暴力倾向	2		
4	被调查人性格是否孤僻，是否有较重的报复心理	2		
5	被调查人在个人成长中有无重大挫折	2		
6	被调查人在个人成长中是否缺少关爱	2		
7	被调查人是否与有劣迹的人员交往过密	2		
8	被调查人家庭成员中有无不良恶习和违法犯罪记录	4		
9	被调查人生活作风是否正派	2		
10	被调查人是否认罪悔罪	10		
11	被调查人有无父母	3		
12	被调查人有无配偶	3		
13	被调查人家庭是否和睦	4		
14	被调查人家庭有无责任感	4		
15	被调查人家庭对其有无约束力	4		
16	被调查人家庭有无固定住所	4		
17	被调查人家庭有无稳定的收入和经济来源	4		
18	被调查人家庭居住地有无良好的治安环境	4		
19	被调查人家属意见	5		
20	被害人及家属意见	5		
21	村、街道意见	10		
22	辖区公安派出所意见	10		
23	辖区司法所意见	10		

很显然，这是特定条件下指征调查对象社会危险性的量化指示。随着社会条件、人们观念的变化，有关因素和分数都有调整的必要性。因此，评估量表分析存在需要不断调整、改进的特征和要求。

---

①　张新民主编：《中国社区矫正制度与立法研究》，世界知识出版社 2019 年版，第 127 页。

第三节　社区矫正调查评估的专门工作

社区矫正调查评估是确保社区矫正工作顺利实施的第一步，目的是要为人民法院对拟判决对象作出是否适用社区矫正的裁决提供参照，因此它是一项具有制度性、原则性和专业性的评估活动。社区矫正调查评估作为社区矫正的第一道入口关，是连接刑事裁决和矫正执行的关键一环，也是保证社区矫正科学性和有效性的主要步骤，对实现刑事处罚个别化具有重要意义。

一、适用缓刑的调查评估

根据《刑法》第76条规定，对宣告缓刑的犯罪分子，在缓刑考验期内，依法实行社区矫正，如果没有《刑法》第77条规定的情形，缓刑考验期满，原判的刑罚就不再执行，并公开予以宣告。

适用缓刑的调查评估包括以下几项：

（一）与犯罪行为有关的调查

包括被告人或者犯罪人的犯罪主观方面、犯罪客观方面、是否有排除社会危害性行为、认罪悔罪的表现、犯罪前后的表象等方面进行详细的调查。

（二）与犯罪行为有关的社会调查

包括被告人或者犯罪人的个人基本情况、经济状况、家庭情况、社会关系、所居住社区环境、工作学习情况、人际关系等社会方面的调查。

（三）健康调查

主要是对被告人或者犯罪人身体健康、心理健康进行的调查。

二、适用假释的调查评估

根据《刑法》第85条规定，对假释的犯罪分子，在假释考验期内，依法实行社区矫正如果没有《刑法》第86条规定的情形，假释考验期满，就认为原判刑罚已经执行完毕，并公开予以宣告。

根据《刑法》的规定，假释的实质条件在于服刑人员必须确有悔改表现，假释后不致再危害社会。根据相关法律规定，同时具备以下四种情况的，应当认定为确有悔改表现：认罪伏法；认真遵守监规、接受教育改造；积极参加政治、文化、技术学习；积极参加劳动，完成劳动任务。"假释后不致再危害社会"只是法官根据案件的实际情况和犯罪人的基本状况作出的一种预测，根据犯罪人在监狱中行刑的表现并结合其本人情况来综合预测，具有很大的不确定性，犯罪人的悔罪表现好，有可能并不是其真实意志的流露；预测时犯罪人可能不具有人身危险性，但是犯罪人被假释出狱后可能因为某些原因而产生或增加人身危险性，预测不可能预见到犯罪人出狱后的所有情况。

假释犯危险性评估机构的工作人员应当具有监狱学、犯罪学、心理学、教育学等专业背景，根据假释犯危险性调查机构提供的材料，并在听取服刑人员意见后对服刑人员的危险性作出评价。美国学者伯杰斯（Ernest W. Burgess）于 1928 年在美国伊利诺伊州对 3 000 名接受假释的罪犯进行了研究，他认为下列因素与罪犯假释成败有关系①：犯罪史、家庭史、结婚状态、就业、犯罪性质、是否共犯、犯罪发生地、逮捕时是否有居所、近邻的类型、刑期长短、假释前服刑多久、狱内被惩罚的记录、性格类型、精神医学诊断的结果等。伯杰斯设计的假释预测表如表 15 - 2 所示。

表 15 - 2　伯杰斯设计的假释预测表

得分/分	假释成功或者失败的期待分值	
	违反可能/%	通过考察可能/%
16 ~ 21	1. 5	98. 5
14 ~ 15	2. 2	97. 8
13	8. 8	91. 2
12	15. 1	84. 9
11	22. 7	77. 3
10	34. 1	65. 9
7 ~ 9	43. 9	56. 1
5 ~ 6	67. 1	32. 9
2 ~ 4	76. 0	24. 0

评分说明：根据表 15 - 2，罪犯所获分数越高，假释成功可能性就越大。在早期的效度分析中，专业人士认为伯杰斯的预测很精准。使用社会学方法进行危险评估可以实现危险的量化，且可操作。在伯杰斯的成果出版后不久，哈佛大学法学院的格鲁克夫妇（S. Glueck & E. Glueck）也提出了他们的危险评估主张。格鲁克夫妇认为，危险评估可以根据以下内容进行预测：

（1）在社会背景方面，看父亲的管教是否存在问题，母亲的管教是否合适，是否受到父亲的漠视，是否受到母亲的漠视，家庭是否缺乏关爱；

（2）在心理方面，看是否具有社会成见，是否容易挑衅他人，是否多疑，是否具有毁灭倾向，是否容易冲动；

---

① 翟中东著：《中国社区矫正制度的建构与立法问题》，中国人民公安大学出版社 2017 年版，第 143 页。

（3）在精神方面，看是否不考虑行为后果，是否做事外露，是否做事我行我素，是否容易情绪不稳定。

1970 年后，美国犯罪与越轨国家委员会（The National Council on Crime and Delinquency）与美国假释委员会（U. S. Parole Commission）联手制定了假释指导标准，根据伯杰斯的预测发展而来的"重要因素量表"（The Salient Factor Score）至今仍为美国假释委员会所使用。

三、暂予监外执行的调查评估

2012 年 3 月，在修改《刑事诉讼法》的过程中，考虑到暂予监外执行的执行方式与管制、缓刑、假释的执行方式类似，增加了"对暂予监外执行的罪犯也实行社区矫正"的规定。同时，为与《刑法修正案（八）》的有关规定相衔接，2018 年修订后的《刑事诉讼法》第 269 条规定："对被判处管制、宣告缓刑、假释或者暂予监外执行的罪犯，依法实行社区矫正，由社区矫正机构负责执行。"[①]

四、社区矫正风险评估

社区服刑人员风险评估机制，是指对社区服刑人员的人身危险性和再犯可能性加以测评的机制。建立社区服刑人员风险评估机制的重要意义在于，风险评估是分类管理和奖惩考核的前提。如果不能对社区服刑人员的风险有准确的评估，那么分类就不具有科学性，进一步的矫正措施的适用也必然具有盲目性。

北京、上海等地在开展社区矫正的试点工作过程中，逐步开展了风险评估或者类似于风险评估的做法。[②] 例如北京市《社区服刑人员分类管理分阶段教育实施方案（试行）》规定，社区矫正工作人员在接收社区服刑人员后两个月内，应当通过各种途径了解其个人、家庭、生活、就业、违法犯罪史、认罪悔罪及接受社区矫正态度等情况；在接收满两个月后，应当对其进行测量，并按照测量分值对应的分类标准确定社区服刑人员的类别，同时分析评估在测量过程中反映出的情况和问题，提出下一步的矫正措施，作出评估报告。类别确定满 6 个月后，工作人员应重新对社区服刑人员进行测量，根据测量结果调整类别。上海市的风险评估则分为初次测评和阶段测评两个过程，初次测评是指在测评对象进入社区矫正前（进入社区矫正时）进行测评，这为法院等机关作出社区矫正裁定提供依据，并为进入社区矫正的分类管理、个性化教育和心理矫治等打下基础。阶段测评是指每半年（或一季度）一次对测评对象接受监管、改造、矫治等动

---

① 王爱立、姜爱东编：《中华人民共和国社区矫正法释义》，中国民主法制出版社 2020 年版，第 25 – 27 页。

② 王平编：《社区矫正制度研究》，中国政法大学出版社 2014 年版，第 323 页。

态情况进行测评，再次评估重犯风险，调整矫正方案，提高矫正效果。《云南实施细则》第 10 条规定，社区矫正决定机关根据实际工作需要，可以委托拟确定执行地的县级社区矫正机构或者有关社会组织对被告人或者罪犯的社会危险性和对所居住社区的影响开展调查评估，评估意见供决定社区矫正时参考。

（一）社区矫正风险评估因素

借鉴加拿大等国的风险评估经验，将风险评估指标分为静态因素和动态因素。其中，静态因素反映的是服刑人员既成的、无法改变的因素，而动态因素反映的是服刑人员生活中的一些可变因素。[①] 具体而言如下：

1. 静态因素

（1）犯罪记录：包括前科次数、收押年龄、刑期长度等。

（2）犯罪类型、犯罪情节及其社会危害性：包括犯罪的类型、犯罪所使用的手段、犯罪的主观方面、所造成的社会危害等。

（3）药物滥用史：包括吸毒、酗酒、依赖其他嗜瘾品等。

（4）个人生涯：包括犯罪前的受教育程度、就业情况等。

2. 动态因素

（1）人生观：包括金钱观、前途观、对于控制其个人生活的重视态度、对于守法的生活方式的重视态度等。

（2）认罪伏法的程度以及真诚性。

（3）受教育程度。

（4）就业状况：包括对工作的态度和工作对其生活的意义。

（5）婚姻、家庭状况：包括对于家庭联系的态度和其个人从家庭成员那里得到的支持。

（6）社会交往状况：包括对于非犯罪同伴的态度和积极的社会交往机会。

（7）药物滥用状况以及对于不依赖嗜瘾品而生活的态度。

（8）在社区中生活的能力：包括对于生活所需知识和技能的重视程度。

（二）社区服刑人员风险评估方法

1. 统计评估与临床评估相结合

在服刑人员的风险评估方法上，有统计评估和临床评估之分。风险评估最初的基本方法是临床评估，即由心理专家利用既有的关于服刑人员的信息，作出对风险的主观判断。后来才逐渐发展出基于统计数据的统计评估。

[①] 王平等著：《理想主义的〈社区矫正法〉》，中国政法大学出版社 2017 年版，第 52 页。

较临床评估而言，统计评估更少依赖于工作人员的"直觉""印象"，因而科学性更浓，不容易受工作人员主观偏见的影响。但事实上，临床评估与统计评估不可截然分开，原因在于很多统计结论的获得需要靠工作人员亲临现场，亲自与社区矫正对象沟通、了解情况，并依据专业知识对其作出判断。

2. 入矫评估、阶段性评估和解矫评估相结合

我国的一些社区矫正试点工作目前也采用了多次评估的方法，即除了在社区服刑人员入矫时有一次评估之外，在矫正过程中还会有阶段性评估。例如，在北京市，工作人员接收社区服刑人员满两个月后进行测量，并按照测量分值对应的分类标准确定社区服刑人员的类别；类别确定满六个月后，工作人员应重新对社区服刑人员进行测量，根据测量结果调整类别；在上海市，初次测评之后，每半年（或一季度）还要进行一次测评，再次评估重返风险，调整矫正方案。

（三）社区矫正对象再犯风险评估

所谓社区矫正对象再犯，是指被依法判处管制、缓刑、假释、暂予监外执行的罪犯，以及法律规定实行社区矫正的其他罪犯在社区服刑期间再次触犯刑法而构成犯罪的行为。再犯风险评估是再犯风险控制的前提，评估的范围、准确程度直接影响再犯风险控制的成效。

1. 影响再犯风险的因素

影响再犯风险的因素有环境因素和个体因素。环境因素是独立于个体意志之外的自然和社会状况，如自然灾害、就业率、社会保障水平、帮教政策、社会婚姻观念等。来自环境的影响犯罪率高低的各因素的聚合状态称为社会危险性。个体因素是依附于人身的个体状况，如生理、心理、社会属性、犯罪行为、服刑表现等。来自个体的影响犯罪可能性高低的各因素的聚合状态称为人身危险性。

2. 再犯风险评估的因子

世界各国的犯罪学家对再犯风险预测做过很多有益的探索，尽管存在地域的区别、文化传统的不同和现实制度的差异，但仍能归纳出一些共同的影响再犯的因素。学者孔一将世界各国著名的再犯预测研究者检选出的预测再犯因子归纳为表 15-3[①]。

表 15-3　世界各国著名的再犯预测研究者检选出的预测再犯因子

序号	伯杰斯	格鲁克夫妇	希德	欧林	台大法律所	张甘妹
1	犯罪性质	勤劳习惯	遗传基因	犯罪罪名	犯罪类型	犯罪类型
2	共犯人数	犯罪程度与次数	先系之犯罪	判决刑期	判决刑期	判决刑期

---

① 孔一：《再犯预测基本概念辨析与选样方法评价》，载《江苏警官学院学报》2005 年第 6 期。

续表

序号	伯杰斯	格鲁克夫妇	希德	欧林	台大法律所	张甘妹
3	国籍	本犯以前检举	不良的教育关系	犯罪者类型	初犯年龄	受刑经验
4	双亲状态	收容前受刑经验	不良的学业成绩	家庭状态	婚姻状态	初犯年龄
5	婚姻状态	判决前经济责任	学徒之半废	家属的关心	犯罪时职业	配偶状况
6	犯罪类型	入狱时精神异常性	不规则的上班	社会类型	勤劳习惯	文身状况
7	社会类型	在监中违反规则频率	18岁之前之犯罪	职业经历	不良交友关系	
8	犯罪行为	假释期间的犯罪	4次以上前科	出狱后工作的适当性	家庭经济责任	
9	居住社区大小		特别迅速的累犯性	居住社区		
10	近邻类型		涉及其他地区之犯罪	共犯人数		
11	被捕时有无定所		性格异常	人格		
12	宽大处理与供述		饮酒嗜癖	精神病学预后		
13	收容有无经过小犯罪答辩		狱中一般行为之不良			
14	宣告刑性质与长度		36岁之前释放			
15	假释前实际所服刑期		释放后不良的社会关系			
16	以前犯罪记录					
17	以前职业记录					
18	机构内惩罚记录					
19	释放时年龄					
20	智力年龄					
21	性格类型及精神医学的诊断					

（四）社区矫正脱管风险评估

脱管是指社区矫正对象脱离执行机关的管理，从而使执行机关无法对其予以帮助教育的情形。换句话说，脱管是执行机关在对社区矫正对象的活动实行直接监管过程中的一种失管或失控现象。根据《社区矫正法实施办法》的规定，司法行政机关负责指导管理、组织实施社区矫正工作，因而司法行政机关是社区矫正的执行机关。司法所是司法行政机关最基层的组织机构，又是县（区、市）司法局在乡镇（街道）的派出机构。脱管可以从不同的角度来划分其表现形式。

1. 构建脱管风险评价系统

在社区矫正过程中，应建立预防社区矫正对象脱管的综合评估体系。这个评估体系的指标应当包括社区矫正对象的心理测试、社区矫正对象对社区环境的影响评估、社区矫正对象的行为价值判断和社区矫正工作过程性评价等方面的内容。以此为依据，进行分类管理和制定个性化矫正方案，并将其作为进一步实施矫正强制措施的依据，真正实现"分级管理、分类教育、分级处罚"的目的。对脱管风险系数进行分析，可以明确重点监管对象，抓住主要矛盾，避免分散使力，从而有效防范和减少脱管现象的发生，这是预防社区矫正对象脱管行之有效的一项措施。

2. 构建矫正中的脱管防范机制

（1）搭建信息交换平台。司法行政机关和公安机关、人民检察院、人民法院之间应建立社区矫正对象的信息交换平台，实现社区矫正工作动态数据共享。如果在矫正过程中出现社区矫正对象违规、违法行为，公、检、法机关可以及时将社区矫正对象的处理情况通报给司法行政机关。这样司法行政机关对于本辖区内重新违法犯罪的社区矫正对象就能很好地掌握，并及时采取措施，避免脱管、漏管现象发生。

（2）建立信息员制度。为使社区矫正各个环节的工作及时联络、互通信息，可在公、检、法、司各部门中专门设定一名联络员，随时掌握社区矫正对象的动态，全方位地管理社区矫正对象。

3. 加强司法行政机关和执行机关的管理

（1）把好易发生脱管环节关。社区矫正对象在报到、迁居、外出请销假、走访等环节易发生脱管现象，因此执行机关必须按照《社区矫正法》的有关规定对这些环节进行严格监管，尤其是要加强对那些居住地不固定、外出务工，以及对社区矫正存有抵触心理的重点人员的监督，尽可能掌握他们的活动情况，减少乃至杜绝脱管、漏管现象的发生。

（2）健全监督网络。司法所应当根据社区矫正对象个人生活、工作及所处社区的实际情况，有针对性地采取实地检查、通信联络、信息化核查等措施，及时掌握社区矫正对象的活动情况。

（3）及时查找脱管人员。社区矫正对象未按规定的日期电话报到或当面报到，司法所应分别与其亲属及居住地的派出所、村（居）委会、所在工作单位进行联系，了解社区矫正对象是否离开了居住地。经过查找仍不知社区矫正对象下落，司法所应立即向派出所送达脱管通知书，并配合派出所继续查找，同时将查找情况记录备案。确认社区矫正对象脱管后，司法所应及时报告县级司法行政机关，以便组织追查。

（五）社区矫正自杀风险评估

自杀是古今中外都存在的一种社会现象，中外不少学者都关注人类自杀的成因和预防方法，形成了各种自杀理论。中外自杀理论对自杀成因和自杀预防的分析，可以为社区矫正对象自杀风险评估带来有益的启示。

1. 美国学者的自杀风险评估理论

几乎所有的自杀者都会显露出某些线索或迫切需要帮助的信号。施奈德曼（Edwin S. Shneidman）、法博罗（Norman L. Farberow）和利特曼（Robert E. Litman）都认为，许多具有自杀倾向的当事人不是吐露一些线索就是暗示他们的严重问题，或是以某种形式寻求帮助。他们将自杀的线索大致分为以下四种：

（1）言语线索。通过口头或文字来表达。它们可能是直接的，如"现在我想自杀"，也可能是间接的，如"我对任何人都没有用了"。

（2）行为线索。可以是为自己买一块墓碑，甚至用割腕作为一种练习或透露自己想自杀的态度。

（3）情境线索。情境线索涵盖的范围相当广泛，如配偶的死亡、离婚、痛苦的躯体疾病或不治之症、突然破产、心爱的人的忌日或其他生活状况的剧变。

（4）综合线索。综合线索包括各种自杀性症状，如抑郁、孤独、绝望、依赖，以及对生活状况的不满等。这些线索无论变得如何微妙或隐晦，都可看作对评估自杀风险有帮助。

2. 自杀态度调查问卷

汪向东等学者设计了自杀态度调查问卷（Questionnaire of Suicide Attitude，QSA）。[①]

> 该问卷旨在了解国人对自杀的态度。在下列每个问题的后面都标有1、2、3、4、5五个数字，数字1~5分别代表您对问题从完全赞同到完全不赞同的态度，请根据您的选择圈出相应的数字。答案没有对错之分，需要调查对象如实回答。
>
> 1. 自杀是一种疯狂的行为。　　　　　　　　　　　　　1　2　3　4　5
> 2. 自杀死亡者应与自然死亡者享受同等待遇。　　　　　1　2　3　4　5
> 3. 一般情况下，我不愿意和有过自杀行为的人深交。　　1　2　3　4　5
> 4. 在整个自杀事件中，最痛苦的是自杀者的家属。　　　1　2　3　4　5
> 5. 对于身患绝症又极度痛苦的病人，可由医务人员在法律的支持下帮助病人结束生命。　　　　　　　　　　　　　　　　　　　　1　2　3　4　5

---

① 本问卷的总分或总均分无特殊意义，各维度可单独使用。汪向东、王希林、马弘主编：《心理卫生评定量表手册》（增订版），中国心理卫生杂志社1999年版，第364－366页。

6. 在处理自杀事件过程中，应该对其家属表示同情和关心，并尽可能为他们提供帮助。 1 2 3 4 5

7. 自杀是对人生命尊严的践踏。 1 2 3 4 5

8. 不应为自杀死亡者开追悼会。 1 2 3 4 5

9. 如果我的朋友自杀未遂，我会比以前更关心他。 1 2 3 4 5

10. 如果我的邻居家里有人自杀，我会逐渐疏远和他们的关系。 1 2 3 4 5

11. 安乐死是对人生命尊严的践踏。 1 2 3 4 5

12. 自杀是对家庭和社会一种不负责任的行为。 1 2 3 4 5

13. 人们不应该对自杀死亡者评头论足。 1 2 3 4 5

14. 我对那些反复自杀者很反感，因为他们常常将自杀作为一种控制别人的手段。 1 2 3 4 5

15. 对于自杀，自杀者的家属在不同程度上都应负有一定的责任。 1 2 3 4 5

16. 假如我自己身患绝症又处于极度痛苦之中，我希望医务人员能帮助我结束自己的生命。 1 2 3 4 5

17. 个体为某种伟大的、超过生命价值的目的而自杀是值得赞许的。 1 2 3 4 5

18. 一般情况下，我不愿去看望自杀未遂者，即使是亲人或好朋友也是如此。 1 2 3 4 5

19. 自杀只是一种生命现象，无所谓道德上的好和坏。 1 2 3 4 5

20. 自杀未遂者不值得同情。 1 2 3 4 5

21. 对于身患绝症又极度痛苦的病人，可不再为其进行维护生命的治疗（被动安乐死）。 1 2 3 4 5

22. 自杀是对亲人、朋友的背叛。 1 2 3 4 5

23. 人有时为了尊严和荣誉而不得不自杀。 1 2 3 4 5

24. 在交友时，我不太介意对方是否有过自杀行为。 1 2 3 4 5

25. 对自杀未遂者应给予更多的关心和帮助。 1 2 3 4 5

26. 当生命已无欢乐可言时，自杀是可以理解的。 1 2 3 4 5

27. 假如我自己身患绝症又处于极度痛苦之中，我不愿再接受维持生命的治疗。 1 2 3 4 5

28. 一般情况下，我不会和家中有过自杀行为的人结婚。 1 2 3 4 5

29. 人应该有选择自杀的权利。 1 2 3 4 5

以上问卷共 29 个条目，都是关于自杀态度的陈述，分为如下 4 个维度：

（1）对自杀行为性质的认识（F1）：共 9 项，即问卷的第 1、7、12、17、19、22、23、26、29 项。

（2）对自杀者的态度（F2）：共 10 项，即问卷的第 2、3、8、9、13、14、18、20、24、25 项。

（3）对自杀者家属的态度（F3）：共 5 项，即问卷的第 4、6、10、15、28 项。

（4）对安乐死的态度（F4）：共 5 项，即问卷的第 5、11、16、21、27 项。

评分说明：对所有的问题，都要求受试者在完全赞同、赞同、中立、不赞同、完全不赞同中作出一个选择。在分析时，第 1、3、8、10、11、12、14、15、18、20、22、25 项为反向计分，即回答"1""2""3""4"和"5"分别记 5 分、4 分、3 分、2 分、1 分。其余条目均为正向计分，回答"1""2""3""4"和"5"分别记 1 分、2 分、3 分、4 分、5 分。在此基础上，再计算每个维度的条目均分，最后分值在 1~5 分。在分析结果时，可以以 2.5 分和 3.5 分为分界值，将对自杀的态度划分为三种情况：≤2.5 分，可认为对自杀持肯定、认可、理解和宽容的态度；>2.5~<3.5，可认为对自杀持矛盾或中立态度；≥3.5，可认为对自杀持反对、否定、排斥和歧视态度。

（六）社区矫正对象自杀风险评估依据

孔一教授将狱内服刑人员自杀风险评估的"定性预测法"运用到社区矫正对象自杀风险评估领域，提出了一系列识别社区矫正对象自杀风险的因素。结合孔一教授关于狱内服刑人员自杀风险评估的"定性预测法"[1] 和社区矫正对象自杀风险的识别技术[2]，将社区矫正对象自杀风险评估的依据归纳如下：

1. 社区矫正对象自杀的一般特征

（1）文化程度低；

（2）入矫时间短；

（3）正值青壮年；

（4）长刑期；

（5）故意杀人；

（6）被害者是罪犯的亲属；

（7）有自杀未遂史；

---

① 黄兴瑞著：《人身危险性的评估与控制》，北京群众出版社 2004 年版，第 185－186 页。

② 葛炳瑶主编：《社区矫正导论》，浙江大学出版社 2009 年版，第 209 页。

（8）家庭成员中有人自杀过；

（9）有精神病；

（10）有吸毒史；

（11）有酗酒史。

2. 引发社区矫正对象自杀的关键事件

（1）受到处理；

（2）有余罪被发现；

（3）遭遇家庭变故；

（4）长期患病；

（5）患有重病；

（6）生活难以为继；

（7）与他人发生了冲突；

（8）与矫正工作者发生了冲突；

（9）重大希望破灭（如减刑）；

（10）有违规或不道德行为被发现（如偷窃、同性恋）；

（11）受到其他罪犯的威胁；

（12）有人（如在逃的同案犯）威胁其家人；

（13）周围有其他服刑人员自杀；

（14）失业；

（15）破产；

（16）长期完不成工作任务。

3. 社区矫正对象自杀前的异常表现

（1）沉默不语或特别活跃；

（2）精神恍惚；

（3）对人、对事反应冷淡；

（4）卧床不起或昼夜颠倒；

（5）不吃不喝；

（6）多次提出某种要求；

（7）对他人有攻击言行；

（8）自伤自残；

（9）有关于生死的言论；

（10）公开表示对政府和社区矫正工作者的不满或气愤；

（11）暴力袭击社区矫正工作者；

（12）写遗嘱；

（13）产生被害或自杀妄想；

（14）拒绝听从警官命令和社区矫正工作者的劝诫；

（15）故意不完成生产任务；

（16）长时间给家人写信或看家人照片；

（17）反复自责，并在警官和社区矫正工作者面前或信件中表达；

（18）近期出现严重的焦虑，表现在言语或动作行为方面。

五、社区矫正效果评估

据司法部统计，2003 年至 2019 年，全国累计接受社区矫正对象达 478 万人，累计解除社区矫正对象 411 万人。截至 2019 年 11 月底，全国各地已经为在册的社区矫正对象建立了 66.2 万个社区矫正小组。近几年每年新接收社区矫正对象 50 余万，2019 年列管的有 126 万人，社区矫正对象的再犯罪率维持在 0.2% 的低水平。社区矫正对于预防犯罪、有效降低犯罪率意义深远。在社区矫正过程中，民政、教育、卫生、人力资源和社会保障等相关部门的支持，推动形成社会多部门联动、相互配合、相互支持、各负其责、各尽其能的工作格局，积极促进社区矫正对象顺利融入社区和社会。

（一）整体社会效果评估现状

整体社会效果评估是评估社区矫正整体工作对社会的影响，评价指标包括成本—效益比、重新犯罪率和顺利融入社会率状况。

1. 成本—效益比

中国 2003 年以来的社区矫正试点实践表明，社区矫正由于最大限度地利用了社会资源，减少了国家在刑罚执行设施、人员和资金上的投入，有效降低了刑罚执行的成本。2007 年的统计显示，我国关押一个罪犯年平均成本为 2.5 万~3 万元，社区矫正成本为每人每年 3000～6000 元。[1] 2009 年的统计显示，每名社区矫正对象的年矫正经费仅为监狱服刑罪犯监管经费的 1/10。社区矫正减少了大量监禁场所建设费用和运行费用。

2. 重新犯罪率

罪犯在监狱服刑可以提高改造质量，预防重新犯罪。但监狱对罪犯实施监禁和隔离，也可能会产生一些负面效应，造成"重复感染"和"交叉感染"。这不仅增加了教育改造工作的难度，还影响了监狱执行刑罚改造的效果，一部分罪犯出狱后再次实施犯罪也就成为可能。以江苏省为例，截至 2021 年 4 月 14 日，江苏累计接收社区矫正对象

---

① 王比学：《社区矫正：带来良好刑罚效益》，载《人民日报》2007 年 5 月 16 日，第 15 版。

45.6 万余人，解矫 41.9 万余人，近 3 年来，江苏省社区矫正对象在矫期间重新犯罪率为 0.16‰，远低于全国平均水平。江苏省的社区矫正"一三三"模式（以"促进融入社会、预防减少犯罪"一个目标，落实"精细管理、精准矫治、精心帮扶"三项机制，统筹"力量保障、科技支撑、阵地建设"三大要素），有力推进社区矫正工作发展，预防犯罪效果突出。

3. 顺利融入社会率

所谓融入社会，是指社区矫正对象矫正期满后重新返回社会并成为主流社会中的正常人员，其引发犯罪的诱因得以消除，问题得到了相应的解决，社会功能得到了相应的恢复，形成了新的生存方式，而且具有了自我改变和自我发展的能力。社区矫正的一个最重要的优势，就在于它有利于社区矫正对象社会关系的修复，最终帮助其顺利融入社会。社区矫正对象融入社会主要存在着基本生存、合理认知、技能提升、归属与情感、尊重与接纳等需求，因此需要建立各种帮助其顺利融入社会的机构。

云南省社区矫正效果显著。2021 年 10 月，云南省社区矫正管理局深入醉驾社区矫正对象人数较多的社区矫正机构和司法所进行专题调研，云南省社区矫正管理局积极协调联络，加强与云南省公安厅交通警察总队的协同联动，2021 年 11 月联合印发《关于开展危险驾驶和交通肇事社区矫正对象订单式教育矫治试点工作的通知》，在全省社区矫正对象人数较多的地区开展交通安全定制化教育矫治试点工作。试点地区通过整合交警部门教育资源，形成矫正工作合力，并将项目责任制落实到具体县级部门。社区矫正机构和司法所结合当地实际制定矫正计划，完善矫正方案，组织社区矫正对象完成项目内容。

（二）评估操作方法

有些试点地区为确保社区矫正质量评估工作规范运行，制定了评估操作办法，以增强社区矫正评估的规范性。例如，湖南省制定了《社区服刑人员教育矫正效果评估操作办法（试行）》，山东省制定了《山东省社区服刑人员矫正效果评估暂行办法》。其中，湖南省规定社区矫正效果评估由社区矫正对象自评和社区矫正工作者考评两个部分组成，自评问卷和教育矫治六要素评估表的原始分值各为 100 分（见问卷 A 和评估表 B）。社区矫正对象自评主要反映社区矫正对象临近解矫时，在法纪观念、道德观念、行为特性、心理特征、素质特征、认知水平等方面的状态。

社区矫正对象教育矫治效果评估问卷（A）

说明：本卷共 50 个问题，每个问题有 3 个可供选择的答案，仅选择 1 个你认为最为确定的答案，作答时不要费太多时间思考，请在 1 小时内完成本套问卷。

姓名：　　　　　社区矫正机构：

1. 你认为犯罪（　　）。

A. 无危害　　　　　B. 对被害人有损害　　　　C. 对被害人和社会有损害

2. 你犯罪的原因是（　　）。

A. 被迫的　　　　　B. 执迷不悟　　　　　　　C. 主观原因

3. 如果有余罪，你（　　）。

A. 拒不交代　　　　B. 暂不交代，被查后再交代　C. 主动交代

4. 知道他人罪行（　　）。

A. 替他隐瞒　　　　B. 需要提供情况时再说出来　C. 检举揭发

5. 你对附加刑（　　）。

A. 不执行　　　　　B. 有条件地执行　　　　　C. 完全执行

6. 假如看到他人抢劫财物时，你会（　　）。

A. 不理睬　　　　　B. 报警　　　　　　　　　C. 制止

7. 你对朋友或亲人的预谋犯罪（　　）。

A. 参与　　　　　　B. 不理睬　　　　　　　　C. 制止

8. 你对法律制度的态度是（　　）。

A. 只要不违法就与自己无关

B. 要认真学习

C. 要学习也要宣传

9. 对于致富的路子，你认为（　　）。

A. 不违法经营就不可能致富

B. 靠机遇

C. 抓住机遇，勤劳致富

10. 你对乡规民约的认识是（　　）。

A. 不是法律不予理睬

B. 遵守就行了

C. 只要不与法制相冲突，就应该遵守

11. 你对道德的认识是（　　）。

A. 只要不违法，违反道德规范没关系

B. 可以考虑遵守道德规范

C. 法律规范和道德规范都要遵守

12. 你对于集体利益的态度是（　　）。

A. 为了自己的利益可损害集体利益

B. 事不关己，高高挂起

C. 要维护集体利益

13. 如果再犯罪，你将（　　）。

A. 无所谓　　　　　　B. 有所谓　　　　　　　　C. 非常后悔，且要认真反思

14. 在公共场所（　　）。

A. 可以随地吐痰

B. 只要不罚款，就可随地吐痰

C. 不可以随地吐痰

15. 对于献血行为，你认为（　　）。

A. 是做蠢事　　　　B. 有报酬就可以献血　　　C. 要积极参与

16. 对于捐款行为，你认为（　　）。

A. 有钱也不捐　　　B. 有钱人才捐　　　　　　C. 只要有条件就要积极捐款

17. 对于文明礼貌、言行举止，你认为（　　）。

A. 不关我的事

B. 因为需要才履行

C. 要做到文明礼貌、言行举止规范

18. 一旦发现火灾、火情，你将（　　）。

A. 不关自己的事　　B. 叫人救火　　　　　　　C. 边救火边报警

19. 假如生活困难，你将（　　）。

A. 去骗他人的钱　　B. 向亲朋好友借钱　　　　C. 靠劳动来创造财富

20. 当他人遭遇灾难，你感到（　　）。

A. 幸灾乐祸　　　　B. 同情　　　　　　　　　C. 应该给予帮助

21. 对于学习，你认为（　　）。

A. 对成年人来说不需要学习

B. 有条件才学习

C. 在实践中努力学习

22. 对于子女的学习，你的态度是（　　）。

A. 无所谓　　　　　B. 适当过问　　　　　　　C. 很关注、很关心

23. 对于长辈，你认为（　　）。

A. 无法赡养　　　　B. 有钱才赡养　　　　　　C. 必须赡养

24. 对于家庭，你认为（　　）。

A. 无所谓　　　　　B. 有所谓　　　　　　　　C. 要尽到责任

25. 一旦与朋友感情破裂，你认为应该（　　）。

A. 报复　　　　　　　B. 断交　　　　　　　　C. 找出原因，尽量和好

26. 对待邻居，你会（　　）。

A. 打他们的主意　　B. 不相往来　　　　　　C. 搞好关系，相互帮助

27. 一旦遇到被别人侵害，你将（　　）。

A. 以牙还牙，进行报复

B. 忍气吞声

C. 寻求法律途径解决

28. 假如你被收监，你会（　　）。

A. 要挟政府　　　　B. 认命算了　　　　　　C. 分析原因，加强改造

29. 对于公益劳动，你认为（　　）。

A. 没有必要认真参加

B. 为了不受处罚而劳动

C. 应该积极参加，从劳动中改造自己，养成劳动习惯

30. 社会劳动和公益劳动相比，你认为（　　）。

A. 公益劳动是惩罚，社会劳动有报酬

B. 毫不相干

C. 有联系

31. 对于掌握劳动技术，你认为（　　）。

A. 年纪不小了，难以掌握

B. 找了工作再说

32. 对于劳动和享受，你认为（　　）。

A. 先享受再劳动　　B. 边劳动边享受　　　　C. 先劳动再享受

33. 解矫后，对于人生，你将（　　）。

A. 过一天算一天

B. 老老实实待在家里

C. 做事勤快，做人诚实

34. 对当前的社会生活，你认为（　　）。

A. 没有好人，没有好事

B. 有人可能瞧不起释放人员

C. 只要不违法，坚定信心，一切都会改变

35. 对于生产安全问题，你认为（　　）。

A. 只要保证自己安全，其他不重要

B. 为了提高生产效率，生产安全就次要了

C. 既要提高生产效率，又要注意生产安全

36. 如果你是驾驶员，一旦出现紧急交通问题，你认为（　　　）。

A. 他人安危与自己关系不大

B. 首先保护好自己的车

C. 首先要保护别人的生命和财产安全

37. 对于弱者，你认为（　　　）。

A. 抛弃　　　　　　　　B. 同情　　　　　　　　C. 要帮助

38. 对于强者，你认为（　　　）。

A. 嫉妒　　　　　　　　B. 望尘莫及　　　　　　C. 羡慕

39. 对于国家公职人员和领导，你认为（　　　）。

A. 没有好的

B. 与我无关

C. 可能个别有问题，但主流是好的

40. 对于前途，你感到（　　　）。

A. 无信心　　　　　　　B. 不知道　　　　　　　C. 有信心

41. 一旦遇到想不通的事情，你会（　　　）。

A. 自杀　　　　　　　　B. 生病　　　　　　　　C. 坚强起来，调整情绪

42. 如果受到家人冷落，你就会（　　　）。

A. 想不通，可能再犯罪

B. 放任自流，不想它

C. 振作起来，面对现实，找出原因，改变现状

43. 人与人之间，你认为（　　　）。

A. 各行其是　　　　　　B. 谨慎对待　　　　　　C. 协调好关系

44. 对于赌博，你认为（　　　）。

A. 就是那么回事　　　　B. 不关我事　　　　　　C. 不是好事，不应该赌博

45. 解矫后，你希望（　　　）。

A. 别人不要管你　　　　B. 靠别人帮助　　　　　C. 靠自己努力，也靠别人帮助

46. 对于就业问题，你认为（　　　）。

A. 与我无缘　　　　　　B. 靠社会安置　　　　　C. 自己争取与社会安置相结合

47. 对于到城市还是农村就业，你认为（　　　）。

A. 到农村去无出路

B. 到哪都无所谓

C. 根据自己的情况，看哪里更适合自己

48. 对于经商，你认为（　　）。

A. 都是奸商

B. 太难了

C. 创造条件，抓住机遇，善于经营就能搞好

49. 对你来说，社区矫正让你（　　）。

A. 感到耻辱　　　　　　B. 感到痛心　　　　C. 值得反思

50. 我刑满后再犯罪的可能性（　　）。

A. 很大　　　　　　　　B. 很难说　　　　　C. 绝对没有

总得分：

评阅人：

年　　月　　日

社区矫正对象教育矫治六要素评估表（B）

社区矫正对象姓名：　　　　　　　　社区矫正机构：　　　　分

标准	干预内容	分值等次				得分
		好	较好	一般	差	
认真悔罪 （共16分）	承认犯罪事实	3	3	2	1	
	服从法院判决	3	2	2	1	
	认清犯罪危害	3	3	2	1	
	查找犯罪原因	3	3	2	1	
	悔罪自新认识	4	3	1	1	
服从管教 （共18分）	增强法律意识	3	3	2	1	
	遵守监管规定	4	3	2	1	
	自觉接受规定	3	3	2	1	
	消除犯罪思想	4	3	2	1	
	积极靠拢政府	4	3	2	1	
行为规范 （共18分）	行为规范意识	4	3	2	1	
	基本行为规范	5	3	2	1	
	文明礼貌规范	5	3	2	1	
	消除犯罪恶习	4	3	2	1	
教育学习 （共18分）	学习态度	6	5	3	2	
	学习表现	6	5	3	2	
	学习成绩	6	5	3	2	
公益劳动 （共18分）	劳动态度	6	5	3	2	
	劳动纪律	6	5	3	2	
	劳动任务	6	5	3	2	
心理健康 （共12分）	认知水平	2	2	1	1	
	人际关系	2	2	1	1	
	情绪意志	2	2	1	1	
	社会责任	2	2	1	1	
	改造心理	2	2	1	1	
	适应能力	2	2	1	1	

总得分：　　　　评估人：　　　　　　　年　　　月　　　日

评分说明：问卷（A）共设计了 50 个问题，每个问题有 A、B、C 三个答案，依次反映从高到低的状态，选 A 为 0 分，选 B 为 1 分，选 C 为 2 分，原始分值为 100 分。考评是社区矫正工作者结合社区矫正对象的日常表现情况，根据教育矫治六要素对社区矫正对象的教育矫治状况进行评估。评估表（B）中的 26 个子项内容各有 4 个等级的分值，原始分值也为 100 分。

$$矫正阶段考核量化评估得分 = 考核总分 \times 12 \div N$$

（N 为社区矫正对象实际参与考核的月数）

社区矫正工作者考评得分 =（教育矫治六要素评估分 + 矫治阶段考核量化评估分）÷ 2

教育矫治效果评估总得分 = 自评得分 × 20% + 社区矫正工作者考评得分 × 80%

根据评估得出的量化结果，划分出教育矫治效果评估等级（A 等，80 分及以上，教育矫治效果明显，再犯罪可能性低；B 等，60 ~ 79 分，教育矫治效果一般，再犯罪可能性较低；C 等，60 分以下，教育矫治效果较差，有再犯罪可能），并及时载入社区矫正对象的社区矫正期满鉴定表。①

---

① 曹虹：《我国社区矫正质量评估的现状和完善》，载《铁道警官高等专科学校学报》2012 年第 6 期第 50 页。

主要参考文献

一、中外著作

（一）中文著作

［1］吴宗宪．社区矫正导论［M］．北京：中国人民大学出版社，2020．

［2］吴宗宪．西方犯罪学［M］．北京：法律出版社，1999．

［3］吴宗宪．中国社区矫正规范化研究［M］．北京：北京师范大学出版社，2021．

［4］储槐植．刑事一体化论要［M］．北京：北京大学出版社，2007．

［5］卢建平．刑事政策与刑法［M］．北京：中国人民公安大学出版社，2004．

［6］张明楷．外国刑法纲要［M］．北京：清华大学出版社，1999．

［7］陈兴良．刑法适用总论（下卷）［M］．北京：法律出版社，1999．

［8］赵秉志．外国刑法原理（大陆法系）［M］．北京：中国人民大学出版社，2000．

［9］周建军．刑事政治导论［M］．北京：人民出版社，2021．

［10］俞可平．治理与善治［M］．北京：社会科学文献出版社，2000．

［11］司邵寒．社区矫正程序问题研究［M］．北京：法律出版社，2019．

［12］王仲兴，杨鸿．刑法学［M］．广州：中山大学出版社，2015．

［13］翟中东．刑罚个别化研究［M］．北京：中国人民大学出版社，2001．

［14］刘强．各国（地区）社区矫正法规选编及评价［M］．北京：中国人民大学出版社，2004．

［15］刘强．社区矫正制度研究［M］．北京：法律出版社，2007．

［16］郭建安，郑霞泽．社区矫正通论［M］．北京：法律出版社，2004．

［17］王顺安．社区矫正研究［M］．济南：山东人民出版社，2008．

［18］郑杭生．社会学概论新修［M］．北京：中国人民大学出版社，2003．

［19］力康泰，韩玉胜．刑事执行法学［M］．北京：中国人民公安大学出版社，1998．

［20］金鉴．监狱学总论［M］.北京：法律出版社，1997.

［21］陈光中．刑事诉讼法［M］.北京：北京大学出版社，2013.

［22］周健宇．社区矫正人员教育帮扶体系比较研究［M］.北京：法律出版社，2020.

［23］汤道刚．社区矫正制度分析［M］.北京：中国社会出版社，2010.

［24］高莹．社区矫正工作手册［M］.北京：法律出版社，2015.

［25］程潮．社区矫正工作评估：理论与实践［M］.北京：社会科学文献出版社，2019.

［26］张新民．中国社区矫正制度与立法研究［M］.北京：世界知识出版社，2019.

［27］高贞．社区矫正执行体系研究［M］.北京：法律出版社，2017.

［28］翟中东．中国社区矫正制度的建构与立法问题［M］.北京：中国人民公安大学出版社，2017.

［29］王爱立，姜爱东．中华人民共和国社区矫正法释义［M］.北京：中国民主法制出版社，2020.

［30］王平．社区矫正制度研究［M］.北京：中国政法大学出版社，2014.

［31］王平，等．理想主义的《社区矫正法》［M］.北京：中国政法大学出版社，2017.

［32］汪向东，王希林，马弘．心理卫生评定量表手册（增订版）［M］.北京：中国心理卫生杂志社，1999.

［33］黄兴瑞．人身危险性的评估与控制［M］.北京：北京群众出版社，2004.

［34］葛炳瑶．社区矫正导论［M］.杭州：浙江大学出版社，2009.

［35］陈会昌．中国学前教育百科全书·心理发展卷［M］.沈阳：沈阳出版社，1995.

［36］费孝通．费孝通全集（第17卷）．［M］.呼和浩特：内蒙古人民出版社，2009.

［37］许福生．刑事政策学［M］.北京：中国民主法制出版社，2006.

［38］骆群．社区矫正专题研究［M］.北京：中国法制出版社，2018.

［39］北京市司法局．北京市社区矫正工作培训教材［Z］.北京：内部资料，2004.

［40］司法部基层工作指导司．社区矫正试点工作资料汇编（二）［Z］.北京：内部资料，2004.

［41］中国劳改协会．中国劳改学大辞典［M］.北京：社会科学文献出版社，1993.

［42］司法部社区矫正管理局．2012—2017年全国社区矫正工作统计分析报告［M］.北京：法律出版社，2018.

（二）外文译著

［1］［德］马克思，恩格斯．马克思恩格斯选集．第1卷［M］.北京：人民出版社，1995.

［2］［德］马克思，恩格斯．马克思恩格斯选集．第3卷［M］.北京：人民出版社，1995.

［3］［法］埃米尔·迪尔凯姆.社会学方法的准则［M］.狄玉明，译.北京：商务印书馆，2009.

［4］［古希腊］亚里士多德.政治学［M］.吴寿彭，译.北京：商务印书馆，2008.

［5］［德］马克斯·韦伯.社会科学方法论［M］.韩水法，莫茜，译.北京：中央编译出版社，2008.

［6］［意］朗伯罗梭.朗伯罗梭氏犯罪学［M］.刘麟生，译.北京：上海社会科学院出版社，2017.

［7］［法］斯特法尼，等.法国刑法总论精义［M］.罗结珍，译.北京：中国政法大学出版社，1998.

［8］［美］克莱门斯·巴特勒斯.矫正导论［M］.孙晓雳，等译.北京：中国人民公安大学出版社，1991.

［9］［德］汉斯·海因里希·耶塞克，托马斯·魏根特.德国刑法教科书（上）［M］.徐久生，译.北京：中国法制出版社，2017.

［10］［德］斐迪南·腾尼斯.共同体与社会［M］.林荣远，译.北京：商务印书馆，1999.

［11］［法］埃米尔·迪尔凯姆.社会分工论［M］.渠东，译.北京：生活·读书·新知三联书店，2000.

［12］［美］罗伯特·K.默顿.社会理论和社会结构［M］.唐少杰，齐心，等译.北京：译林出版社，2008.

［13］［美］斯蒂芬·E.巴坎.犯罪学：社会学的理解［M］.周晓虹，等译.上海：上海人民出版社，2011.

［14］［日］大谷实.刑事政策学［M］.黎宏，译.北京：法律出版社，2000.

［15］［英］洛克.政府论（下篇）［M］.叶启芳，瞿菊农，译.北京：商务印书馆，2009.

［16］［美］戴维波诺普.社会学（第11版）［M］.李强，等译.北京：中国人民大学出版社，2007.

［17］［法］埃米尔·迪尔凯姆.自杀论—社会学研究［M］.冯韵文，译.北京：商务印书馆，1996.

［18］［美］E.博登海默.法理学：法律哲学与法律方法［M］.邓正来，译.北京：中国政法大学出版社，2017.

［19］黄道秀，李国强，译.俄罗斯联邦刑事执行法典［M］.北京：中国政法大学出版社，1999.

二、中文论文

[1] 吴宗宪．再论社区矫正的法律性质［J］.中国司法，2022（1）.

[2] 吴宗宪．社区矫正立法的奠基之作和拾漏补缺思考［J］.温州大学学报（社会科学版），2020（4）.

[3] 吴宗宪．社区矫正史上的重要里程碑［J］.犯罪研究，2020（3）.

[4] 吴宗宪．社区矫正应急管理规范化探讨［J］.上海政法学院学报，2017（2）.

[5] 卢建平，皮婧靖．中国刑法犯罪化与非犯罪化的述评与展望——以犯罪化与非犯罪化的概念解构为切入点［J］.政治与法律，2020（7）.

[6] 卢建平．社会管理法治化的背景与意义［J］.社会治理法治前沿年刊，2012.

[7] 周建军．刑事政治的元理论探究［J］.昆明理工大学学报（社会科学版），2019（2）.

[8] 周建军．"李斯特鸿沟"的误读及其社会政策诠释［J］.求索，2018（6）.

[9] 邱兴隆．刑罚个别化否定论［J］.中国法学，2000（5）.

[10] 刘强．我国社区矫正机构设置探析［J］.山东警察学院学报，2020（1）.

[11] 冯卫国．紧急状态下的监狱行刑与罪犯权利［J］.中国监狱学刊，2020（3）.

[12] 佘双好．价值观的层次性与思想政治教育发展与变革［J］.探索，2015（2）.

[13] 张国敏．教育矫正效能评价问题研究［J］.犯罪与改造研究，2022（2）.

[14] 司绍寒．社区矫正强制措施立法探析［J］.中国司法，2018（6）.

[15] 曹虹．我国社区矫正质量评估的现状和完善［J］.铁道警官高等专科学校学报，2012（6）.

[16] 康树华．社区矫正的历史、现状与重大理论价值［J］.法学杂志，2003（5）.

[17] 张文显．和谐精神的导入与中国法治的转型——从以法而治到良法善治［J］.吉林大学社会科学学报，2010（3）.

[18] 王曲．刑罚执行社会化与罪犯的再社会化探讨［J］.中国人民公安大学学报（社会科学版），2015（5）.

[19] 廖明．社区矫正中社会工作者参与的问题困难与对策建议——以京沪为主要考察对象［J］.刑法论丛，2013（2）.

[20] 刘双阳．从教育矫正到损害修复：社区矫正教育矫治模式的重塑［J］.信阳师范学院学报（哲学社会科学版），2020（2）.

[21] 张桂荣．英国缓刑服务及其最新改革述评［J］.社区矫正理论与实践，2022（1）.

[22] 李冰．澳大利亚的社区矫正制度［J］.中国司法，2005（7）.

[23] 刘强．刑罚适用模式的比较研究［J］.中国监狱学刊，2001（4）.

［24］孔一．再犯预测基本概念辨析与选样方法评价［J］.江苏警官学院学报，2005（6）.

三、外文文献

［1］Christensen G E，Clawson E C. Our System of Corrections：Do Jails Play a Role in Improving Offender Outcomes［M］. Washington US Department of Justice，National Institute of Corrections，2008：3.

［2］Beha J A. Testing the Functions and Effect of the Parole Halfway House：One Case Study［J］. J. Crim. L. & Criminology，1976（67）：335.

［3］Robert M. Bohm，Keith. Haley. Introduction to Criminal Justice［M］. McGraro－Holl，1977：383.

［4］Clear T R，Reisig M D，Turpin－Petrosino C，et al. American Corrections in Brief［M］. Wadsworth Cengage Learning，2012：49.

［5］Sims N L. Rural Socialization［J］. Political Science Quarterly，1920（35）：54－76.

［6］Martinson R. What Works？—Questions and Answers about Prison Reform［J］. The Public Interest，1974（35）：22.

四、中文报刊

［1］习近平．人民对美好生活的向往就是我们的奋斗目标［N］.人民日报，2012－11－16.

［2］习近平．把抓落实作为推进改革工作的重点 真抓实干蹄疾步稳务求实效［N］.人民日报，2014－03－01.

［3］王比学．社区矫正：带来良好刑罚效益［N］.人民日报，2007－05－16.

后　记

中国特色社会主义社区矫正制度的专门研究方兴未艾。2019年，《社区矫正法》颁布；2020年，《社区矫正法实施办法》颁行。至此，中国特色的社区矫正制度正式形成。2020年，我们也接到了编写《社区矫正学》的任务。历经两年，编写组克服了立法调整、人员变动的困难，并以迄今最新的社区矫正法律制度体系为基础，完成了《社区矫正学》的写作任务。

本书是在反复调研的基础上完成的。由云南司法警官职业学院牵头，云南师范大学、云南民族大学、云南警官学院等院校的部分教师参与编写工作。在写作过程中得到了云南省司法厅及相关州（市）公安局、司法局的指导帮助与支持。初稿完成后，云南省司法厅社区矫正管理局组织专班进行了审核，并提出了修改意见。对此，我们致以诚挚的谢意！但是，所有的纰漏或问题都是本书编写组自身能力不足造成的，我们对此承担一切责任。

综合全书的编写工作，相关章节的编写任务分工如下：

李辉和周建军共同负责全书的统编工作。

李辉（哲学硕士，云南司法警官职业学院党委书记、教授）编写绪论、第一章和第十四章的部分内容。

周建军（法学博士，云南师范大学法学与社会学学院教授、博士生导师）编写第二章和第三章第一节、第二节、第三节。

李涛（法学硕士、云南师范大学法学与社会学学院副教授）编写第五章第一节和第二节。

李林声（云南司法警官职业学院党委副书记）编写第十三章。

刘懿宸（法律硕士，云南师范大学法学与社会学学院、未来法治与国家安全研究中心助理研究员）编写第十章第三节和第十一章第三节。

刘敏娴（法律硕士、北京师范大学刑事法律科学研究院博士生）编写第五章第三节、第四节和第五节。

蒯雅（安徽公安职业学院助教、云南警官学院禁毒学警务硕士，在读）编写第四章第一节、第二节和第三节。

冷琪雯（历史学博士、云南警官学院禁毒学院副教授）编写第六章第一节、第二节和第三节。

倪灏（警务硕士，四川警察学院政治部组织人事处一级主任科员）编写第七章第一节和第二节。

陈萍（管理学硕士、云南警官学院治安管理学院副教授）编写第八章。

耿健福（天津市公安局四级高级警长，中国人民公安大学侦查学博士，在读）编写第九章第一节和第二节。

张浩（新疆警察学院侦查系经侦教研室副主任，警务硕士）编写第十章第一节和第二节。

何雨涛（福建警察学院刑罚执行系助教、云南警官学院禁毒专业警务硕士，在读）编写第十一章第一节和第二节。

赵洪金（云南司法警官职业学院副教授，南开大学周恩来政府管理学院社会心理学博士生）编写第十二章第一节、第二节和第三节。

倪菡（法律硕士，云南司法警官职业学院副教授）编写第十五章。

李衍帛（云南师范大学法学与社会学学院未来法治与国家安全研究中心助理研究员）编写第六章第四节和第七章第三节。

石沐悠（硕士研究生、云南师范大学法学与社会学学院未来法治与国家安全研究中心助理研究员）编写第九章第三节和第十二章第四节。

杨立蓉（法学硕士，中共德宏州委党校助教）编写第三章第四节和第四章第四节。

李钰琳（法学硕士，讲师，云南民族大学南亚与东南亚语言文化学院党委书记，云南民族大学社会学在读博士）编写第一章和第四章的部分内容。

《社区矫正学》编写组